Hildegard Kasper
(Herausgeber)

Vom Klassenzimmer zur Lernumgebung

Bausteine für eine fördernde Grundschule

Vaas Verlag Ulm

1979

Druck und Bindung: Kösel GmbH & Co., Kempten
ISBN 3-88360-008-3

Hildegard Kasper
(Herausgeber)

Vom Klassenzimmer zur Lernumgebung

Inhalt

Vorwort Seite 6

Hildegard Kasper
Der Raum als Lernfaktor 9

Gisela Lorber
Vom Planspiel zum Projekt: Umgestaltung eines Klassenzimmers 41

Gabriele Rauser
Freie Arbeitsstunden in anregungsreicher Lernumgebung 71

Martin Rauch
Lernkabinett für den Sachunterricht 97

Jörg Haug / Jutta Sommer / Kurt Weiblen
Wider das frontale Klassenzimmer – Beispiele aus der Praxis 131

Ingrid Maier
Muß Schule wie Schule sein?
Ausgangspunkte – Initiativen – Erfahrungen 147

Hildegard Kasper / Ingrid Maier
Lernstudios zur Einzelförderung 179

Hildegard Kasper / Ingrid Maier
Die kleine Klassenmediothek in der Grundschule 199

Autoren 231

Vorwort

Dieses Buch richtet sich an Lehrer, die sich mit der wachsenden Resignation und Reformmüdigkeit, der administrativen Erstarrung sowie der didaktischen Reduktion ihrer Rolle nicht einfach abfinden. Es ist geschrieben worden für Grundschullehrer, die es Kindern auf der ersten Schulstufe nicht gleich gründlich abgewöhnen wollen, Schulwelt und Lebenswelt, Lernen und Identität in Verbindung zu bringen, die sich vielmehr bemühen, Grundschule als Lebens- und Erfahrungsraum mit Kindern zu gestalten. Sicher ist es nicht leicht, Erwartungen pädagogisch orientierter Kollegen zu erfüllen. Sie haben die Wogen und Wellen vergangener Reformdiskussionen zum Teil miterlebt, sind abwechselnd in ihren Erwartungen bestärkt und enttäuscht worden.

Die Grundschule stand in den letzten Jahrzehnten unter dem Einfluß verschiedener Reformströmungen. Reformen von Zielen und Inhalten bildeten zuerst einen deutlichen Schwerpunkt. Sie fanden ihren Niederschlag in neuen Richtlinien und Lehrplänen, die Grundtendenzen, vor allem aber auch Widersprüche bisheriger Reformansätze spiegeln. Durch stärkere fachliche Ausrichtung unter Heranziehung von Bezugswissenschaften und Fachdidaktiken wurde dem Grundschulunterricht höhere Effektivität in bezug auf die Grundlegungsfunktion für spätere Schulstufen versprochen. Lernpsychologische Erkenntnisse unterstrichen die Bedeutung frühen Lernens und trugen dazu bei, ein breiteres öffentliches Bewußtsein für die Wichtigkeit der Grundschularbeit zu schaffen, die Randstellung der Grundschule abzubauen und ihren bildungspolitischen Rang anzuheben. An der Schwelle der achtziger Jahre jedoch ist jede Euphorie geschwunden. Die Notwendigkeit zur Formulierung neuer Prioritäten, zu einer Reform der Reformen zeichnet sich ab.

Sind die Kinder vergessen worden, ihre Belastbarkeit überschätzt, ihre Bedürfnisse unter Erwachsenenperspektive und späteren Verwertungszusammenhängen interpretiert worden? Ist ihre spezifische Welterfahrung mißachtet und ihr gegenwärtiges Leben vernachlässigt worden?

Lern- und Leistungsstörungen, Verhaltensauffälligkeiten, geringe Identifikation mit der Schule oder sogar Schulangst sind alarmierende Symptome, die in diese Richtung weisen. Der Schulalltag ist für Kinder und Lehrer zu einer Streßsituation geworden, die wenig Befriedigung oder menschliche Förderung bietet, die man nach Erledigung der Pflicht rasch und befreit hinter sich läßt.

Die in diesem Band zusammengefaßten theoretischen Überlegungen und praktischen Beispiele gehen davon aus, daß die Grundschule nur dann ein tragfähiges Fundament für weitere Schulstufen sein kann, wenn sie die Lebenswelt der Kinder ernst nimmt, bei deren Erkundung und Interpretation nicht Belehrung voranstellt, sondern in erster Linie Neugier, Aktivität und Kreativität herausfordert; wenn sie den Kindern ermutigende Erfahrungen ihrer eigenen Lernfähigkeit vermittelt, sie in ihrer einmaligen Persönlichkeit ebenso wie als soziale Partner anerkennt und achtet, sie handlungsfähig und sensibel macht. Der Band „Vom Klassenzimmer zur Lernumgebung“ deutet eine Richtung an; er will konkrete Möglichkeiten aufzeigen, wie der äußere Rahmen für Lernsituationen – die Handlungsbühne – in der Grundschule verändert werden kann, um solche pädagogischen und didaktischen Ziele besser zu erreichen.

Architektur hat mit Menschsein, Schularchitektur mit menschlichem Lernen zu tun. Schulplaner, Lehrer und Schüler müssen die symbolischen Botschaften des Lernraums verstehen und pädagogisch gestalten lernen. Fördernde Lernprozesse, deren Kern fördernde menschliche Beziehungen bilden, bedürfen der Herausforderung und Unterstützung von außen, bedürfen einer gebauten Lernumwelt, die für humanes Lernen Raum eröffnet, Sinne und Geist anspricht, Menschen und Dinge erschließt, im Zusammen- und Gegen-Spiel Lebendigkeit erzeugt.

Die vorliegenden Beiträge konnten nur auf der Grundlage intensiver Gespräche und konkreter Arbeit vor Ort von Lehrenden einer

Pädagogischen Hochschule, Studierenden für das Lehramt und Lehrern an Grundschulen zustande kommen. Sie stellen Ergebnisse teilweise mehrjähriger Projektarbeit und oft mühsamer, aber anregender Kooperation dar. Vielleicht können sie im Jahr des Kindes einen konkreten Beitrag zu einer kindgerechteren Schule leisten.

Tübingen, im März 1979
Hildegard Kasper

Hildegard Kasper

Der Raum als Lernfaktor

1. Erfahrungen – Metamorphosen

Margie: *Ich weiß nicht, ob man überhaupt Schulgebäude braucht. Jene Orte, die man Schulen heißt, taugen eigentlich gar nichts ... Ich will Ihnen sagen, ich würde diese Gebäude abbrechen ...*

Arthur: *Nun ja, ich sage Ihnen, der ganze Platz ist ziemlich schlecht ... Auch wenn Sie das beste Schulgebäude bauen würden, würde das noch gar nichts sagen, wenn diese Lehrer die gleichen blieben und wenn dort alles so weiterginge, wie es ist, eben lästig, meine ich ...*

Susan: *Wenn ich eine Schule bauen könnte, ... wollte ich eine Menge kleiner Schulen haben ... Ich würde jeden Klassenraum als Schule bauen, getrennt von den anderen. Dann gäbe es die großen Gebäude nicht, wo man sich verirrt ...*

Billy: *Sie sollten Schulen aufteilen, damit man den eigenen Bereich kennenlernt, als ob es das eigene Zuhause oder die Wohnung von Freunden wäre ...*[1]

Erinnerungen an die eigene Schulzeit schließen immer auch Erinnerungen an Schulgebäude und Schulräume ein. Je kleiner das Schüler-Ich, desto mächtiger, massig-erdrückender und emotional gefärbter wirken jene Orte nach, an denen das Schullernen stattfand.

Schulhäuser haben im Laufe der Geschichte eine Metamorphose erfahren, wohl genauso einschneidend wie die anderer öffentlicher Gebäude. Auch wenn dann und wann heute noch ein Schulhaus der Wilhelminischen Zeit weiterbesteht, ist zumindest das schulische Interieur mehrfach der neuen Zeit, ihren veränderten bautechnischen Möglichkeiten, ihren hygienischen Bedürfnissen und gewandelten ästhetischen Ansprüchen nachgefolgt. Nie standen sich dabei gebaute Lernumwelt, Schulverfassung und pädagogische Zielvorstellungen neutral gegenüber. Ob es sich um eine kleine Dorfschule oder ein städtisches Gymnasium handelte, ob es heute eine Nachbarschafts-Grundschule oder ein Gesamtschulzentrum ist, immer ist die bauliche Gestalt der Schule greifbarer Ausdruck des Lehr- und Lerngeschehens, das in diesen Gebäuden stattfindet. Trotzdem sind Schulbau- und Raumfragen für Lehrer und Pädagogen im allgemeinen Randfragen geblieben. Nur bei weitreichenden Veränderungen des Schulwesens, zum Beispiel bei Gesamtschulkonzeptionen der Gegenwart, spielten sie eine entscheidende Rolle. Es bedarf deshalb eines gezielten Anstoßes und konkreter Belege, um die Bedeutung des Raums als Lernfaktor in schulischen Alltagssituationen in das Bewußtsein von Lehrern und pädagogischer Öffentlichkeit zu rücken.

[1] Siehe Robert Coles: Those Places They Call Schools. In: Architecture and Education, Havard Educational Review, Bd. 39, Nr. 4, 1969, S. 46–57.

Schule 1935: „Man wurde gesetzt und war ausgesetzt ..."

Auf den Zusammenhang von Lernraum und Lernsituation ist in der Geschichte der Pädagogik immer wieder hingewiesen worden, zum Beispiel durch J.H. Pestalozzi, P. Petersen, C. Freinet, M. Montessori[2].

„Unsere Methode ... hat die Bänke abgeschafft, weil das Kind nicht mehr bewegungslos dem Unterricht der Lehrerin zuhören soll. Sie hat das Katheder abgeschafft, weil die Lehrerinnen keine üblichen Gesamtübungen, wie sie allgemein als nötig erachtet werden, machen sollen. Diese Dinge sind die ersten äußeren Schritte einer tieferen Umwälzung, die darin besteht, das Kind frei, seinen natürlichen Neigungen entsprechend, handeln zu lassen ... Das neue Problem fußt vielmehr auf folgendem: Dem aktiven Kind eine angepaßte Umgebung zu schaffen ... Der erste Schritt ist, die Klassen in richtige Kinderhäuser umzuwandeln ..."[3]

2 P. Petersen greift mit dem Begriff der „Schulwohnstube "auf J.H. Pestalozzis „Wohnstubenerziehung" zurück. Bei Arbeitsschulpädagogen der zwanziger Jahre spielen Werkstätten, Schulküchen, Schulgärten, Laboratorien, Ateliers eine große Rolle. C. Freinet macht die Schuldruckerei zum wichtigen Bestandteil der Lernumgebung. Vgl. P. Petersen: Der kleine Jena-Plan, Braunschweig 1963 (1. Aufl. 1927): C. Freinet: Die moderne französische Schule, Paderborn 1965; H. Parkhurst: Education on the Dalton Plan, London 1922; A. Reichwein: Schaffendes Schulvolk, Braunschweig 1964 (3. Aufl.).

3 Siehe M. Montessori: Die Umgebung. In: Die Neue Erziehung, Jg. XII, 1930, S. 86–90.

Die vorbereitete Umgebung, die Raum- und Dingwelt, führt nach der pädagogischen Konzeption M. Montessoris beim Kind zu neuen Geschicklichkeiten und Verhaltensweisen, sie ermöglicht autodidaktisches Lernen. Der Erzieher kann zurücktreten, seine unmittelbar eingreifende Rolle ablegen, individuell beraten, ermutigen, fördern. Hier wird ein Grundthema der Pädagogik der Neuzeit unter besonderer Berücksichtigung der Bedeutung der räumlich-dinglichen Lernumwelt bearbeitet und einer Lösung zugeführt: Der Lernende kann in einer aktivierenden Umgebung zum Hauptakteur des Lernvorgangs werden, weil die Dinge selber ihn auf eine selbstinstruierende Lernspur bringen. Seine individuelle Lernfähigkeit wird herausgefordert und aufgebaut.

Viele moderne Schulbauten haben diesen Grundsachverhalt kaum oder nicht aufgegriffen. Häufig stellen sie sogar mit neuen architektonischen Mitteln Gegenthesen auf: Der Schüler wird in ein eindimensionales Gehäuse eingefügt. Das lernende Ich agiert nur als standardisierter Empfänger synchron mit anderen, Subjektivität und individuelle Lebendigkeit bleiben draußen. Im vergangenen monumentalen Stil gebaut, sind Schulen kaum von Justizgebäuden oder Vollzugsanstalten zu unterscheiden; bei modernen Betonbauten liegen Verwechslungen mit Fabriken oder Verwaltungsgebäuden nahe. Gewiß: Der Flächenbedarf ist nach Schulbaurichtlinien errechnet und eingehalten; Verkehrsflächen sind gemäß Schülerzahl erstellt; die Räume sind nach DIN-Normen ausgeleuchtet; das Mobiliar ist körpergerecht geformt und genormt; die Räume sind genügend beheizt und belüftet; alle Sicherheits- und Hygienevorschriften sind erfüllt, nicht zuletzt auch der Repräsentationswunsch der Kommunen. In solchen modernen Funktionsbauten müßten Lehrer und Schüler eigentlich „funktionieren". Doch ist die Frage nach der pädagogischen Funktion gründlich genug gestellt worden?

In einer Felderkundung an zehn Grundschulen unterschiedlichen Baudatums[4] konnte im Blick auf Schulanfängerklassen gezeigt werden, daß Lernumwelten der Sechs-/Siebenjährigen nach einem durchgängigen Grundmuster angelegt sind: Die Raumordnung der kleinsten Einheit des Schulkomplexes, des Klassenzimmers, ist eindeutig auf unterrichtliche Funktionen hin definiert. Der größere Baukörper der Schule setzt sich additiv aus solchen auswechselbaren Einzelelementen zusammen. Überall bestehen einheitliche Erlebnisqualitäten (zum Beispiel Licht, Wärme, Akustik, haptische Qualitäten). Man kann nicht Abstand nehmen; Raumdistanzen sind fixiert. Man kann sich schon gar nicht entziehen; jeder ist im Blickfeld des anderen. Begün-

4 Vgl. A.M. Planckenhorn: Das Klassenzimmer als Lernfaktor im Anfangsunterricht, Untersuchungen an 10 Reutlinger Schulen, Zulassungsarbeit zur 1. Prüfung für das Lehramt an Grund- und Hauptschulen, Pädagogische Hochschule Reutlingen 1976.

stigte Aktivitäten sind: Hören, Sprechen, Lesen, Schreiben, Handeln im Gleichschritt. Mit anderen Klassen besteht selten eine räumliche Verbindung; das Hoheitsgebiet einer Klasse und des einzelnen Lehrers ist baulich abgesichert. Zuständigkeiten und Funktionen sind ebenfalls eindeutig: Der Raum ist Unterrichtszone, außen sind Verkehrswege und Pausenbereiche. Solche räumlichen Botschaften sind nicht auf Schulanfängerklassen begrenzt. Ganz offensichtlich haben sie auch wenig Bezug zu aktuellen Sichtweisen des lernenden Kindes und zu pädagogischen Zielvorstellungen.

Die Leitfragen der folgenden Überlegungen heißen daher: Wie sollten Lernräume gestaltet sein, damit sie zentrale Aufgaben und Ziele der Grundschule unterstützen? Wie können Lernraum und Lernen von Grundschulkindern in Korrespondenz gebracht werden, damit der Gestaltwandel der Schule eine Metamorphose mit pädagogischer Inspiration wird?

2. Pädagogischer Bezugsrahmen

Mit der Gründung durch das Reichsgrundschulgesetz im Jahre 1920 ist die Grundschule als einheitliche Schule konzipiert worden. Ihr bedeutsamstes Merkmal ist es, daß sie, als die erste Stufe des institutionalisierten Lernens, die Schule aller Kinder ist, also das gemeinsame Fundament bilden soll [5]. In der relativ kurzen Geschichte treten vor allem zwei große Reformbewegungen hervor: In der Weimarer Grundschule der zwanziger Jahre sollte der Wort- und Fertigkeitsdrill der Herbartianer durch eine kindorientierte Pädagogik, die von verschiedenen reformpädagogischen Strömungen getragen wurde (Erlebnis-, Ganzheits-, Arbeitsschulbewegung und andere), abgelöst werden. In den sechziger Jahren wurden lernpsychologische und curriculare Neuansätze im Primarbereich erprobt und führten in bestimmten Phasen zu einem lern- und leistungsorientierten Grundschulunterricht. Die Grundmotive sind im wesentlichen die gleichen geblieben.

Zentrales Problem ist, wie die erste grundlegende Schule allen Kindern gerecht werden kann. Wie kann gemeinsames und individuelles Lernen gerade auf der frühen Stufe vermittelt werden? Wie lassen sich Einheitlichkeit und Gleichheit der Lernchancen verbinden mit der Berücksichtigung der spezifischen Lerngeschichte und den Lernmöglichkeiten jedes einzelnen Schülers und den Aufgaben einer ele-

5 Vgl. E. Schwartz: Die Grundschule – Funktion und Reform, Braunschweig 1969; E. Neuhaus: Reform des Primarbereichs, Düsseldorf 1974; D. Haarmann u.a. (Hrsg.): Lernen und Lehren in der Grundschule, Braunschweig 1977.

mentaren sozialen Erziehung? Die ursprüngliche Idee der Gründer einer integrierten Grundschule ist bis heute in der Grundschulrealität nur partiell eingelöst worden. Bereits auf schulorganisatorischer Ebene finden sich gegenläufige Formen der Aussonderung von Kindern bis hin zur Überweisung an Sonderinstitutionen. Gerade am Beispiel lernschwacher und lernbehinderter Schüler wird offensichtlich, daß die Grundschule nicht nur kaum in der Lage ist, alle zu fördern und Behinderungen abzubauen, sondern daß sie selber Behinderungen verstärkt oder sogar erzeugt[6]. Zunächst soll aus schultheoretischer Sicht eine Zielperspektive skizziert werden, der dann in einem weiteren Schritt Voraussetzungen und Arbeitsbedingungen am Beispiel des Faktors „Lernraum" zugeordnet werden sollen.

Kernproblem frühen Lernens ist die Frage nach dem Elementaren: Wie müssen die ersten Anfänge des Lernweges gestaltet werden, wie sind die grundlegenden Lernprozesse anzulegen, daß sie einerseits einfach, das heißt in Reichweite des Anfängers, und andererseits tragfähig für alles weitere Lernen sind? Die differenzierte Problemgeschichte des Bemühens um eine befriedigende Antwort, etwa J.H. Pestalozzis oder F. Froebels umfassende Versuche, sind heute nicht mehr ohne weiteres gegenwärtig. Das Problem selber ist aber in wesentlichen Aspekten durchaus bewußt. Man weiß, daß man davon ausgehen muß, daß nicht im Raum der Schule die ersten Anfänge gesetzt werden: Die Grundschule ist nicht der Anfang des Lernens. Ganz entscheidende Lernerfahrungen gehen voraus, zum Beispiel im Bereich der Sprache, der Motivation. Trotz vieler Beteuerungen, daß die Schule mit diesen Lernerfahrungen rechne, auf sie aufbauen müsse, gelingt es realiter mit seltener Zielsicherheit, daß den Kindern rasch klar wird, daß sie in der methodisch erzeugten Schulwelt das dort Wichtige erst von Grund auf erlernen müssen und daß ihre Vorerfahrungen nur dann zählen, wenn sie unmittelbar auf schulische Lernziele zuführen. Schon nach wenigen Wochen zeigen Anfängerklassen Resultate des begonnenen Trainings: Sie sind nun auf setzende Impulse und Aufgabenstellungen des Lehrers angewiesen, ehe sie aktiv werden können. Viele Kinder haben zudem schnell erfahren, was Mißerfolg heißt und wie man das Risiko des Versagens am ehesten taktisch klein halten kann.

In einem solchen schulischen Kontext müßte die erste Aufgabe der Grundschule darin bestehen, daß kindliche Spontaneität und Erfolgszuversichtlichkeit in der Erkundung einer als bedeutsam erfahrenen

6 Vgl. A. Reinartz / A. Sander (Hrsg.): Schulschwache Kinder in der Grundschule, Bd.1 und 2, Frankfurt 1977/1978.

Sache erhalten bleiben. Die „Disziplinierung“ durch die schulische Methode darf nicht dazu führen, daß Kinder eine schulische Identität annehmen, die mit ihrer persönlichen Identität und Lebenswelt nicht mehr viel zu tun hat, die die einen in dauernder Spannung hält, ob und wieweit sie den Erwartungen entsprechen können, und die es den anderen bald zur Gewißheit macht, daß sie es nicht schaffen. Die Suche nach dem Elementaren muß zuerst Antworten finden auf die Frage, wie das Lernen in der Grundschule erfolgen soll, damit Schüler erfahren,

- daß sie fähig sind, weiterzulernen,
- daß es dabei um ihre eigene, von anderen akzeptierte Identität geht,
- wie die Erweiterung ihrer Lernfähigkeit mit sozialen Erfahrungen zusammenhängt,
- wie sie selber ihr eigenes Lernen verstehen und mehr und mehr in eigene Regie nehmen können[7].

Erst innerhalb dieses umgreifenden pädagogischen Kontexts erhalten weitere Ziele ihre Bedeutung: Grundlegende kognitive, pragmatische und soziale Fertigkeiten sowie basales Wissen. Die Diskussion der letzten Jahre hat zu unterschiedlichen Konkretionen geführt[8]. Hier wird grundsätzlich davon ausgegangen,

- daß vor allem Fähigkeiten der Selbstorientierung in einer komplexen Umwelt und der sozialen Sensibilität zu den grundlegenden Fähigkeiten gehören und
- daß ein von Inhalten losgelöstes Training von Fertigkeiten weder Kinder motivieren noch für Handlungssituationen qualifizieren kann.

Die Frage nach Kriterien der Auswahl der Inhalte aus dem überhaupt Lernbaren läßt sich nach den Erfahrungen der letzten Jahre im Bereich der Lehrplanreform weder allein von Sachstrukturen (Struktur der Disziplinen) noch einseitig von sozio-kulturellen Bezügen und Situationen aus in den Griff bekommen; sie bleibt vielmehr verschränkt mit der Art und Weise, wie Kinder lernen, wie sie gerne lernen. Hier zeigt sich das Elementare als das Kindgemäße. Dieser Begriff ist durch die reformpädagogische Tradition geprägt. Er soll nicht einlinig auf eine Wachstumspädagogik zurückverweisen, sondern die Aufmerksamkeit für die vielen pädagogisch nicht gesteuerten

7 Vgl. H. Kasper (Hrsg.): Differenzierungsmodelle für die Grundschule, Stuttgart 1974.

8 Vgl. A. Garlichs: Curricula und Curriculumprojekte im Primarbereich. In: Curriculum-Handbuch, Bd. III, Hrsg. K. Frey u.a., München 1975; H. Bennwitz / F.E. Weinert: CIEL – Ein Förderungsprogramm zur Elementarerziehung und seine wissenschaftlichen Voraussetzungen, Göttingen 1973.

Lebensäußerungen, Realitätszugriffe, affektive Zuwendungen, Interessen von Kindern wecken. Die Antwort darauf, was das Elementare sei, muß nicht zuletzt von den Kindern selber gegeben werden. Freie Kinderbeobachtungen, aber auch Erkenntnisse der Schule J. Piagets, weisen darauf hin, daß vor allem jüngere Grundschüler sich ihre Welt noch vorwiegend handelnd erschließen, daß die durch Handlungen erschlossene Welt der bildhaften und symbolischen Vergegenwärtigung als konkret-denkende Erfahrung vorausgeht[9]. Deshalb müssen Konzepte des konkret-handelnden Lernens, des spielerischen Umgangs mit Dingen und Phänomenen, einer ungelenkten Exploration durch Tun, Anschauen, Besprechen, Befragen, Konstruieren, Darstellen und einer nur schrittweise lenkenden Strukturierung in der Grundschularbeit verstärkt wirksam werden[10].

Die skizzierten Punkte enthalten Hinweise darauf, daß der herkömmliche schulische Leistungsbegriff überprüft werden muß. Es deutet sich unter anderem eine Ausweitung an: Schulleistung muß über strukturiertes und auf Erarbeitungsweisen bezogenes Wissen hinaus Initiative, soziales Verhalten, Motivation, Zuversichtlichkeit in neuen Situationen umfassen. Diese stellen nicht nur Leistungen des einzelnen Schülers dar, sie sind auch Leistungen der Schule. Es geht um die Qualität der angebotenen schulischen Lernchancen, der Lernhilfen, des Umgangs der Erwachsenen mit Kindern und der Kinder untereinander.

Die meisten der hier vertretenen Ziele finden sich auch in allgemeinen Leitgedanken und Leitzielen neuerer Grundschullehrpläne und Empfehlungen zur Grundschulreform[11]. Ihre Umsetzung in die Alltagspraxis der Grundschulen ist jedoch an entscheidende Voraussetzungen geknüpft, innerhalb derer der Lernraum im weitesten Sinne eine fundamentale Vor-Ordnung schafft. Eine genauere Abgrenzung der Raum-Variable muß über verschiedene Zugänge versucht werden.

9 Vgl. J. Piaget: Das Erwachen der Intelligenz beim Kinde, Stuttgart 1969; J. Bruner u.a.: Studien zur kognitiven Entwicklung, Stuttgart 1971; U. Fiedler: Freisetzende Erziehung und selbstentdeckendes Lernen. In: D. Haarmann u.a. (Hrsg.): Lernen und Lehren in der Grundschule, Braunschweig 1977, S. 152–175.

10 Vgl. G. Neff (Hrsg.): Praxis des entdeckenden Lernens in der Grundschule, Kronberg 1977; J. Forster: Aktives Lernen, Ravensburg 1974.

11 Vgl. z.B. Ständige Konferenz der Kultusminister der Länder: Empfehlungen zur Arbeit in der Grundschule, 2.7.1970; Kultusministerium Baden-Württemberg: Bildungsplan für die Grundschulen. In: Kultus und Unterricht, Reihe A, Nr. 1, Villingen-Schwenningen 1977.

Um zu erziehen,
fängst du besser nicht
mit Grammatik und ABC an:
bemüh dich, Interesse von Grund auf zu wecken,
beginn damit, entdecken zu lehren,
mit Gedichten fang an, die Erneuerung bedeuten
weil sie Dichtung sind.
So du zur Musik erziehst,
lausche auf die Frösche,
beginn mit Bach, nicht mit kleinlichen Übungen.
Wenn ihr Verständnis geweckt, kann deinen Schülern
eine Liebkosung unendlich
viele Liebkosungen sein, ein Übel unendlich
viele Übel
und ein Leben unendlich viele Leben;
und kommen sie zu den Tonleitern, verlange, daß sie
gespannt wie Geigensaiten sie spielen,
mit der gleichen Aufmerksamkeit
wie für das schwierigste Konzert.

Fürchte dich nicht,
allein zu bleiben.
Beginne mit wenigen,
um einen guten Anfang zu gewährleisten
und um desto besser vielen zu dienen;
sei unermüdlich mit dem, der nicht versteht,
sei offen für den Andersdenkenden,
doch laß dich nicht durch zänkische Händel ertränken,
mit den Ungründlichen und immerzu Unpünktlichen
brich.

Und vor allem forsche
nach dem nötigen Ausgleich
zwischen der Kunst zu erwecken
und der Verantwortung der Auswahl.

Danilo Dolci
Poema umano – Der Menschen Gedicht
Bern 1974

3. Lernräume – Lernwelten

Lernraum (alternativ Lernumgebung, -umwelt, -welt) als gebaute und eingerichtete räumlich-dingliche Umgebung für schulisches Lernen ist vielfältig auf andere Faktoren des pädagogisch-didaktischen Feldes bezogen; er ist eine vielschichtige und zugleich abhängige, schwer abgrenzbare Variable[12]. Von der Benutzerseite (Lehrer, Schüler, Verwaltungs- und Reinigungspersonal) und von schulischen Bezugsgruppen her (Eltern, Gemeinden, Schulverwaltung) ist dieser Raum nie als Ding mit „natürlichen", physikalisch-technischen, ästhetischen oder funktionalen Qualitäten gegeben.

Nach der Eröffnung einer neuen Schule kommentiert ein Besucher gegenüber Schülern: „Ihr habt aber eine tolle Schule!" Antwort einer Schülerin: „Aber unser Lehrer schimpft so viel." Eine andere: „Und wenn Ihr eine Schule mit Schaukelstühlen baut: Schule ist trotzdem doof!"

Für Schüler sind diese Gebäude nicht ablösbar vom gesamten schulischen Leben, realistischer: vom Unterrichtsbetrieb, der sich darin abspielt. Entscheidend ist vor allem das soziale Feld: Die eigene Rolle und Wertschätzung durch „Mitbewohner", die Beziehungen zu signifikanten Anderen, ihre Erwartungen und Sanktionen[13]. Es liegt nicht fern, einen extremen gedanklichen Exkurs zu machen und die These zu verfechten, der Raum sei letztlich doch nicht entscheidend, gute Schule hänge davon nicht ab.

„Unsere Schule ... Sie besteht aus zwei Zimmern des Pfarrhauses und aus zwei weiteren, die uns als Werkstatt dienen. Im Winter ist es darin etwas eng. Aber von April bis Oktober halten wir im Freien Schule und dann mangelt es uns nicht an Raum."[14]

Den vorgegebenen Lernraum zeitweilig zu verlassen und „draußen" gute Schule zu machen, oder anders: gemeinsam jeweils in der Situation einen günstigen Lernort erst zu schaffen, ist sicher möglich, doch lassen sich grundlegende anthropologische und psychologische Tatbestände der Wechselwirkung von Raum und menschlichem Befinden und Verhalten dennoch nicht widerlegen. Von verschiedenen wissenschaftlichen Disziplinen ist dieser Zusammenhang aufgewiesen worden. Führend sind dabei – neben der Geschichte der Architektur – philosophische Erkenntnistheorie und Anthropologie, Verhaltenspsychologie, Psychotherapie, Psychosomatik und psychologische Ökologie.

12 Siehe Übersicht Seite 19.
13 Siehe H. Kasper: Erfahrung und Lernen im Raum. In: H. Halbfas / F. Maurer / W. Popp (Hrsg): Lernwelten und Medien. Neuorientierung des Primarbereichs Bd.5, Stuttgart 1976, S.164–197.
14 Siehe Scuola di Barbiana – Die Schülerschule, Briefe an eine Lehrerin, Berlin 1974, S.21.

Der Lernraum als Lernfaktor

I. Einflußgrößen

1	2	3	4	5	6
Bildungspolitische Einflußgrößen	*Pädagogisch-didaktische Einflußgrößen*	*Schulorganisatorische und schulrechtliche Einflußgrößen*	*Regionale und kommunale Einflußgrößen*	*Architektonische und bautechnische Einflußgrößen*	*Finanzielle Investitionen als Einflußgrößen*
– Schulkonzeptionen – Strukturpläne – Schulentwicklungspläne	– Schultheorien – Lehrpläne / Curricula – Nutzerbedürfnisse	– Schularten – Lerngruppenbildung – Lehrer-Schüler-Relationen – Aufsichtsregelungen – Schulbaurichtlinien	– Sozialstruktur – Infrastruktur – Standort	– Epochale Stile – Bautechnik – Stand der Technologien	– Kostenrichtwerte – Effektive Investitionen – Stiftungen

II. Transformation in Raumstrukturen

1	2	3	4	5	6
Baugliederung	*Bauausfertigung*	*Raumarten*	*Innenraumgestaltung*	*Freiflächen*	*Verbindung mit außerschulischen Lernorten*
– Grundriß – Zugänge – Ebenen – Trakte – Verkehrswege und Treppen – Raumverbindungen	– Konstruktionstypen (z.B. Stahlbeton) – Beleuchtung – Belüftung – Heizung – Akustik	– Klassenzimmer – Fachräume – Mehrzweckräume – Kleingruppenräume – Aula – Bibliothek – Mediothek – Verkehrsbereiche – Freizeit-, Pausenbereiche	– Materialauswahl bzw. Flächengestaltung für Wände, Böden, Decken – Möblierung – Installationen und unterrichtstechnische Ausstattung – Bereitstellung von Medien – Zonung in Teilbereiche – Farbgebung und Raumästhetik	– überdachte Freiplätze – Hartplätze – Grünzonen – Sitzplätze – Spiel- und Sportzonen	z.B. Bibliotheken, Museen, andere öffentliche Einrichtungen

III. Folgen

1	2	3	4
Auswirkungen auf Schulklima und Klassenatmosphäre	*Psycho-somatische Auswirkungen*	*Auswirkungen auf soziales Lernen*	*Auswirkungen auf autonomes und kreatives Verhalten*

Der *erkenntnistheoretische und anthropologische Aspekt* des Raumes ist seit Immanuel Kant Thema der neueren Philosophie. Raum ist wie Zeit eine umfassende Anschauungsform, eine Grundkategorie menschlichen Seins. O.F. Bollnow hat frühere Studien zusammengefaßt und weitergeführt [15].

„Der Mensch befindet sich nicht im Raum, wie ein Gegenstand sich etwa in einer Schachtel befindet, und er verhält sich auch nicht so zum Raum, als ob zunächst etwas wie ein raumloses Subjekt vorhanden wäre, das sich dann hinterher auch zu einem Raum verhielte, sondern das Leben besteht ursprünglich in diesem Verhältnis zum Raum und kann davon nicht einmal in Gedanken abgelöst werden." [16]

Der „erlebte und gelebte Raum" hat einen ausgezeichneten Mittelpunkt, der durch den Ort des erlebenden Menschen im Raum gegeben ist; er hat Zonen, die sich qualitativ unterscheiden; er ist fördernd wie hemmend das Feld menschlicher Lebensbeziehungen [17].

Verhaltenstheoretische Aspekte weist E.T. Hall auf [18]. Die Wirkungen des Raums auf die Befindlichkeit des Menschen spielen sich in drei grundlegenden Formen ab:
- durch physiologische Wahrnehmung des Raums mit allen Sinnen (Gesichtssinn, Tastsinn, Wärmeempfinden, Geruchssinn);
- durch Fixierungen der Räume;
- durch Raumdistanzen.

„Das Gefühl des Menschen von der richtigen Orientierung im Raum reicht sehr tief. Ein derartiges Wissen ist im Grunde mit Überleben und Gesundheit verknüpft. Im Raum desorientiert zu sein, bedeutet psychotisch zu sein ..." [19]

Die in eine bestimmte Architektur eingebrachten Ausstattungsobjekte können die Raum-Funktion mehr oder weniger festlegen, Variationen und spezifische Anpassungen verbauen oder eröffnen (fixierte und halb-fixierte Räume). Räume können auch Distanzen zwischen den Benutzern schaffen oder nach der jeweiligen Bedürfnislage variabel halten. Ist die Variabilität der Raumdistanz nicht gegeben, so zeigen sich Streßmerkmale (zum Beispiel bei Überfüllung).

Aus *psychotherapeutischer* Sicht greift Bruno Bettelheim einige dieser Aspekte auf [20]. Raum wird hier zum therapeutischen Milieu. Zentraler Ansatzpunkt der Therapie ist die Wiederherstellung von Selbstachtung durch fördernde menschliche Beziehungen und Eröffnung

15 O.F. Bollnow: Mensch und Raum, Stuttgart 1963.
16 Siehe ebd., S. 23.
17 Siehe ebd., S. 17 f.
18 E.T. Hall, Die Sprache des Raums, Düsseldorf 1976.
19 Siehe ebd., S. 112.
20 B. Bettelheim: Der Weg aus dem Labyrinth, Stuttgart 1975.

von Spielräumen für eigene Entscheidungen. Raum und Einrichtung sind durch ihre Botschaften entscheidende Stützfaktoren für das Gefühl, als wertvoller Mensch leben zu können.

Psychosomatische Aspekte der Raumerfahrung sind im Blick auf den wachsenden kindlichen Organismus noch wenig erforscht. Bei H. Kükelhaus wird gerade diese Sicht prägnant-eigenwillig in den Mittelpunkt gestellt. Der ganze kindliche Mensch lernt. Er ist durch seine Leiblichkeit auf durchformte, gebaute Lebenswelt angewiesen. Atmung, Kreislauf, Skelett-Muskelsystem, Sensorik sind betroffen. Kernthese Kükelhaus' – an Fallbeispielen von fensterlosen Schulen belegt – ist, daß Lebensprozesse durch unmenschliche moderne Architektur lahmgelegt werden. Die „Lernanstalt-Architektur“ sei bestimmt durch „gradlinige Anpeilung gewünschter Effekte, Ausschaltung aller Störelemente, risikofreie Verfahrenstechnik“[21]; Fehlregulationen stellen sich ein, zum Beispiel durch Bewegungsführung in nur ein und derselben Ebene, die dem kindlichen Bewegungsstil nicht entspricht, durch unstrukturierte Bodenflächen und Wände, schattenlose Helligkeit, thermische Gleichförmigkeit und anderes. Es fehlen biologische Spannungsfelder. „Prozesse bedürfen für ihre Erregung und für ihren Ablauf risikohaltiger Zustandsunterschiedlichkeiten in Form materieller Potentialdifferenzen ...“[22]

„Was uns erschöpft, ist die Nichtinanspruchnahme der Möglichkeiten unserer Organe, ist ihre Ausschaltung, Unterdrückung; ist der ‚Negative Streß‘ – viel schlimmer, weil viel allgemeiner und noch viel weniger durchschaut, als der aktuale Streß. Was aufbaut, ist Entfaltung. Entfaltung und Auseinandersetzung mit einer mich im Ganzen herausfordernden Welt. Ist das Bestehen der Welt.“[23]

Aus *Sozialpsychologie* und *psychologischer Ökologie* lassen sich schließlich ins einzelne gehende Prinzipien für die Konstruktion und Beurteilung von Lernumwelten gewinnen; sie sind allerdings in ihrer Gewichtung auf pädagogische Zielvorstellungen angewiesen. Nach O.K. Moore und A.R. Anderson sollen Lernumwelten den Wechsel von Handlungsperspektiven ermöglichen, ein Gelände für sanktionsfreie Explorationen eröffnen, Gelegenheiten für eigenständige und weiterführende Problemlösungen bieten sowie Rückmeldungen über die individuellen Handlungen geben[24].

[21] Siehe H. Kükelhaus: Unmenschliche Architektur. Von der Tierfabrik zur Lernanstalt. Köln 1973, S.16.

[22] Siehe ebd., S.20.

[23] Siehe H. Kükelhaus: Fassen – Fühlen – Bilden, Organerfahrungen im Umgang mit Phänomenen, Köln 1978², S.14.

[24] Vgl. O.K. Moore / A.R. Anderson: Some Principles for the Design of Clarifying Educational Environments. In: D.A. Goslin: Handbook of Socialization Theory and Research, Chicago 1969.

Die hier aufgeführten verschiedenen Zugänge zum Lernraum zeigen, daß im Raum Lernsituationen präformiert sind, die durch symbolische Botschaften vermittelt werden. Es geht dabei nicht nur um Objektbeziehungen, sondern gleichzeitig um Kommunikationswege, soziale Beziehungen und Erfahrungen.

Kinder haben ihre spezifische Erlebnisweise von Räumen. Ihr Raumerleben ist vor allem durch ihre Körperlichkeit bestimmt. Der Raum „geschieht" vor allem dem jüngeren Kind; es erlebt ihn vital, indem es sich bewegt, ihn durchläuft, Dinge erreicht oder Grenzen des Erreichbaren im Greifen, Gehen, Steigen erfährt. Nicht nur aufgrund seiner Kleinheit befindet es sich nicht im gleichen Raum wie der Erwachsene. Es gibt im Kind-Raum noch nicht das durch allgemeine Kategorien oder Konventionen Festgelegte. Große Raumdimensionen und Gegenstände können für das Kind in bestimmten Situationen klein, verborgene können sichtbar werden. Es gibt das Unbestimmte, immer wieder neu Bestimmbare. M.J. Langeveld hat aus der Sicht einer pädagogischen Anthropologie aufgezeigt, welchen Weg das Kind zurücklegen muß, wenn es von seiner freien, vieldeutigen, noch nicht in feste Bedeutungen eingefügten Welt aus die festgestellte, objektive, quasi-endgültige Welt der Erwachsenen erreichen soll[25]. Die Welt des Kindes wird zunehmend normiert und besetzt. „Die anderen erinnern uns daran, daß ein Löffel nur als Löffel verfügbar ist. Er ist kein Schiff"[26]. Gerade die Schule macht sich diese Definition zur Aufgabe. Wenn aber die unbestimmten, verfügbaren, „geheimen" Stellen gerade jene sind, an denen das Kind ganz bei sich selbst sein, sich verlieren und dann wieder entspannt und befreit auftauchen kann, dann muß auch die Schule ein fundamentales Verständnis für diese Stellen haben und die Kindeswelt nicht völlig durch die Schulwelt ersetzen wollen. Zurücknahme von Schulbestimmtheit bewahrt Initiative, persönlichen Ausdruck, ermöglicht eigene Welt. „Und das Geheimnis dieses Ortes ist in erster Linie das Geheimnis des Eigenen"[27]. So muß Schule auch auf der Ebene des Raums als einer grundlegenden Vor-Ordnung der schulischen Lern- und Lebensprozesse ihren Anspruch auf totale Vermessung des Lerngeländes und auf Verwaltung von festgelegten Funktionen und Bedeutungen aufgeben, wenn sie wichtige Quellen des Lernens nicht einfach versiegen lassen will.

25 Vgl. M.J. Langeveld: Die Schule als Weg des Kindes, Braunschweig 1963.
26 Siehe ebd., S.91.
27 Siehe ebd., S.91.

4. Thesen – Kommentare

Konsequenzen für die Gestaltung von Lernräumen für Grundschüler sollen thesenhaft zusammengefaßt werden[28]:

These 1 Grundschulen müssen von ihrer baulichen Anlage und Ausstattung her für Grundschüler eine anregungsreiche Lernumwelt darstellen. Ziel ist nicht das „perfekt" ausgestattete Schulhaus und Klassenzimmer, sondern eine schulische Lernumgebung, die Aktivitäten anregt und unterstützt und auf grundlegende Bedürfnisse von Kindern eingeht.

Damit lernfördernde und auch therapeutische Wirkungen zustande kommen können, dürfen die baulichen Rahmenbedingungen nicht statisch vorgegeben sein, sondern müssen variabel genutzt werden können (werkzeugartiger Einsatz). Genauso falsch wie eine räumlich und ausstattungsmäßig unzulängliche Grundschule wäre es, wenn der bauliche Rahmen für Schüler und Lehrer in einer nicht mehr antastbaren Perfektion (perfektionistisch-endgültig) vorfabriziert würde. Der gesamte bauliche Rahmen und die Ausstattung einer Schule sollten einen verfügbaren Handlungsrahmen darstellen. Für jüngere Schüler ist es besonders wichtig, daß dabei grundlegenden Bedürfnissen Rechnung getragen wird. Dazu gehört das Bedürfnis, die Umwelt nach dem jeweiligen Vorhaben mitgestalten zu können, Bezirke vorzufinden, die in unterschiedlichen Graden lenken oder freisetzen, die Rückzugs- oder Darstellungsgelegenheiten zulassen, für Gegenseitigkeit aufschließen oder Für-Sich-Sein ermöglichen.

These 2 Für jüngere, insbesondere für schulschwache Kinder ist es wichtig, daß eine Brücke zwischen häuslichem Wohnmilieu und schulischer Lernumwelt hergestellt wird. Die Anlage und Ausstattung der Räume sollte dem Rechnung tragen. Dabei sollten die Kinder so weit wie möglich an der Gestaltung ihres Arbeitsplatzes mitwirken und situationsentsprechende Lösungen suchen können.

Schulische Lernumgebungen führen für die meisten Kinder eine Kontrasterfahrung zur häuslichen Wohnwelt herbei: Größe, Nüchternheit, kaum Rückzugsmöglichkeiten, wenig freundliche Objekte, zu denen eine affektive Beziehung hergestellt werden kann. Man kann die Hypothese wagen, daß die Schulfreudigkeit bzw. Schulunlust unter anderem auch davon abhängt, in welcher Beziehung der baulich-dinghafte Aspekt des Elternhauses zu dem der Schule steht. Da die Wohn-

[28] Die Thesen und Kommentare wurden vom Verfasser für das von Grund- und Sonderschulpädagogen erstellte Gutachten „Maßnahmen zur Verminderung von Schulschwäche in der Grundschule" formuliert. Sie sind veröffentlicht in: A. Reinartz / A. Sander (Hrsg.): Schulschwache Kinder in der Grundschule, Bd. 1, Frankfurt 1977, und werden hier mit geringfügigen Änderungen übernommen.

welten der Kinder sehr unterschiedlich sind, lassen sich nur spannungsvolle und punktuelle Vermittlungen herstellen. Ansatzpunkte können sein: Ergänzung des Schulmobiliars durch einzelne Stücke aus Wohneinrichtungen (zum Beispiel Sessel, Teppich), Schaffung kleinerer Zonen mit unterschiedlichen Raumqualitäten, Einrichtung einer gemütlichen Ecke, zeitweiliges Mitbringen eines Lieblingsspielzeugs, Pflanzen oder Tiere im Klassenraum. Sitze sollten in unterschiedlicher Form vorhanden sein: Stühle, Sitzkissen, Hocker, Bänke, Matratzen und andere. Großen Reiz können einzelne ungewöhnliche Einrichtungsgegenstände ausüben (zum Beispiel alte Kommode oder „Verbrauchsmobiliar" zum Umbauen, Ausschlachten, Anmalen oder zu Abreaktionsspielen) wie auch unterschiedlich ausgeleuchtete Raumzonen.

These 3 Die Stammbereiche (Klassenzimmer) sollten in verschiedene Zonen aufgegliedert sein. Die allgemeine Unterrichtszone ist anzureichern mit funktionsdifferenzierten Zonen: Leseecke, Informationsecke, Ruhezone, Zone für gestalterische oder experimentelle Betätigung, im günstigen Fall mit Naßnische. Es sollte rasch eine Freifläche für motorische Aktivitäten, Spiele und Gesprächskreise erstellbar sein.

Im Normalfall trifft man Grundschulklassenzimmer mit rechteckigem oder quadratischem Grundriß an. Kompakte Raumformen mit günstigen Sichtbedingungen werden angestrebt; die Flächenmaße orientieren sich an Schulbaurichtlinien (zum Beispiel an dem in den sechziger und siebziger Jahren gängigen Standard-Maß von 72 qm für Klassenräume in Formaten für drei oder vier Schülertischreihen). Anordnung von Tischen, Stühlen, Wandtafel und anderen Ausstattungsgegenständen einschließlich der sichtbaren (meist nur spärlichen) Medien und Materialien lassen erkennen, daß die Lernsteuerung für alle zur gleichen Zeit (in gleicher Art?) durch Regieanweisung des Lehrers von vorne erfolgt. In Zonen gegliederte, differenzierte Klassenzimmer sind in der deutschen Grundschulrealität selten, im Gegensatz etwa zu modernen englischen Primary Schools. Deutlicher als die bereits genannten Vorschläge signalisieren sie eine veränderte Unterrichtskonzeption und Unterrichtspraxis (zum Beispiel differenzierenden Unterricht, Projektunterricht, selbstgesteuertes Lernen). Das Prinzip der Zonung von Lernräumen wird im Abschnitt „Raum-Zonen-Modelle" genauer ausgeführt.

These 4 Die Lernräume sollten vielfältige Spiel- und Lernmaterialien offen präsentieren, die zum selbständigen Handeln in Einzel- und Gruppensituationen auffordern. Ein Übermaß an Stimulation sowie eine rasch sich abnützende Gleichförmigkeit sollten vermieden werden.

Materialien (Sammelbegriff für Arbeitsmittel, Bücher, Bilder, Karten, Karteien, Experimentierobjekte, Lernspiele, Requisiten für Rollenspiele, Baukästen, Werkzeuge, Werkmaterialien und anderes) sind zumeist – wenn vorhanden – in Schränken verwahrte Dinge. Ihr Einsatz ist vorwiegend in der didaktischen Planung des Lehrers festgesetzt. Greift der Unterricht häufig auf solche Materialien zurück, so bedingt dies ein zeitaufwendiges und aufreibendes Geschäft für den Lehrer: Austeilen, Einräumen, Bedienen der rascheren Schüler, Beistand für die zurückbleibenden Kinder. Trotz solcher Mühe: Spezielle Interessen müssen weitgehend unter den Tisch fallen, ebenso die Fähigkeit der Schüler zur selbständigen Benutzung der Lernmittelangebote, die Entwicklung von Lerninitiativen und methodischen Fertigkeiten.

Welche Arten von Medien für bestimmte didaktische Zusammenhänge im Klassenzimmer oder in stufenspezifischen Mediensammlungen bereitgestellt werden sollten, wird an anderer Stelle dieses Bandes beschrieben (vgl. Hildegard Kasper / Ingrid Maier: Die kleine Klassenmediothek in der Grundschule, S.199).

Es muß sicher kritisch geprüft werden, in welchen Situationen, bei welchem Ausmaß und bei welchen Kindern das offene Materialangebot zum Störfaktor wird. Eine Dauerpräsentation kann sich abnützen. Dagegen könnten gezielte Abwechslungen und Überraschungen im Materialangebot den Kindern immer wieder neue Aktivitäten und Interessen entlocken.

These 5 Das Klassenzimmer sollte sich als räumlich erweiterungsbedürftige Basis verstehen. Die Einbeziehung von Fluren, der Besuch anderer Stammbereiche und die gemeinsame Benutzung von Spezialräumen vergrößern den Aktionsbereich und eröffnen zusätzliche Kontakte und Anregungen. Schulhof und Freiflächen sollten ebenfalls als Lernräume gestaltet und genutzt werden.

Klassenzimmertüren bleiben in fast allen Grundschulen sorgsam geschlossen. Daß abgeschirmte Bereiche und räumliche Zugehörigkeiten notwendig sind, steht außer Frage. Doch die Ausschließlichkeit der Abgrenzung: unser Zimmer – andere Zimmer – Flure, führt zum Verzicht auf zusätzliche Erfahrungsmöglichkeiten, die positiv auf die Arbeit im Klassenzimmer zurückwirken könnten. Gegenseitige Klassenbesuche oder einzelne gemeinsam genutzte Spezialzonen könnten einen Anfang bilden.

Es gibt weiterreichende Versuche, in Grundschulen offene Lernumgebungen bereitzustellen. Die Untersuchungen über deren Auswirkungen sind in ihren Ergebnissen uneinheitlich. Wo eine Kombination mehr offener und mehr geschlossener Bauelemente gefunden wird, offenen und geschlossenen Curriculumteilen entsprechend, wird dies Kindern mit unterschiedlichen Lernvoraussetzungen zugute kommen. Die Lernumgebung wird erlebnisreicher, das Lernen im Gleichschritt kann zumindest teilweise abgelöst werden. Interessen können zum Zuge kommen, der äußere Rahmen bietet mehr Überraschungen und Herausforderungen an die eigene Initiative.

These 6 **Gruppenräume, die Schulbibliothek oder Mediothek, können wichtige Erweiterungen der Lernmöglichkeiten darstellen. Für jüngere und für schulschwache Kinder ist es besonders wichtig, daß die Zugehörigkeit zu einem bestimmten vertrauten Ort und Platz erhalten bleibt und schrittweise Verhaltenssicherheiten aufgebaut werden.**

Für Grundschulen erachtete man bisher Spezialräume nicht für notwendig. Entsprechend sehen Grundschulbaurichtlinien solche Räume nicht vor; sie wurden auch nicht gebaut. Daß jedoch Gruppenräume mit spezieller Ausstattung, zum Beispiel für Förderkurse, Spielgruppen oder für länger dauernde Projektarbeit, eine zentrale Arbeitsbibliothek und Mediothek, eventuell auch Mehrzweckräume für technisch, gestalterisch oder naturwissenschaftlich orientierten Unterricht sowie ein Kochbereich wichtig sind, steht pädagogisch außer Zweifel. Frei werdende Raumkapazitäten oder bisher pädagogisch nicht genutzte Bereiche sollten in dieser Hinsicht entdeckt und ausgestattet werden. Bei jüngeren Grundschülern muß räumliche Nähe und Überschaubarkeit erhalten bleiben. Spezialisierung kann in Anfängerklassen durch Zonung innerhalb eines geräumigen Stammbereichs vorgenommen werden, so daß allenfalls ein angrenzender Kleinraum für Spiel- oder Fördergruppen zusätzlich notwendig wird. Ältere Grundschüler hingegen können ein differenziertes Raumgefüge mit Gewinn nutzen, wenn auch für sie die Zugehörigkeit zu einem Stammbereich erhalten bleibt. Bei schulschwachen Kindern treten gerne Orientierungsschwierigkeiten (eventuell auch Verlassenheitsgefühle) auf. Eine Schulorientierungswoche für Schulanfänger kann solche Probleme auffangen helfen. Sehr ängstlichen Kindern kann zusätzlich durch Patenschaften älterer Kinder geholfen werden.

These 7 **Die Grundschule darf nicht als in sich abgegrenzter Lernort verstanden werden. Das Lernen vor Ort, in aufgesuchten Realsituationen kann entscheidende Motivationen auslösen, die eine isolierte Schulsituation nicht bietet. Kindern aus schulfremdem Milieu wird hier oft der Verwendungszusammenhang und die Bedeutsamkeit der schulischen Lernanforderungen erst deutlich.**

Das Lernen vor Ort, zum Beispiel durch Felderkundungen, Befragungen, Besuche am Arbeitsplatz, hat in der Grundschuldidaktik immer schon eine Rolle gespielt, ist jedoch in den letzten Jahren zurückgedrängt worden (Verkehrsprobleme, fehlende Zeit bei vollgepackten Lehrplänen). Es wird auf Berichte, Buch oder Bild zurückgegriffen. Es bedarf keines Nachweises, daß besonders Kinder aus schulfremdem Milieu durch überwiegend sprachliche Vermittlungsformen benachteiligt werden und daß sie in besonderem Maße darauf angewiesen sind, schulisches Lernen mit konkreten Erfahrungen aus Realsituationen in Zusammenhang zu bringen. Das Schulhaus mit seinem gesamten Inventar stellt immer eine künstliche Welt dar und darf nicht der einzige Lernort bleiben. Aufgesuchte Lernorte draußen sind ebenfalls wichtig und müssen auf das Geschehen drinnen zurückwirken. Möglichkeiten: Kinder als Besucher und Benutzer der öffentlichen Büchereien, Galerien, Museen, des Theaters; Kinder aber nicht nur in der Rolle von Betrachtern oder Benutzern, sondern auch schon als Handelnde, die den Ernstcharakter und Verwendungszusammenhang von Ergebnissen erfahren, zum Beispiel bei Felderkundungen (Wohnbezirk, Spielplatzsituationen, Arbeitsplätze von Eltern) und bei Projekten.

5. Raum-Zonen-Modelle

Das Prinzip der Raumzonung nimmt bei Raumveränderungen eine Schlüsselstellung ein, da es zur Entscheidungsfrage zwingt, wie es der Lehrer mit seiner Unterrichtspraxis hält und wie konsequent er seine pädagogischen und didaktischen Einstellungen umsetzen will. Bleiben Raum-Zonen nur äußerliche Randzonen, so wirken sie eher als Störfaktoren, nicht als Stützfaktoren[29]. Der besseren Übersichtlichkeit wegen soll dieses Prinzip grafisch-tabellarisch dargestellt und in einer *Matrix* zur Entwicklung von Lernumgebungen operationalisiert werden[30]. Die Matrix darf nicht als kompletter Anforderungskatalog mißverstanden werden. Sie soll vielmehr Möglichkeiten aufweisen, aus denen nach den jeweiligen konkreten Bedürfnissen und Möglichkeiten einer Schule bzw. Klasse ausgewählt werden kann oder die durch eigene produktive Einfälle ergänzt werden soll.

Typ A: bezieht sich auf *Einzelklassenzimmer*
- A 1: ohne Zusatzräume
- A 2: mit Zusatzräumen (Fachräume, Gruppenräume, Flure, sonstige)

Typ B: bezieht sich auf räumlich angrenzende *Parallelklassen*
- B 1 bis B 7: Varianten je nach größerer oder geringerer Integration von Teilbereichen

29 Vgl. Abschnitt „Folgen veränderter Lernumgebungen", S. 31 ff.
30 Vgl. dazu auch: J.-M. Sandvoss: Materialien zum Flächenbedarf in Grundschulen, Schriften des Schulbauinstituts der Länder, Heft 46, Berlin 1973.

Typ A: Einzelklassenzimmer

Obwohl sich die Ausstattungs-Anforderungen im Längsschnitt der Grundschuljahre in Abhängigkeit von Veränderungen des Curriculums und des Lernstils verändern, kann idealtypisch von folgendem Raum-Zonen-Modell ausgegangen werden:

Raum-Zonen:

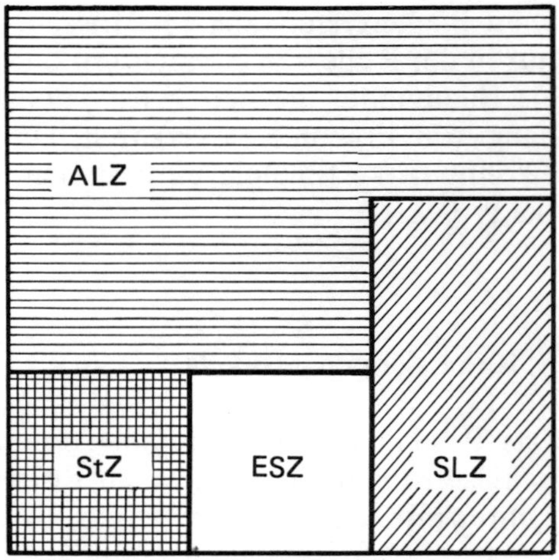

ALZ: Allgemeine Lernzone
SLZ: Spezielle Lernzonen
StZ: Stillarbeitszone
ESZ: Entspannungs- und Spielzone

Die Flächenanteile der Zonen stellen Schätzwerte auf der Grundlage von Beobachtungen über Schüleraktivitäten und -bedürfnisse in Grundschulklassen dar. Bei der Einrichtung von Zonen sind die spezifischen baulichen Vorgegebenheiten (zum Beispiel Raumgröße, Belichtung) zu beachten.

Matrix

Zonen	*Funktionen*	*Ausstattung*
I. ALZ *Allgemeine Lernzone* 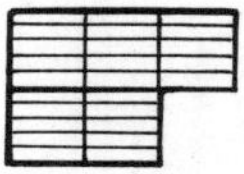	1. Gemeinsame Lehr-Lern-Aktivitäten in größeren Gruppen mit relativ unspezifischen Ausstattungsanforderungen; 2. Lernen in binnendifferenzierten Gruppen (z.T. unter Heranziehung von Medien aus Spezialbereichen);	Mobile Tische und Stühle; Fronttafel; seitliche Wandtafeln; Pinwände; Schränke; Wandregale; mobile oder fest installierte AV-Geräte; Projektionsfläche; Lehrer- und Demonstrationstisch; Schülerregale; Schülerfächer; schmückende Elemente;
II. SLZ *Spezielle Lernzonen* 	1. Lese- bzw. Sprachförderungsbereich	Bücher- bzw. Materialregale; Sitz- und Ablagemöglichkeit; Raumteiler; Teppich;
	2. Informationsbereich	Nachschlagewerke; Karteien; Ideen-Bank; diverse Medien; AV-Geräte;
	3. Experimentierbereich / Technisches Konstruieren	Arbeitsplatten; Werkbank; Geräte; Rohmaterialien; Wasseranschluß; Erkundungstisch;
	4. Gestalten / Kochen	Aufbewahrungsmöglichkeit für Papiere, Farben usw.; Kochstelle, Ausguß;
	5. Spielen / Bauen	Spielsammlung; Kleidertruhe; Teppich; Baukästen; Klötze;
III. StZ *Stillarbeitszone* 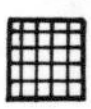	1. Einzelförderung 2. Kleingruppenförderung	Einzeltisch mit Sichtschutz und akustischer Abschirmung;
	3. Selbständige Einzel- oder Kleingruppenarbeit	Aufbewahrungsmöglichkeit für Fördermaterialien;
IV. ESZ *Entspannungs- und Spielzone* 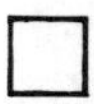	1. Rekreation in Pausen 2. Kreative Freiphasen	Informelle Sitzgelegenheit; Teppich; Spielmaterial;
	3. Informelle Gruppenbildung und Sozialaktivitäten	überdachte und offene Freiflächen;

Typ B: Räumlich angrenzende Parallelklassen

Zonen	*Raumorganisations-Modelle*	
I. ALZ *Allgemeine Lernzone*	*B 1:* Getrennte ALZ pro Klasse	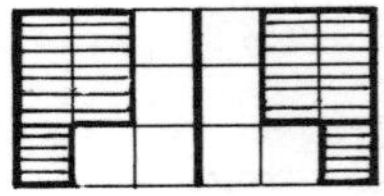
	B 2: Zum Großraum für bestimmte Funktionen integrierbare ALZs (Falt- oder Schiebewände)	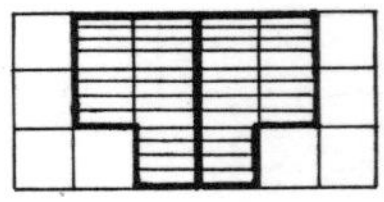
II. SLZ *Spezielle Lernzonen*	*B 3:* Partielle Integration von Spezialbereichen (zum Beispiel gemeinsam genutzter Info-Bereich)	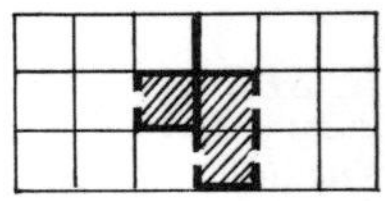
	B 4: Totale Integration aller Spezialbereiche	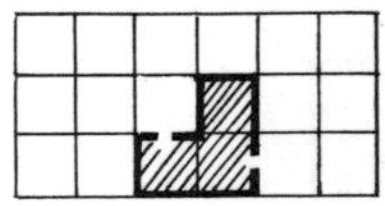
II. StZ *Still-arbeitszone*	*B 5:* Gemeinsame Nutzung eines benachbarten Kleinraums (wenn Zusatzraum nicht vorhanden, Typ A III)	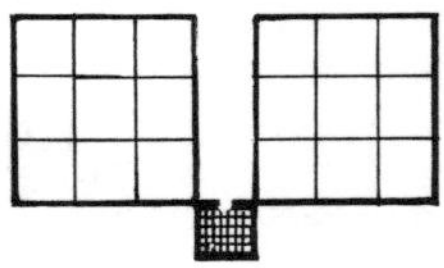
IV. ESZ *Entspannungs- und Spielzone*	*B 6:* Getrennte ESZ in jedem Klassenzimmer (vor allem für jüngere Schüler, siehe Typ A IV)	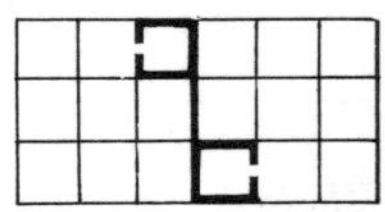
	B 7: Ausgliederung und gemeinsame Nutzung durch mehrere Klassen (zum Beispiel Flurzone)	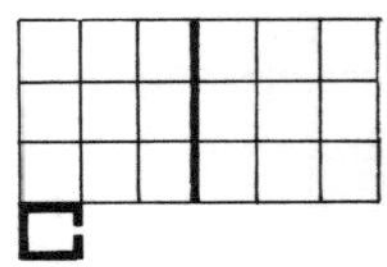

Bei der Planung und Einrichtung von Elementen der skizzierten Raumzonen müssen Prioritäten von speziellen Bedürfnissen her bestimmt werden. Bei geräumigen Klassenzimmern (Flächennormen sind durch die Schulbaurichtlinien der Länder vorgegeben) können einzelne Zonen innerhalb der vier Wände von Klassenzimmern eingerichtet werden (Typ A 1). Verfügt die Schule über Zusatzräume (Typ A 2), so können – besonders ab Schuljahr 3 – Zonen ausgelagert werden (zum Beispiel Info-Bereich in eine zentrale Stufen- oder Schulmediothek,

Kochen in die Schulküche, Einzel- oder Kleingruppenarbeit in räumlich benachbarte Kleinräume).

Bei der Planung von Raumzonen für räumlich benachbarte Parallelklassen (Typen B) sollten von vornherein Möglichkeiten zur Integration von Teilbereichen bedacht werden, da dadurch nicht nur die Ausstattung besser zum Tragen kommen kann, sondern auch vielfältige Möglichkeiten zu sozialem Kontakt und Interessenansteckung entstehen und Formen der Kooperation eine bauliche Entsprechung finden können. Möglichkeiten und Variationen hängen von der Art der räumlichen Nachbarschaft, dem Vorhandensein von Verbindungstüren, Trennwänden, Schallisolierung, Zusatzräumen ab.

6. Folgen veränderter Lernumgebungen

Folgen von Veränderungen im Klassenzimmer lassen sich nicht linear ableiten oder nachweisen, schon deshalb nicht, weil der Faktor „Raum“ sich als abhängige Variable verhält. Ein differenzierter Raum allein bringt zum Beispiel noch keine unterrichtliche Differenzierungspraxis hervor. Pädagogische und didaktische Einstellungen und Umorientierungen müssen parallel gehen, werden aber gleichzeitig in ihrer Umsetzung in Praxis durch räumliche Stützfaktoren wesentlich erleichtert.

Folgende Dimensionen, die wechselseitig aufeinander bezogen sind, werden durch Veränderungen hauptsächlich tangiert: Schulklima und Klassenatmosphäre, psycho-somatisches Wohlbefinden, soziales Verhalten, aktives und kreatives sowie individualisierendes und differenzierendes Lernen.

Gerade an *Schulklima und Klassenatmosphäre* wird die Interdependenz deutlich: Ökologisches Klima ist nur eine Schicht, die mit soziometrischen, interaktionellen und tiefenpsychologischen Faktoren korrespondieren muß[31]. Bezugslose, austauschbare, einfallsarme Lernorte werden zumindest Anfangsbarrieren setzen, wenn Schüler und Lehrer eine positive Atmosphäre schaffen wollen, da sie von vornherein Identifikationen erschweren (Identifikation etwa mit individuell bedeutsamen Plätzen, Ecken, Bezugsobjekten, mit der Schulwelt insgesamt). Kinder bringen zunächst Maßstäbe für wohnliche Räume und Raumatmosphäre aus ihrer häuslichen Wohnwelt mit; sie

[31] Vgl. G. Schreiner: Schule als sozialer Erfahrungsraum. Überlegungen und Untersuchungen zum Phänomen des Schulklimas. Frankfurt 1973.

sind erfahrungsgemäß aber schnell bereit, die Schule so, wie sie ihnen eben begegnet, zu akzeptieren, sich eine reduzierte Identität, eine fremdbestimmte Schülerrolle zuzulegen, sich durch die Schule als Pflicht, als ihrem Leben gegenüberstehende Sonderwelt hindurchzuschlagen. Wenn es pädagogisch wünschenswert ist, Schule für Kinder (und sicher auch für Lehrer!) zu einem *Lebens*bereich zu machen – eine Grundforderung im Zusammenhang der Humanisierung der Schule –, dann werden dabei auch Bau und Einrichtung in ihrer Atmosphäre stiftenden Funktion wieder ins Bewußtsein rücken müssen. Vielleicht erlangt manches für übliches Schullernen funktionslos Erscheinende Bedeutung: phantasievolle, nestartige Raumgebilde innerhalb von Großräumen, schulunübliche Einrichtungsgegenstände (Sessel, Teppich, Kommode, Telefonhäuschen und ähnliches), freundliche einladende Objekte (Klassentürschilder, Kinderfotos, Lieblingsspielzeuge, Stofftiere).

Das *psycho-somatische Wohlbefinden* hängt eng mit dem bereits Gesagten zusammen. Sich Einhausenkönnen und Wohlfühlen der Kinder ist auch eine Folge bestimmter Raumqualitäten. Hier muß noch einmal auf H. Kükelhaus verwiesen werden, der Lernen als den ganzen Organismus in Anspruch nehmenden Prozeß versteht, leibliches Erfaßt-Sein einschließend.

„Der besondere Zusammenhang von Raumform, Entdecken und Lernen ist darin begründet, daß vermöge der leibkörperlich geleisteten Herkunft der architektonischen Elemente (wie Boden, Wand, Dach) das Lernen kategorial als ein Innewerden der Leibvergangenheit vonstatten geht. Eben das ist die Wirkrichtung des solchermaßen baulich erstellten Leib-Raumes auf die kindliche Erlebnisfähigkeit, daß Art, Umfang und Tiefe der Aneignung nach individuellem Entwicklungswert erfolgen. Und dies wiederum aus dem Grunde, weil nicht nur das Lernen ein Sich-Erinnern ist, sondern weil nur das solcherart Erinnerte lernenswert ist.“ [32]

Ein Gegengebäude zur Schule der frühen Abstraktionen und entsinnlichter Lernstoffe wird hier errichtet: Ein Versuchsfeld zur Organerfahrung, im Bau realisierbar etwa durch unterschiedliche Erlebnisqualitäten von Baumaterialien und -formen (Elastizität, Schwingung, Echowirkung, Symmetrie – Asymmetrie). Das Ziel, psycho-somatisches Wohlbefinden zu erreichen, heißt mehr als schlichtes Wohlfühlen sicherzustellen. Es will die Vernünftigkeit des Menschen wieder an Gesetzlichkeiten seines Organismus anbinden („Kann der Mensch ohne ‚Riecher‘ denken?“ [33]) und vor allem Kindern diese wichtige Quelle erhalten.

32 Siehe H. Kükelhaus: Unmenschliche Architektur, a.a.O., S. 35 f.

33 Vgl. H. Kükelhaus: Handbuch zum Versuchsfeld zur Organerfahrung, Beiheft zur Sonderschau „Organismus und Technik“ der Exempla 75.

In einer schwedischen SAMSKAP-Schule: Individuelle Arbeitsbereiche durch mobile Raumteiler

Übereinstimmend berichten Lehrer, daß sich durch Veränderungen im Klassenzimmer, zum Beispiel durch Einrichtung von Spezialzonen, das *soziale Verhalten* einer Klasse mitverändert[34]. Partner- oder Gruppenarbeit gelingen leichter, wenn dafür ausgegrenzte, abgeschirmte, möglicherweise für bestimmte Aufgaben auch informell eingerichtete Bereiche zur Verfügung stehen. Soziale Wahrnehmungen und Verantwortlichkeiten sind offensichtlich mit differenzierten, sensibel erfahrenen und Identifikationen ermöglichenden Raum- und Dingbezügen gekoppelt. Zwischen dem geringschätzigen, bis zur Zerstörung reichenden Umgang mit Schulmobiliar und Medien, dem Beinstellen von Mitschülern und dem Hereinlegen von Lehrern gibt es genauso Zusammenhänge wie zwischen der Konzentration auf ein selbstent-

34 Vgl. H. Eisenschmid: Unsere Klasse, ein Raum für Kinder – Raumgestaltung verändert Sozial- und Lernverhalten. In: Die Grundschule, 1978, Heft 1, S. 32–34.

worfenes Arbeitsblatt und dem engagierten Gespräch von Siebenjährigen darüber, wie man der griechischen Mitschülerin helfen könne, ihre Angst, in der Schule etwas laut zu sagen, zu überwinden. Die provozierende These von der Brutalisierung menschlichen Verhaltens durch brutale Architektur müßte im Bereich der „gebauten" Pädagogik ihre überzeugende Gegenthese finden durch kontaktermöglichende, soziale Nähe wie Distanz einübende, Toleranz und Kooperation herausfordernde und prosoziales Verhalten stützende Raumstrukturen.

Bereits der Begriff „Lernwelt" und seine Varianten entwerfen die Vision eines *aktiven und kreativen Lerners* und eines lernfördernden Lehrers[35]. Förderung der Schüleraktivität heißt stufenweise Befähigung zu selbstgesteuertem, autonomem Handeln. Es setzt Handlungsspielräume und grundsätzliches Vertrauen in die Fähigkeit, sie auszufüllen, voraus. Die skizzierten alternativen Raum- und Ausstattungselemente gingen stillschweigend vom Leitziel *„Erweiterung der Handlungsfähigkeit"* aus. Bisher sind wichtige flankierende Bedingungen noch nicht genannt worden: zum Beispiel eine flexible Handhabung der Zeitdimension des Lernens, die Ablösung synchroner Lernprozesse und für alle indentischer Lernziele sowie der systematische Aufbau von Fertigkeiten selbstgesteuerten Lernens. Schon bei der Einrichtung einer Leseecke im Klassenzimmer treten sofort Probleme der Zeitplanung (Wann arbeiten die Kinder dort?), der Gruppeneinteilung (Wer arbeitet dort? Was arbeiten gleichzeitig die anderen?), der curricularen Planung (Welche Aktivitäten werden dort lehrplanbezogen oder außerhalb des Lehrplans durchgeführt? In welcher Weise wird der Lernprozeß strukturiert oder offen gelassen?), der Einübung von Regeln und Fertigkeiten (Welches Verhalten – Sitzen, Liegen zum Beispiel – ist zugelassen? Wie findet man bestimmte Bücher oder Textstellen?) auf. Das neue Raumelement läßt es gar nicht zu, daß mit ihm nur der „alte" Unterricht progressiv-äußerlich verbrämt wird, sondern es fordert den Lehrer (und die Kinder!) massiv heraus, die bisherige Praxis neuen Handlungsmöglichkeiten gegenüber zu öffnen, meist zunächst mit erheblichen Verunsicherungen auf beiden Seiten verbunden. Wird keine Öffnung vollzogen, so bleibt die Veränderung peripheres, allenfalls dekoratives Detail, von den Kindern nach vielleicht anfänglicher Begeisterung immer weniger beachtet und frequentiert (– es bleibt ja nur die Rest- und Pausenzeit dafür übrig –), für Verwahrlosung anfällig, dem Reinigungspersonal und den Ordnungshütern spätestens jetzt lästig. Die didaktische und unter-

35 Vgl. J.W. Getzels: Images of the Classroom and Visions of the Learner. In: Th.G.David / B.D.Wright: Learnig Environments, Chaicago 1975, S.1–14.

richtsorganisatorische Problematik eines differenzierenden offenen und möglicherweise projektorientierten Unterrichts kann hier nur angedeutet, nicht aber ins einzelne gehend entwickelt werden[36].

Für Untersuchungen und Beobachtungen über Auswirkungen konkreter Veränderungen erweist es sich als günstig, bei einer *Typologie unterrichtlicher Situationen* anzusetzen. In pragmatischer, keineswegs systematischer Absicht können Situationen in drei Gruppen zusammengefaßt und jeweils mit Erwartungen an eine veränderte Lernumgebung in Verbindung gebracht werden:

	Situationstypen	*Erwartungen*
I	**Informelle Situationen** – vor Unterrichtsbeginn – in Pausen – nach Aufgabenerledigung – bei Festen	– Schule wird vielseitiger, einladender, wohnlicher – Schule unterstützt kreative Betätigungen – Schule gibt Raum für Entspannung und Spiel – Schule gibt Raum für vielseitige soziale Beziehungen
II	**Freie Arbeitssituationen** – Lernzeit wird frei gegeben zur individuellen Wahl von Aufgaben bzw. Aktivitäten, die sich ziel- und inhaltsmäßig an den Unterricht anschließen – Lernzeit wird frei gegeben zur völlig freien Wahl von Aktivitäten	– Schule gibt Raum für individuelle Interessen – Schule erwartet Initiative und Selbständigkeit – Schule will Lernmotivation und Lernzuversicht erhalten – Schule will Methoden des Lernens vermitteln – Schulisches und außerschulisches Lernen sollen aufeinander bezogen werden
III	**Formelle Unterrichtssituationen** – lernzielorientierter, undifferenzierter Frontalunterricht – Partner- und Gruppenarbeit – Gesprächssituationen – Still- bzw. Einzelarbeit – Differenzierende Situationen (nach Zielen/Inhalten Methoden) – Schülergesteuerter Unterricht/Projektunterricht	– Einzelne unterrichtliche Funktionen (z.B. Informationsvermittlung, Übung von Fertigkeiten u.ä.) sollen optimiert werden – Unterricht soll auf unterschiedliche Lernausgangslagen eingehen – Unterricht soll Lernschwächen abbauen – kognitives und soziales Lernen sollen unterstützt werden – Schüler sollen in wachsendem Maße selbständig lernen

[36] Einige dieser Aspekte werden in den Erfahrungsberichten von Lehrern in diesem Band thematisiert.

Hier eröffnet sich ein weites, interessantes Feld für pädagogische Handlungsforschung und Projekte unterschiedlichster Art.

In der gegenwärtigen Schulsituation besteht weder die Notwendigkeit noch die Möglichkeit, neue Grundschulen zu bauen. Schüler und Lehrer werden in den bestehenden Gebäuden leben müssen. Die Notwendigkeit und Möglichkeit pädagogisch orientierter Umgestaltungen sollte aber durch die vorausgehenden Ausführungen deutlich geworden sein. Steigender Anspruch auf Komfort ist die Motivation nicht. Im Kern erfaßt, geht es um einen konkreten Beitrag zur Humanisierung der Schule. Eine Gesellschaft, die in breiten Schichten im Komfort lebt, sollte zu den notwendigen Investitionen bereit sein und, an einer der wichtigsten Regenerationsstellen ihrer eigenen Zukunft, Initiativen und Aktionen von Kindern, Lehrern und Eltern unterstützen.

Literatur

Architecture and Education. In: Havard Educational Review Bd. 39, Nr. 4, 1969.
Arneth, Gerhard / Schmidt-Thomson, Jörn-Peter (Hrsg.): Grundschule konkret. Zielkonzeption, Programm und Entwürfe für eine integrierte Vor- und Grundschuleinheit, Weinheim 1970.

Becker, Gerold Ummo: Pädagogik in Beton. In: Neue Sammlung 6 (1966) Heft 2.
ders.: Bilden durch die bauliche Umwelt – Das Schulhaus. In: Bauwelt, 1967, Heft 3.
Bahrdt, Hans Paul: Umwelterfahrung, Soziologische Betrachtungen über den Beitrag des Subjekts zur Konstitution von Umwelt, München 1974.
Barker, Roger G.: Ecological Psychology, Stanford 1968.
Bauer, Eugen: Schulbau – pädagogisch gesehen, Villingen 1963.
Becker, Gertraud: Kinder und Lehrer im Schulraum, Reihe: Neue pädagogische Bemühungen, Bd. 35, Essen 1968.
Behrend, Fritz: Die neue Schule im Bau. Stuttgart 1953.
Bengtsson, A.: Ein Platz für Kinder, Wiesbaden 1971.
Bettelheim, Bruno: Der Weg aus dem Labyrinth, Stuttgart 1975.
Bollnow, Otto Friedrich: Mensch und Raum, Stuttgart 1963.
ders.: Der Mensch als Städtebauer. Zur Philosophie Saint-Exupérys. In: O. F. Bollnow, Französischer Existentialismus, Stuttgart 1965.
Braunschweig, Adolf: Die „Lern-Werke" in West-Berlin. In: aula 1/76.

Coles, Robert: Those Places They Call Schools. In: Architecture and Education, Havard Educational Review, Bd. 39, Nr. 4, 1969.
Curtis, Paul / Smith, Roger: „Lernlandschaften" als Anregungssituationen. In: Halbfas/Maurer/Popp: Neuorientierung des Primarbereichs, Bd. 5, Stuttgart 1976, S. 157–163.

David, Thomas G. / Wright, Benjamin D.: Learning Environments, Chicago 1975.
Dean, Joan: Working Space – Room to Learn, London (Evans) 1972.
Department of Education and Science: Children and their Primary Schools, London 1967.
ders.: Eveline Lowe Primary School, School Bulletin Nr. 36, London 1967.
ders.: Eveline Lowe School Appraisal, Building Bulletin Nr. 47, London 1972.
ders.: Open Plan Primary Schools, Education Survey Nr. 16, London 1972.
Deutscher Bildungsrat: Empfehlungen der Studienkommission zum Schulbau, 2. Aufl. 1970.

Eisenschmid, Helge: Unsere Klasse, ein Raum für Kinder – Raumgestaltung verändert Sozial- und Lernverhalten. In: Die Grundschule, 1978, Heft 1, S. 32–34.

Fesel, Gerd / Bechle, Karl Ulrich: Open Space Schools, Tendenzen im Schulbau am Beispiel der USA. In: Bauen und Wohnen, 27 (1972), 3, S. 123–126.
Fesel, Gerd: Grundschultypen, Beispiel: Grundschule Neu-Isenburg. In: Bauen und Wohnen, 27 (1972).
ders.: Zur Umweltgestaltung im Unterrichtsbereich. Aus Gutachten über zwei Grundschulneubauten in Neu-Isenburg, herausgegeben vom Kreis Offenbach. In: Bauwelt, 63 (1972), Heft 3.
Flechsig, Karl-Heinz: Das Kinderzimmer und sein Mobiliar. In: Reinfried Hörl: Kinder in ihrer Welt, Kinder in unserer Welt, Frankfurt 1970.
Franklin, Marian Pope (Hrsg.): Classroom Centers and Stations. In: America and Britain, New York 1973.

Gewerkschaft Erziehung und Wissenschaft: Die neue Grundschule. Vorschläge für Bau und Einrichtung neuer Schulen der Primarstufe, Düsseldorf 1971.

Geiger, Gisela / Sandvoss, Ilse-Marie: Räumliche Bedingungen für den Unterricht der 5-7jährigen, Schriften des Schulbauinstituts der Länder, Heft 53, Berlin 1974.
Gerbaulet, Sabine / Klemm, Barbara: Grundschule – Kinderschule, Kronberg 1977.
Gran, Bertil / Rudvall, Göte: Untersuchungen zur „Offenen Schule " (Samskap-Schulen). In: Gesamtschul-Informationen, 5. Jg. 1972, Heft 2.
Grüneisl, Gerd: Spielen mit Gruppen, Stuttgart 1974.
Grüneisl, Gerd / Mayrhofer, Hans / Zacharias, Wolfgang: Umwelt als Lernraum, Köln 1973.
Gumpp, Paul V. / Schoggen, Phil / Redl, Fritz: Behavior of the Same Child in Different Milieus. In: R.G. Barker: The Stream of Behavior, New York 1963.

Hall, E.T.: Die Sprache des Raums, Düsseldorf 1976.
Haug, Jörg: Umgestaltung eines Klassenzimmers als Voraussetzung für differenzierenden Unterricht. Erfahrungsbericht aus dem Sachunterricht eines 4. Schuljahrs. In: Hildegard Kasper (Hrsg): Differenzierungsmodelle für die Grundschule. Stuttgart 1974.
Heidegger, Martin: Bauen – Wohnen – Denken. In: Vorträge und Aufsätze, Pfullingen 1954.
Hertzberger, Hermann: Montessori Primary School in Delft, Holland. In: Architecture and Education, Havard Educational Review, Bd. 39, Nr. 4, 1969.
Hentig, Hartmut von: Schule als Erfahrungsraum, Stuttgart 1973.
ders.: Schule als Erfahrung. In: Bauwelt, 64, 1973.
Hobein, Henning / Nigemeier, Friedhelm: „Orientierung" für die Orientierungsstufe, Schüler entdecken das Schulgebäude. Unterricht in Klasse 5 einer umgebauten Gesamtschule. In: Kunst und Unterricht 1974, Heft 28.
Holt, John: What do I do Monday? New York 1970.

Institut für Schulbau der Universität Stuttgart (Hrsg.): Untersuchungen zur Qualität gebauter Schulumwelt, Villingen 1977.

Kaiser, Wolfgang: Die Gestaltung des Lernraums als pädagogisch-didaktische Aufgabe. In: Süddeutsche Schulzeitung 10/1977.
Kasper, Hildegard / Strobel, Helgard: Alternativen zur Grundschule. Bericht über ein Besuchsprogramm an englischen Primary Schools. In: Die Schulwarte 26 (1973), Nr. 6, S. 43-58.
Kasper, Hildegard: Erfahrung und Lernen im Raum. In: Halbfas/Maurer/Popp (Hrsg.): Lernwelten und Medien. Neuorientierung des Primarbereichs, Bd. 5, Stuttgart 1976, S. 164-197.
Kasper, Hildegard / Piechorowski, Arno (Hrsg.): Offener Unterricht an Grundschulen. Berichte englischer Lehrer. Ulm 1978.
Koch, Karl Hermann: Schulbauhandbuch, Düsseldorf 1974.
ders.: Neue Raumstrukturen für die Gesamtschule. Vom Klassenzimmer zum Open Space. In: Gesamtschul-Informationen 5 (1972), Heft 4.
ders.: Lehren und Lernen im Großraum, Planung versus Nutzungspraxis. In: Schul-Management 1972, Heft 4.
Kroner, Walter: Schulen in den USA. Auswertung einer Studienreise im Herbst 1965. In: Deutsche Bauzeitung, 1966, S. 719-730.
ders.: Schule im Wandel – Wandel im Schulbau, Stuttgart 1975.
Kükelhaus, Hugo: Organismus und Technik, Olten und Freiburg i. Brsg. 1971.
ders.: Unmenschliche Architektur. Von der Tierfabrik zur Lernanstalt, Köln 1973.
ders.: Fassen – Fühlen – Bilden, Organerfahrungen im Umgang mit Phänomenen, Köln 1978.

Lange, Hermann: Schulbau und Schulverfassung in der frühen Neuzeit, Düsseldorf 1972.
Langeveld, Martinus: Die Schule als Weg des Kindes, Braunschweig 1963.

Le Corbusier: Feststellungen zu Architektur und Städtebau, Berlin-Frankfurt 1964.
Loeffler, Adam W.: Das Ding in Isenburg (Grundschule Neu-Isenburg). In: Deutsche Bauzeitung 1972, Heft 2.
Lorentz, Frank-Michael / Metzler, Heidrun: Praxis und Probleme flexibler Differenzierung im Großraumunterricht – Erfahrungen an der Gesamtschule Fröndenberg. In: W. Keim (Hrsg.): Gesamtschule – Bilanz ihrer Praxis, Hamburg 1973.

Mabey, Richard: Children in Primary School, The learning experience, London 1972.
Mämpel, Uwe: Bautechnik und Architektur in Unterrichtsbeispielen, Weinheim 1975.
Mastmann, Horst: Schule zwischen Wunsch und Wirklichkeit. In: Bauen und Wohnen, 1972.
Meier, Richard: Klassenzimmer oder Arbeitsraum? In: Die Grundschule, 1969, Heft 1.
ders.: Differenzieren in einer differenzierten Umgebung. In: Die Grundschule, 1976, Heft 10.
Melezinek, Adolf: Unterrichtstechnologie und Schulbau, Klagenfurt 1974.
Meyer, Ernst: Aufbau einer Schule. In: aula 5 / 74.
Montessori, Maria: Die Umgebung. In: Die neue Erziehung, Jg. XII, 1930, S. 86-90.
Moore, Omar Khayyam / Anderson, Alan Ross: Some Principles for the Deseign of Clarifying Educational Environments. In: David A. Goslin: Handbook of Socialization Theory and Research, Chicago 1969.
diess.: Das Projekt einer reagierenden Umgebung. In: Robert D. Hess und Roberta Meyer-Baer (Hrsg.): Frühkindliche Erziehung, Weinheim 1973.

Niswandt, Siegfried von: Der Mensch als Städtebauer. Anthropologisch-didaktische Vorarbeiten zu einem städtischen Anschauungsunterricht. Diss. Tübingen 1975 (Fotodruck).

Ortner, Reinhard: Schulbau und Schulraumbeschaffenheit im Primarschulbereich. In: aula 3/74.

Palmer, Richard: Space, Time and Grouping. In: Schools Council Publications, English Primary Schools Today, Bd. 2, London 1972. Deutsche Übersetzung. In: Hildegard Kasper (Hrsg.): Differenzierungsmodelle für die Grundschule, Stuttgart 1974.
Pearson, Eric: Trends in School Design. In: British Primary Schools Today, Bd. 2, London 1972.
Piaget, J.: Die Entwicklung der Raumvorstellung beim Kinde. Stuttgart 1971.
Pluckrose, Henry / Retter, Hein: Offene Schule (Open Plan Schools) dargestellt am Beispiel der Prior-Westen-Primarschule, London. In: Die Schulwarte, 1974, Heft 2.

Ramseger, Jörg: Gegenschulen, Radikale Reformschulen in der Praxis, Bad Heilbrunn 1975.
Reusche, Erhard: Träume oder Realitäten – was kosten Trennwände in Schulen? In: aula 1/76.
ders.: Nachdenken und Umdenken – auch im Schulbau. In: aula 3/74.
Ridge Hill School, Hamden, Conn., USA: Statt Klassenzimmer – Lernzonen. In: Werk 59, Heft 2.

Sandvoss, Ilse-Marie: Materialien zum Flächenbedarf in Grundschulen, Schriften des Schulbauinstituts der Länder, Heft 46, Berlin 1973.
Seaborne, Malcolm: Primary School Design, London 1971.

Silberman, Charles E.: Die Krise der Erziehung. Eine allgemeine Bestandsaufnahme des Zustandes und der Perspektiven öffentlicher Erziehung, dargestellt am speziellen Fall Amerikas, Weinheim 1973.
ders. (Hrsg): The Open Classroom Reader, New York 1973.
Speichert, Horst: Eine Umwelt zum Lernen. In: Schule ohne Klassenschranken, Hamburg 1972.
Spitzer, Klaus: Schulbau als Spiegel einer Erziehungsideologie. In: Kunst und Unterricht, 1973, Sonderheft: Praxis der ästhetischen Erziehung, S. 92–97.
Scharoun, Hans Bernhard: Raum und Milieu der Schule (Vortrag auf dem internationalen Schulbau-Kongreß in Mailand 1960). In: Bauen und Wohnen, 16. Jg. 1969, Heft 4.
Schöpke, Corinna: St. Paul's Primary School. Ein Beispiel englischer Grundschulplanung. In: Bauwelt, 64 (1973), Heft 2.
Schreiner, Günter: Schule als sozialer Erfahrungsraum. Überlegungen und Untersuchungen zum Phänomen des Schulklimas. Frankfurt 1973.
Schumpp, Mechthild: Bauformen im Bewußtsein von Kindern. Eine empirische Studie. In: Bauwelt, 50, Jg. 1967.

Toffler, Alvin (Hrsg): The Schoolhouse in the City. New York-Washington-London 1968.

Unseld, Georg: Offene Schulen für offenes Lernen, Kronberg 1977.
ders.: Lernen und Lernraum. In: G. Neff (Hrsg.): Praxis des entdeckenden Lernens in der Grundschule, Kronberg 1977, S. 211–227.

Weber, Lillian: The English Infant School and Informal Education, New Jersey 1971.

Zifreund, Walter: Schule von morgen in Bauten von gestern. In: Baumeister, 66, 1969, S. 695–697.
Zweifel, Jakob / Stricker, Heinrich: Schulhaus „Im Moos" Rüschlikon. In: Bauen und Wohnen, 27 (1972), Heft 3.

Gisela Lorber

Vom Planspiel zum Projekt: Umgestaltung eines Klassenzimmers

Im Wintersemester 1976/77 wurden im Rahmen eines schulpädagogischen Seminars der Pädagogischen Hochschule Reutlingen erste konzeptionelle Überlegungen zur Umgestaltung von Klassenzimmern angestellt. Leitende didaktische Prinzipien bzw. pädagogische Konzepte waren: Förderung durch Differenzierung und Individualisierung, soziales Lernen und selbstgesteuertes Lernen. Die Seminargruppe setzte sich zum Ziel, bei der Erarbeitung theoretischer Ansätze zur Analyse und Konstruktion von Lernumgebungen und beim Studium von Beispielen aus der Literatur nicht stehen zu bleiben, sondern exemplarische Beispiele zuerst im Planspiel und dann in Erkundungs- und Handlungsprojekten aufzugreifen, um daran konkrete Schulreform an den Verbindungs- und Reibungspunkten zwischen Theorie und Praxis, in ihrer Verzahnung mit schulpolitischen und finanziellen Aspekten sowie in ihrer Brechung – bis hin zur Umfunktionierung – durch pädagogisches und didaktisches Handeln in schulischen Alltagssituationen zu erfahren. Das Projekt erstreckte sich über fünf Semester, nach schulischem Kalender über zweieinhalb Schuljahre. Die Teilnehmergruppe (Studierende und Lehrer) wechselte von Semester zu Semester bis auf einen kleinen Stamm; in der Realisierungsphase erfolgte eine Gruppenteilung sowie die Auslagerung eines Teilbereichs in eine andere Schule. Dies bedingte Neueinführungen, Interaktions- und Kooperationsprobleme, aber auch neue Impulse, die die Konzeption und Strategie erweiterten oder veränderten.

Die finanzielle Unterstützung des Projekts durch eine private Stiftung schuf eine besonders günstige Ausgangsvoraussetzung[1]. Daß die Neuanschaffung (Zusatzmöbel, Medien und Geräte) aus einem Projekttitel finanziert werden konnten, erschwert allerdings die unmittelbare Übertragbarkeit auf andere Klassen und Schulen und unterlegt dem Projekt eine spezifische Zielsetzung: Das Projekt kann aufweisen, welche Grundausstattung eigentlich jede Grundschulklasse für die Umsetzung von Lehrplanforderungen und aktuellen pädagogisch-didaktischen Zielen in die Praxis haben müßte. Vor allem Lehrerstudenten sollten diese Erfahrung machen und darüberhinaus die Möglichkeit haben, an der Entwicklung von Modellklassenzimmern teilzuhaben sowie alle Stadien von der Felderkundung über das Planspiel bis zur Realisierung und unterrichtlichen Nutzung mitzutragen. Diese hochschuldidaktische und zugleich grundschulpolitische Zielsetzung kann nicht in Vergleich oder gar in Konkurrenz gesetzt werden zu Bemühungen von Lehrern und Schülern, in Eigenarbeit und mit Eigenmitteln Veränderungen und Verbesserungen herbeizuführen[2]. Solche von der schulischen Basis aus betriebenen Vorhaben könnten aber durch Beispiele mit Sonderbedingungen in ihren Versuchen angeregt und bestärkt werden, vor allem, indem ein breiteres öffentliches Bewußtsein für ihre Anliegen geschaffen wird und strukturelle Möglichkeiten aufgezeigt werden.

Als zentrales Ergebnis der Projektarbeit stellte sich heraus, daß die innere Korrespondenz von Lernraum und Lernsituation sich nicht über Möbel- oder Medienausstattungen allein herstellen läßt. Sie muß vermittelt werden durch eine entsprechende, in die Person des Lehrers integrierte, in seinen Einstellungen und Alltagshandlungen sich ausdrückende pädagogische und didaktische Theorie. Die Projektgruppe verstand sich als Diskussionspartner und Mitarbeiterteam derjenigen Kollegen, die in das Projekt einstiegen und Verantwortung für das unterrichtliche und schulische Leben der beteiligten Klassen trugen. Nach Herstellung eines Grundkonsensus über leitende Ziele, nach Ermittlung von Rahmenbedingungen

1 Stiftung für Bildung und Behindertenförderung GmbH, Stuttgart.

2 Vgl. Wettbewerb des Arbeitskreises Grundschule: Unsere Klasse, ein Raum für Kinder, Frankfurt 1976 ff.

und der Erarbeitung eines Handlungsplans konnten Elemente für die äußere Szene pädagogischen und didaktischen Handelns entwickelt und bereitgestellt sowie einzelne Phasen des Unterrichts gemeinsam inszeniert, dokumentiert und diskutiert werden[3]. Wie diese Elemente im Alltagshandeln der Lehrer eingesetzt und interpretiert wurden und wie sie den Schulalltag beeinflußten, ist Gegenstand des folgenden, chronologisch aufgebauten Erfahrungsberichts.

Hildegard Kasper

1. Eine ganz normale Schule

Die Schule, an der ich unterrichte, ist eine ganz „normale" Schule, ein sogenannter „moderner Zweckbau", bestehend aus einer Ansammlung von grauen Betonklötzen, in denen man phantasielos gestaltete Klassenzimmer antrifft.

Ich führe meine Klasse seit dem ersten Schuljahr. Damals bestand sie aus 17 Jungen und 22 Mädchen. Ein Teil von ihnen wohnt im Nachbarort und fährt täglich mit dem Schulbus. Die Klasse war vom ersten Schuljahr an in zwei Gruppen unterteilt, die jedoch für einige wenige gemeinsame Unterrichtsstunden zusammengefaßt wurden. Im dritten Schuljahr entstanden zwei eigenständige Klassen. Ich führte nun als Klassenlehrerin die Klasse 3 a, die vorwiegend aus Fahr-Schülern bestand. Wir blieben in unserem alten Klassenraum, während die Klasse 3 b mit ihrer neuen Klassenlehrerin, die im zweiten Schuljahr schon Fachunterricht erteilt hatte, das Nachbarzimmer bezog.

Bei der Führung der Klasse im ersten und zweiten Schuljahr gab es einige Schwierigkeiten: Der Schichtunterricht erschwerte das Zusammenwachsen der Gruppen. Der Wechsel zwischen dem Unterricht in Kleingruppen mit etwa 20 Kindern und den gemeinsamen Stunden mit 39 Kindern in einem dann überfüllten Klassenraum strapazierte Kinder und Lehrer. Die Schwierigkeiten und Zwänge, bedingt durch die Organisation des Schulalltags, führten nicht selten bei den Schülern zu Aggressionen und latenten Unlustgefühlen, die durch den kahlen, karg möblierten Klassenraum sicher noch verstärkt wurden. Wir hatten die grau-weißen Wände mit Bildern geschmückt und unsere Unterrichtsergebnisse angeheftet. Das war nicht ganz einfach, denn es gab nur wenig Pinfläche und auf den getünchten Betonwänden

[3] Dokumentations- und Evaluationsmöglichkeiten waren stark eingeschränkt, da dem Projekt keine Personalmittel zugewiesen waren und den wechselnden studentischen Mitarbeitern Methoden der Handlungsforschung nur ansatzweise vermittelt werden konnten. Begrenzte Evaluationsformen sind in der Überblicksdarstellung in Abschnitt 5 aufgeführt.

hielten weder Tesafilm noch sonstige Klebestreifen. Wir hatten auch im hinteren Teil des geräumigen Klassenzimmers eine Lese- und Spielecke eingerichtet. Sie bestand hauptsächlich aus einigen Regalbrettern für Bücher, einer Kommode mit Spielen und einem Stapel loser Teppichbodenstücke, die je nach Bedarf ausgebreitet werden konnten. Oft benutzten die Kinder diese Fliesen als Sitz- und Liegeunterlage auf dem Boden, wenn sie während des Unterrichts zu zweit oder in einer größeren Gruppe arbeiteten und sich ungestört in eine Ecke zurückziehen wollten. Wir besaßen auch einen großen rechteckigen Teppich, auf dem alle Kinder Platz hatten, wenn wir im Kreis sitzend etwas zu besprechen hatten.

Von Anfang an wollte ich folgendes in den Mittelpunkt meiner Unterrichtsarbeit stellen:

- den Kindern vermitteln, daß es in einer Gruppe von 20 Schülern unterschiedlichste Wünsche und Interessen gibt und daß die dabei zwangsläufig auftretenden Konflikte durch gegenseitige Achtung und Bereitschaft zum Kompromiß gelöst werden können;
- den Kindern vermitteln, wie hilfreich es ist, wenn man solidarisch zusammenarbeitet, daß man aber auch lernen muß, sich durch manche Aufgaben allein durchzubeißen;
- den Kindern Anstöße zu selbständigem Denken und Handeln geben und ihnen vor allem auch die notwendige Zeit zu lassen, diese Anstöße individuell umzusetzen.

Bei meinem Bemühen, diesen Zielen näher zu kommen, hatte es in den vergangenen beiden Schuljahren immer wieder Ansätze gegeben, die mich freuten und zuversichtlich machten. So konnten die Kinder schon recht gut etwas miteinander besprechen und planen, ohne den Lehrer dauernd als Vermittler zu brauchen. Spannungen untereinander lösten sie in zunehmendem Maße selbständig, ohne mich als Schiedsrichter anzurufen.

Da war zum Beispiel René, der nur so strotzte von skurrilen Einfällen, gern anderen einen Schabernack spielte, selbst aber wenig einstecken konnte. Eines Tages brachte er einen lustigen Spruch mit der Überschrift „Zur Vertreibung von schlechter Laune“ mit. Er heftete ihn an die Pinwand und erklärte ausführlich, wie man diese „Zauberformel“ anwenden müsse. Er konnte nicht wissen, daß ausgerechnet er die erste Versuchsperson zur Erprobung des Spruches sein würde: Nach einer Fopperei, bei der er den kürzeren gezogen hatte, stürmte René tief beleidigt aus dem Klassenzimmer und zog sich draußen auf dem Schulhof auf einen Baum zurück. Die Hiobsmeldung eines Mitschülers: „René sitzt auf dem Baum und ist beleidigt“, löste bei den Kindern und auch bei mir ratloses Schweigen aus. Zwar waren wir an seine Kapriolen gewöhnt und kommentierten sie meist mit dem Satz: „Der wird sich schon wieder beruhigen!“, aber diese Reaktion übertraf doch das Übliche. Die nüchtern und praktisch denkende Birgit nahm plötzlich den Wunderspruch „Zur Vertreibung von schlechter Laune“ von der Wand, marschierte zielstrebig aus dem Klassenzimmer und kam nach wenigen Minuten mit dem verlegenen René wieder herein. „Ich hab mich unter den Baum gestellt und den Spruch vorgelesen; da hat der René lachen müssen und ist freiwillig heruntergestiegen!“, erzählte sie. – Ich hatte nicht eingreifen müssen.

Gegen Ende des zweiten Schuljahrs arbeiteten die Schüler schon recht gut in Zweier-, Dreier- und Vierergruppen zusammen. Aber es fehlte immer wieder am nötigen Material, um eine sinnvolle Gruppenarbeit zu ermöglichen, vor allem im Deutsch- und Sachunterricht. Die Schüler und ich brachten ständig von zu Hause alles Brauchbare mit in die Schule (zum Beispiel Tierbücher, Lexika usw.), und manchmal fanden wir auch in unserer kleinen Klassenbibliothek, die noch im Aufbau begriffen war, etwas Passendes. Die Gemeindebücherei wurde ebenfalls – meist mit wenig Erfolg – durchforscht. Eine aufwendige, zeitraubende und leider oft ineffiziente Art der Materialbeschaffung! Nun wird der erfahrene Lehrer solche Mühen nicht scheuen, ja er wird es sogar begrüßen, wenn die Schüler aktiv an der Materialbeschaffung für den Unterricht beteiligt sind. Aber sicher hatte auch schon jeder Lehrer, der die Schwierigkeiten des dauernden „Von-allen-Seiten-Zusammenklaubens“ kennt, Visionen einer gut sortierten Buch- und Materialsammlung, die griffbereit im Klassenzimmer steht. Ich jedenfalls hatte solche Visionen!

2. Einstieg in ein Projekt

An der uns benachbarten Pädagogischen Hochschule wurde ein Projekt mit dem Titel „Vom Klassenzimmer zur Lernumgebung“ durchgeführt. Das Projekt hat zum Ziel, an praktischen Beispielen die Veränderung kahler, einfallsloser Lernorte in eine vielseitig verwendbare und individuell gestaltbare Lernumgebung zu zeigen und ihre Auswirkungen auf Schüler, Lehrer und Unterricht zu untersuchen. Dem Lernraum wird Bedeutung beigemessen

– im Hinblick auf Wohlbefinden, Sich-Einhausenkönnen, Sich-Identifizieren mit der Schule, auf die Unterstützung einer einladenden Schulatmosphäre;
– im Hinblick auf die Ermöglichung vielseitiger und positiver sozia-

ler Beziehungen – vor allem auch in informellen Situationen – im Rahmen eines anregenden Schullebens;
- im Hinblick auf motivierende und individuell angemessene Lernsituationen im kognitiven Bereich.

Im Frühjahr 1977 wurde mir die Mitarbeit an diesem Projekt angeboten. Mein Klassenzimmer war ja auch einer jener einfallslosen Lernorte und bildete – auch wegen seiner Raumgröße von etwa 9 x 12 Meter – ein ideales Betätigungsfeld für die Projektgruppe.

Unsicherheit und auch Angst vor Erwartungen, die ich vielleicht nicht würde erfüllen können, ließen mich bei der Zusage zögern. Darüber hinaus mußte ich auch mein Kollegium informieren und beim Schulleiter die Zustimmung zur Projektarbeit einholen. Vor den Kollegen erläuterte ich den Projektplan und stieß dabei besonders bei meinen Grundschulkollegen und dem Schulleiter auf reges Interesse. Sie bestärkten mich in meinem Entschluß, diese Arbeit anzupacken, nicht zuletzt auch in der Hoffnung, daß davon positive Impulse auf unsere Schule ausgehen würden.

Die Arbeit vor Ort beginnt

Nach mehreren Vorgesprächen mit den beteiligten Professoren und Studenten kann die Arbeit vor Ort beginnen. Eine studentische Projektgruppe führt eine Bestandsaufnahme im Klassenzimmer durch. Daraus ergibt sich folgender „Steckbrief“:

- Raummaße: Länge 11,60 m; Breite 9,10 m; Höhe 3,00 m.
- Eine Faltwand teilt das Zimmer in zwei Bereiche im Verhältnis 3:1.
- Im größeren Bereich stehen Tische in Vierer- und Sechsergruppen halbkreisförmig vor der Tafel.
- In diesem Teil des Raumes außerdem ein Lehrerschreibtisch, ein viertüriger Schrank und eine fahrbare Flanelltafel.
- Entlang der Fensterfront einige Schülertische, die als Ablage- und Ausstellungsfläche benutzt werden.
- An der Längsseite des Raumes, gegenüber der Fensterseite, eine Wandtafel und eine Pinfläche; darüber verläuft eine Klemmleiste für Bilder.
- Im rückwärtigen Teil des Raumes ebenfalls eine Wandtafel, sowie eine große Weichfaserplatte.
- An der Rückwand eine zweitürige Kommode; daneben hängt ein aus zwei Brettern bestehendes Wandregal.
- Der Raum hat zwei Türen; eine Eingangstür im vorderen Bereich und eine Verbindungstür zum Nachbarklassenzimmer.

In weiteren Projektsitzungen kristallisiert sich bald der hintere, durch eine Faltwand abgegrenzte Raumteil als unser Hauptbetätigungsfeld heraus. Der vordere Bereich soll weiterhin als allgemeine Lernzone genutzt werden. Auf dem Hintergrund theoretischer Überlegungen zum Lernraum und angeregt durch vielfältige Beispiele von Klassenzimmergestaltung in amerikanischen, englischen und auch deutschen Schulen sammeln wir Ideen für die Einteilung des hinteren Klassenzimmerbereichs. Bald steht ein Katalog vielfältiger, zum Teil utopischer Vorschläge:

- Ecke zum Lesen und Entspannen;
- Spielzone;
- Malecke;
- Stillarbeitszone;
- Informations- und Experimentierbereich;
- Einzel-Lernkabinen mit AV-Medien;
- Spannen von wolkenartigen Netzen, um die ungemütliche Raumhöhe zu mindern;
- Bau einer Galerie – eventuell über der Leseecke – um einen weiteren Arbeits- und Rückzugsbereich zu schaffen.

Planung mit der Klasse

In der Zwischenzeit erzähle ich – ohne ins Detail zu gehen – den Schülern von unserem Vorhaben und lade sie ein, mitzuplanen. Um *ihre* Wünsche, Interessen und Bedürfnisse geht es ja schließlich!

Die Klasse reagiert begeistert, und ich hoffe, daß bald phantasievolle, witzige, durch keine pädagogischen Erkenntnisse „getrübte" Vorschläge nur so aus ihnen heraussprudeln. Spontan werden einige Wünsche geäußert:

- Wände farbig streichen;
- mehr Bilder aufhängen;
- mehr Spiele und Bücher.

Dann aber versiegen die Wortmeldungen. Ratloses Schulterzucken! Einer meint: „Was denn noch? Ich glaub, sonst gibt's nix mehr!" Die Vorstellungskraft der Kinder ist erschöpft. Woher sollen sie auch weitere Ideen nehmen? Schließlich kennen sie ja keine andere Lernumgebung außer ihrer eigenen!

Mir wird klar, daß sie eine gewisse Hilfestellung brauchen, um weitere, vielleicht unbewußt vorhandene Wünsche und Vorstellungen zu artikulieren. Deshalb stelle ich ihnen zusammen mit den Studenten unsere bis dahin gesammelten Ideen vor. Von da an ist der Bann gebrochen! Nun wird gezeichnet und mit vorbereiteten Papierelementen für Möbel, Sitzpolster, Teppichboden usw. in einem Klassenzimmermodell aus Styropor geschoben und probiert.

Dabei kommen schon praktische Realisierungsvorschläge: „Wir haben zu Hause alte Matratzen. Die könnten wir in die Leseecke legen!" Auf einmal will jeder von zu Hause etwas mitbringen: Ein altes Sofa, Kommoden, Schränke, eine Autositzbank ... Es bedarf viel Fingerspitzengefühls, die einmal in Fahrt geratenen Kinder wieder zu bremsen und ihre enthusiastische Mitarbeit in Bahnen zu lenken, an deren Ende keine „Rumpelkammer", sondern eine ästhetisch ansprechende, funktionsgerechte Lernumgebung stehen soll.

Die neue Raumaufteilung

Allgemeine Lernzone (vorhanden)	(traditionelles Klassenzimmer): Etwa drei Viertel der Gesamtfläche für Lehr-Lernaktivitäten mit unspezifischen Ausstattungsanforderungen bzw. Orientierung zur Lehrperson,/Tafel, Projektionsfläche.
Lese- und Entspannungszone (neu)	Diese Zone soll im rechten hinteren Raumteil (großes Fenster) eingerichtet werden, abgegrenzt durch ein Bücherregal als Raumteiler und mit Sitzpolstern und Teppichboden ausgestattet.
Spielzone (neu)	Die Spielzone liegt in der Mitte des zu gestaltenden Raumteils; Ausstattung: Teppichboden, Pinwand.
Werk- und Experimentierzone / Infothek / Mediothek (neu)	Diese Zone soll im linken hinteren Raumteil der Klasse eingerichtet werden. Sie soll auch der Nachbarklasse zur Verfügung stehen und zu einer klassenspezifischen Info-/Mediothek ausgebaut werden.
Stillarbeitszone (neu)	Vor der Lesezone, im Bereich der allgemeinen Lernzone, ist eine Stillarbeitszone vorgesehen, die durch mobile Regale abgetrennt wird. In den Regalen soll jeder Schüler sein eigenes Schubfach besitzen.

Wir sind (keine) Innenarchitekten

Nach den Sommerferien muß die Planung geändert werden, da es jetzt zwei dritte Klassen und zwei Klassenräume gibt, wobei die Tatsache, daß die beiden Räume durch Türen verbunden sind, ganz bewußt berücksichtigt werden soll, etwa bei der gemeinsamen Nutzung einer Mediensammlung.

Wir müssen entscheiden, welche Ausmaße die einzelnen Zonen haben sollen, welches Mobiliar und welche Materialien dazu benötigt

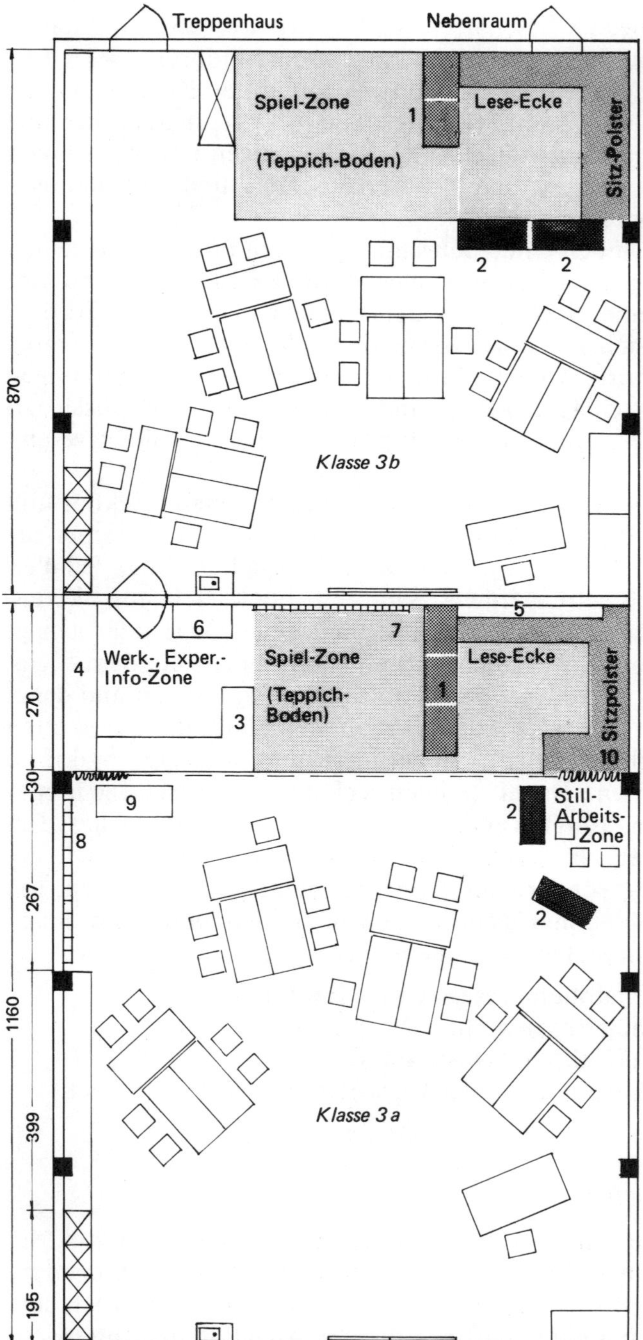

Grundriß
der Klassen
3a und 3b

1 Bücherregale
2 Schülerregale
3 Theke } Medio-, Infothek
4 Wand-regal } Medio-, Infothek
5 Bücherbrett
6 Werkzeug- und Material-Wagen
7 Pinwand (bereits vorhanden)
8 Pinwand (bereits vorhanden)
9 Schränkchen (bereits vorhanden)
10 Faltwand (bereits vorhanden)

werden und wie dies zu beschaffen ist. Wir arbeiten uns durch einen Berg von Katalogen, Prospekten und Angeboten hindurch. Vieles, was unseren Vorstellungen entspricht, müssen wir unter Kostengesichtspunkten wieder fallen lassen. Priorität sollen Ausstattungsgegenstände haben, die vielseitig verwendbar sind, den jeweiligen Lernsituationen variabel angepaßt werden und differenzierendes und selbständiges Lernen unterstützen können.

Wir finden schließlich einen Schreiner, der dem Projekt und seinen Zielsetzungen aufgeschlossen gegenübersteht. Er ist bereit, mit uns zusammen nach einer Lösung zu suchen, die Wunsch und Wirklichkeit unter Berücksichtigung der vorhandenen Mittel so weit wie möglich in Einklang bringen kann. In mehreren gemeinsamen Sitzungen überprüfen wir Vorschläge, Skizzen und Modelle auf ihre Realisierbarkeit. Die Entwürfe werden mehrfach geändert und vor allem vereinfacht.

Wir alle sind weder Schulmöbelplaner noch Innenarchitekten und stoßen besonders bei der Feinplanung immer wieder auf vorher nie bedachte Schwierigkeiten. Was soll zum Beispiel in einer Schülerschublade untergebracht werden? Wie breit, hoch, tief muß sie deshalb sein? Braucht man zum Herausziehen einen Griff oder genügt eine Kerbe, ein Loch? Wie hoch müssen Raumteiler sein, damit Kinder bequem etwas abstellen oder herunternehmen können und dabei ein gewisser Sichtschutz trotzdem erhalten bleibt? Bis zur letzten Schraube muß alles überlegt, ausprobiert und teilweise praktisch durchgespielt werden. Dabei ergeben sich fast zwangsläufig immer wieder neue Ideen. Ein Beispiel für eine Idee, die überlebt hat: Ein Student schlägt vor, die Rückwände der Schülerregale nicht wie üblich mit Hartfaser-, sondern mit Weichfaserplatten abzudecken, um so zusätzliche Ausstellungsfläche zu gewinnen. Schließlich wurde ein flexibles System entwickelt, bestehend aus

- mehrteiligen, halbhohen Regalen als Raumteiler;
- fahrbaren Schülerregalen mit Schüben für jedes Kind;
- Wandregalen (Lochschienen-System);
- L-förmiger Theke mit stabiler Werk-/Arbeitsplatte und Fachböden.

Eltern beteiligen sich

Die Eltern wurden schon in einem frühen Stadium anhand von Modell und Skizzen über Ablauf und Zielsetzung des Projekts informiert. Das Echo ist zum größten Teil positiv. Aber auch Zweifel werden laut. Manche Eltern befürchten, daß bei diesem Angebot der Unterricht bald nur noch aus Lesen, Spielen, Experimentieren und Basteln be-

Drei Regaleinheiten
in Spanplatte, Kiefer furniert,
Größe 110/75/35 cm,
Fachböden verstellbar,
je 150,– DM.

Mobile Schülerregale
in Spanplatte, Kiefer furniert,
Rückwände mit Weichfaserplatte belegt,
Größe 91,7/111,7/39,5 cm,
je 280,– DM;
Schubkästen in Kiefer massiv,
Größe 37/34/15 cm,
je 10,– DM.

Theke, fünfteilig,
in Spannplatte, Kiefer furniert,
mit zwei verstellbaren Regalböden,
4 x 75/65/40 cm zu je 180,– DM,
1 x 40/65/40 cm 144,– DM;
Arbeitsplatte in Buche,
Größe 220/65/3 cm, 105/65/3 cm,
210,– DM.

Fertigung:
Peter Kunzelmann, 7407 Rottenburg 21

stehen werde. Wo bleibt da die Zeit fürs „richtige“ Lernen? – Ich erkläre den Eltern, daß sich die Projektarbeit mit ihren Zielen und Konsequenzen für den Unterricht im Rahmen des „Bildungsplans für die Grundschulen“ bewegt. Viele Eltern bieten ihre praktische Mithilfe an (zum Beispiel Sitzpolster überziehen). In einem Großeinsatz werden die Wände der beiden Klassenzimmer in freundlichen Farben gestrichen. Zeitweise gleichen dabei die Zimmer einem riesigen Schlachtfeld: Mütter, später auch Väter, Lehrer, Studenten und begeisterte Kinder sind gemeinsam am Werk. Alle beteiligten Kinder rühren Farbe, walzen ein Stück Wand, streichen hinter den Heizkörpern. Am späten Abend sitzen wir erschöpft, verspritzt, aber zufrieden in unserem neu gestrichenen Klassenzimmer.

Schüler finanzieren mit

Immer wieder berichte ich den Kindern vom Stand unserer Planung. Ich erläutere ihnen Skizzen und Pläne, erzähle von unseren Einkäufen (zum Beispiel Bezugsstoff, Teppichboden usw.), versuche ihnen aber auch nahzubringen, wie schwierig es ist, mit den vorhandenen Mitteln möglichst weit zu kommen. Verglichen mit dem Inhalt ihrer Sparbüchse erreicht zum Beispiel der Preis für ein einziges Regalteil eine Dimension, die ihre Vorstellungskraft übersteigt. Jetzt erkennen sie, daß die Mittel für unsere Klassenzimmerumgestaltung nicht unerschöpflich sind und daß man deshalb sorgfältig haushalten muß. Der Stellenwert ihrer Eigenleistung wird ihnen bewußt. – Alle sind sich darüber einig, daß „etwas für die Kasse“ getan werden muß. Verschiedene Vorschläge werden gemacht: Verkauf von Bastelarbeiten, Altmaterialsammlung, öffentliche Straßensammlung. – Eine Altmaterialsammlung wird durchgeführt und erbringt 140,– DM. Unsere Finanzen sind dadurch – objektiv gesehen – zwar nur geringfügig aufgebessert, das Engagement der Kinder und ihre Identifikation mit unserem Vorhaben aber ist um ein Vielfaches gestiegen.

3. Was sich verändert hat

Neue Einrichtungen – neue Regeln

An einem Montag ist es dann soweit: Die Möbel sind da! Mit großem Eifer helfen alle mit, die beweglichen Einrichtungselemente dort zu plazieren, wo sie laut Plan vorgesehen sind. Da uns dieser Plan jedoch nicht in allen Einzelheiten festlegt, sondern bewußt Spielraum beim

Aufstellen der mobilen Elemente läßt, kommt eine lebhafte Dikussion in Gang, *wie* dieser Spielraum zu nutzen sei.

In erster Linie geht es dabei um den Durchgang zwischen Spiel- und Leseecke und um die Begrenzung der Stillarbeitszone durch die fahrbaren Schülerregale. Nach einigem Hin- und Herrücken sind alle mit dem erzielten Ergebnis zufrieden und wenden sich dem Einräumen der Regale und Schubfächer zu. Wir ordnen die Bücher und Spiele nach einem schon vorher entworfenen System in die Regale ein und verteilen die Schubfächer im Losverfahren an ihre jeweiligen Besitzer. Diese Inbesitznahme der Fächer läuft bei den Schülern sehr unterschiedlich ab: Manche stopfen im Überschwang fast den gesamten Ranzeninhalt hinein, andere wählen und probieren sorgfältig aus. Gemeinsam suchen wir nach Auswahlkriterien für die Dinge, die in Zukunft in den Fächern aufbewahrt werden sollen.

Aus den unbelegten Schüben werden sogenannte „Klassenschubladen", die allen Kindern zugänglich sind. Eine davon dient zum Beispiel der Aufbewahrung von Bleistiften, Radiergummis, Füllern, Farben usw. Ohne umständliche Ausleihaktionen bedienen sich die Schüler daraus.

Der bisher übliche „Klassenordnungsdienst", der sich auf Tafelputzen, Blumengießen, Aufräumen usw. erstreckte, wird nun auf die neuen Zonen ausgeweitet. Eine Gruppe von Kindern wird in Zukunft für die Sitzpolster und den Teppichboden zuständig sein (seit unserem letzten Flohmarkt besitzen wir einen eigenen Staubsauger); eine andere Gruppe kümmert sich um die Bücher und die dazugehörige Ausleihkartei; eine dritte Gruppe hält Spiele und Bastelmaterial in Ordnung. Auch die Klassenschubladen werden von einigen Kindern betreut. Jedes Kind hat somit einen eigenen Aufgabenbereich. Ich beobachte nach einiger Zeit, daß die Schüler sich gegenseitig an ihre jeweiligen Aufgaben erinnern und untereinander Lob und Tadel verteilen. Trotzdem darf ich nicht verschweigen, daß ich ständig darüber wachen muß, ob jeder seinen Pflichten nachkommt.

Meine Beobachtungen in der neuen Lernumgebung konzentrieren sich – in Anlehnung an einen Beobachtungsraster der Projektgruppe – auf drei Bereiche: Informelle Situationen (vor Unterrichtsbeginn, in den Pausen usw.), Freie Arbeit und formeller Unterricht.

Informelle Situationen

Wann immer es den Kindern möglich ist – morgens vor Schulbeginn und in den Pausen – beschäftigen sie sich je nach Interessenlage in den einzelnen Zonen. Für die handwerklich Interessierten steht die Theke mit Bastelmaterial und Werkzeug bereit. Besonders gut ange-

nommen wurde die Leseecke. Ein erweitertes Bücherangebot, die bequemen, geräuschdämpfenden Polster und der Teppichboden sorgen für den richtigen, zum Lesen anregenden Rahmen. Auch die geschenkt bekommene Schreibmaschine ist ständig umlagert.

Es herrscht – mit wenigen Ausnahmen – eine wohltuend ruhige, entspannte Atmosphäre, die sich positiv auf den nachfolgenden Unterricht auswirkt. Auch während des Unterrichts besteht die Möglichkeit, sich nach Aufgabenerledigung in eine der Ecken zurückzuziehen. Das bedeutet natürlich, daß langsam arbeitende Kinder nur wenig Zeit zur freien Beschäftigung haben. Dies versuche ich durch frei verfügbare Stunden in regelmäßigen Abständen auszugleichen.

Insgesamt kann ich für die unterrichtsfreien Intervalle eine deutlich spürbare Beruhigung feststellen. Aufgestauter Aktivitätsdrang, der sich bisher in Lärmen, Raufen und wildem Aktionismus entlud, wird nun in ruhigere, zielgerichtete Bahnen gelenkt. Die Kinder sind von den selbstgewählten Tätigkeiten befriedigt und bringen häufig Anregungen aus dieser freien Betätigung in den Unterricht ein. Der Lehrer ist als Aufsichtsperson in den Pausen entlastet und empfindet Erleichterung durch die intensivere Lernatmosphäre.

Freie Arbeit

Ein erstes größeres Vorhaben nach der Neugestaltung des Klassenzimmers ist die sogenannte „Freie Arbeit“ im Rahmen des Sach- und Deutschunterrichts. Über Planung und Ablauf der Freien Arbeit wird im Beitrag von Gabriele Rauser: Freie Arbeitsstunden in anregungsreicher Lernumgebung, S.71, ausführlich berichtet.

Die freien Arbeitsstunden sind für mich besonders aufschlußreich, da ich hier – intensiver als sonst – die Möglichkeit habe, die Kinder bei Orientierungs- und Entscheidungsprozessen, bei selbstgewählten Tätigkeiten und in ihrem Gruppenverhalten zu beobachten. Ich selbst kann mich in diesen Stunden weitgehend im Hintergrund halten und muß nur ab und zu helfen und beraten.

Im Verlauf mehrerer freier Arbeitsstunden kann festgestellt werden, daß Schüler, die schon mit den Vorschlägen und Anweisungen vertraut sind, zielstrebig an die Arbeit gehen, zum Teil Anregungen aus den vorangegangenen Stunden aufnehmen und Bücher, Bilder und andere Materialien von zu Hause mitbringen. Angebote auf Ideenkarten werden bereits abgewandelt und erweitert. Alle arbeiten in Gruppen. Sogar Kerstin, die eine Außenseiterposition einnimmt und sonst immer allein arbeitet oder ziellos umherirrt, hat Anschluß an eine Gruppe gefunden. Diese Gruppe arbeitet am Thema „Haustiere“ und erkennt plötzlich Kerstin, die zu Hause eine Kaninchenzucht hat, als „Expertin“ an. Weiterhin bemerke ich, daß sich „uralte“, festgefügte Gruppenzusammensetzungen verändern. Schüler, die sonst selten oder nie zusammenarbeiten und -spielen, erkennen gemeinsame Interessen und regen sich gegenseitig an. Besonders Kinder, die nur wenig phantasiebegabt sind, konnten durch Nachahmung oder Abwandlung der Arbeiten ihrer Mitschüler ihr Repertoire an Ausdrucksmöglichkeiten vergrößern.

Es ist geplant, in einem rollierenden System wöchentlich etwa zwei Stunden aus dem Stundenpool der Fächer Deutsch und Sachunterricht für Freie Arbeit zu verwenden. Hier bietet sich die Möglichkeit an, für beide Parallelklassen gemeinsame freie Arbeitsstunden anzusetzen. Dies wäre ein Schritt in Richtung Kooperation, die an unserer Schule günstige räumliche Voraussetzungen hat.

Neue Unterrichtsformen

Im Unterricht werden die einzelnen Zonen anfangs hauptsächlich als Stillarbeits- und Gruppenarbeitsplätze genutzt und erfüllen damit noch nicht ganz ihren eigentlich vorgesehenen Zweck. Dies trifft vor allem auf den noch nicht ausgebauten Informationsbereich zu. Trotzdem empfinde ich die vorläufige Nutzung, die ich nachfolgend kurz

skizzieren möchte, als positive Vorstufe zum späteren gezielten Einsatz der Zonen und Medien.

Die Arbeit in Gruppen verläuft wesentlich ruhiger und konzentrierter als früher, da die Gruppen geeignetere Rückzugsmöglichkeiten haben. Auch hier ist wieder die Leseecke Favorit. Offensichtlich spielt der Sichtschutz eine große Rolle, denn häufig wird bei Gruppenarbeiten die Faltwand noch ein Stück weiter vorgezogen. Viele Kinder haben zeitweilig das Bedürfnis, sich aus der Vierer- oder Sechsergruppe in die Abgeschiedenheit der Stillarbeitsecke zurückzuziehen – Zeichen dafür, wie groß oft der Wunsch nach räumlicher Distanzierung bei der Bewältigung eigener Aufgaben ist, und wie wichtig es deshalb ist, den Schülern die Möglichkeit zur Realisierung dieser Bedürfnisse anzubieten. Ab und zu fordere ich auch konzentrationsschwache Kinder gezielt auf, ihre Aufgaben in der Stillarbeitsecke zu erledigen. – Auch der Spielzone mit ihrer relativ großen freien Teppichbodenfläche kommt eine weitere Nutzungsmöglichkeit zu: häufig versammeln wir uns dort zu zwanglosen Gesprächskreisen oder zum Vorlesen.

In der zweiten Projektphase beschäftigen wir uns mit dem Ausbau einer „Infothek" und „Mediothek", die hauptsächlich im Rechtschreiben und Sachunterricht einen differenzierenden und individualisierenden Unterricht ermöglichen soll. Die Rechtschreibmaterialien[4]

[4] Curschellas, C./Schubiger, J.: Bild-Diktate, Winterthur 1978; Bischoff, Paul (Hrsg.): Bilder-Geschichten-Transparente, Wolfenbüttel; Plickat, Hans-Heinrich: RS-Programm, Weinheim 1976; König, Guido/Weyand, Helmut: Finkenspiel zur Rechtschreibung, Oberursel; Siems, Hans-Jürgen/Keune, Otto: Mein Rechtschreibbegleiter, 3. und 4. Schuljahr, Stuttgart 1974.

sind jetzt bereits im Einsatz. Wir arbeiten zunächst mit einem Grundkurs in Form eines Arbeitsheftes für jedes Kind. Er bietet nach der zentralen Einführung eines Rechtschreibproblems ein breitgefächertes Übungsangebot. Außerdem steht zur Differenzierung ein Eingreifprogramm zur Verfügung, das nach Rechtschreibinhalten mit verschiedenen Schwierigkeitsgraden aufgebaut ist. Aus Kostengründen sind diese Hefte – im Gegensatz zum Grundkurs – nicht als Verbrauchsmaterial bestimmt. Deshalb schreiben die Kinder in ein normales Übungsheft und nehmen diese Eingreif-Programmhefte nur als Vorlage. Eine Anzahl von fünf Heften je Rechtschreibinhalt und Schwierigkeitsgrad schien uns somit auch ausreichend zu sein, da ja nie alle Kinder gleichzeitig – abgesehen vom Grundkurs – am selben Rechtschreibproblem arbeiten. Weiterhin verfügen wir über je zwei (insgesamt vier) nach Schwierigkeitsgraden abgestufte Rechtschreib-Spiele in Karteiform und über drei Mappen mit Bild-Diktaten, die besonders auf Partnerarbeit abgestimmt sind. Außerdem besitzt jedes Kind seit Beginn des dritten Schuljahrs ein eigenes Wörterbuch.

Für den Bereich „Mündliche Verständigung“ und „Texte verfassen“ haben wir bislang nur eine Mappe mit Bildergeschichten-Folien für den Tageslicht-Projektor angeschafft.

Alle Materialien wurden mit den Schülern gemeinsam so geordnet, daß jedes Kind sich jederzeit leicht zurechtfinden kann. Nach meiner Beobachtung regt das vielseitige Angebot gerade auch die rechtschreibschwachen Kinder zu selbständiger intensiver Arbeit an. Ein Beispiel dazu: Nach einer Diktatbesprechung erklärt mir ein Junge: „Ich glaube, ich nehme mir mal das Heft mit der Groß- und Kleinschreibung vor. Da habe ich so viele Fehler gemacht.“ Jetzt im vierten Schuljahr können zunehmend mehr Kinder ihre eigene Leistungssituation einschätzen und wollen ihre Schwächen gezielt aufarbeiten. Seit die Aufbauphase für den Rechtschreib-Bereich weitgehend beendet ist und die Schüler mit den spezifischen Arbeitsformen der einzelnen Hefte und Programme vertraut sind, hat sich meine Vorbereitungszeit für den Rechtschreibunterricht wesentlich verringert. Zudem habe ich mehr Zeit gewonnen, mich während der Schulstunden einzelnen Problemkindern zu widmen.

Der Ausbau des Medienbereichs „Sachunterricht“ ist noch nicht abgeschlossen. Bis jetzt existiert ein Grundstock aus Sachunterrichtsbüchern verschiedener Schulbuchverlage, Bildmappen und Sachbüchern zu einzelnen Themen des „Bildungsplans für die Grundschulen“ des dritten und vierten Schuljahrs (zum Beispiel „Wohnen“, „Familie“). Dazuhin beschäftigen wir uns damit, eine Reihe sogenannter „Themenkisten“ zusammenzustellen, die Materialien für einzelne Themen des Lehrplans enthalten werden, wie zum Beispiel Texte, Bilder,

Demonstrationsobjekte. Wir beabsichtigen, diese Kisten variabel zu handhaben und wollen ihren Inhalt im Laufe der Benutzung je nach Bedarf erweitern und verändern. In diesem Zusammenhang wäre es wünschenswert, daß die an unserer Schule bereits vorhandene Materialsammlung (hauptsächlich Versuchssätze für den naturwissenschaftlichen Sachunterricht), die in einem Lehrmittelraum zentral deponiert ist, je nach Themenverteilung in den einzelnen Grundschulklassen ihren festen Platz finden würde. Bis jetzt fristen diese Geräte ihr Dasein in verschlossenen, für Schüler unzugänglichen Schränken und werden nur für relativ kurze Zeit in den Klassenräumen benutzt. Die Diskussion über diese „Dezentralisierung“ ist im Kollegium noch nicht abgeschlossen.

Noch kann kein abschließendes Urteil in bezug auf einen schülergesteuerten, offeneren Sachunterricht abgegeben werden. Dazu ist der Sachunterricht noch zu wenig auf die neue Lernumgebung bezogen. Ansätze zu kooperativer Unterrichtsplanung sind jedoch schon vorhanden. Wichtig dabei ist, die Schüler über die in Zukunft zu behandelnden Themen rechtzeitig zu informieren. So tragen sie dann durch Sammeln von Bildern, Zeitungsausschnitten, Büchern usw. zur Gestaltung des Unterrichts bei. Die Sammelergebnisse werden in Hängemappen aufbewahrt. Diese Hängemappen werden zu Beginn einer Sammelperiode – beschriftet mit dem Titel der jeweiligen Einheit – vorbereitet.

Um Fertigkeiten der selbständigen Information einzuüben, wurde außerdem mit den Schülern ein Programm durchgeführt, das Hilfen bietet, wie man ein Thema bearbeiten kann[5]. Es gibt Anleitung zur Aufstellung eines Fragenkatalogs, zur Auswahl von Büchern und Nachschlagewerken, Bildern, Karten, Tabellen usw. und führt zu Anregungen, wie die Ergebnisse, die dann in Form von Notizen vorliegen, dargestellt werden können. Am Beispiel „Elefanten“ haben wir dieses Programm durchgespielt. Einige Schüler waren davon so angetan, daß sie nun weitere, selbstgewählte Themen bearbeiten und als Plakate, Hefte oder als „Buch“ ausstellen wollen.

In der nächsten Sachunterrichtseinheit „Kinder in anderen Ländern“ und „Familien mit anderen Lebensgewohnheiten“ sollen diese Fertigkeiten vertieft und alle zur Verfügung stehenden Sammlungen, „Kisten“ und Bücher in Verbindung mit einer optimalen Raumnutzung eingesetzt werden.

[5] Adaption des Programms von P. Evans: Learning from Reference Books, Exeter 1969.

4. Befragung von Schülern und Schulleiter [6]

Schüler sagen: „Es ist halt schon besser ...“

In einer Fragebogenaktion wurden die Schüler der Klassen 3a und 3b nach ihrer Meinung zum neueingerichteten Klassenzimmer und nach weiteren Vorschlägen befragt. Da viele Schüler Formulierungsschwierigkeiten hatten und die schriftliche Äußerungsform die Breite und Spontaneität der Antworten einschränkte, wurden zusätzliche Schülerinterviews durchgeführt. In kleinen Gruppen (vier bis sechs) konnten alle befragten Schüler ausführlich antworten. Desweiteren fanden Gespräche mit der Klassenlehrerin der Klasse 3a und dem Rektor der Schule statt. – Vorweg einige wörtliche Zitate der Schüler:

- *„Mir gefällt das Klassenzimmer, weil es jetzt viel bequemer ist, weil es hinten nicht mehr so kahl ist, weil alles seinen Platz hat.“*
- *„Ich komme lieber zur Schule, weil es in der Klasse viel schöner und gemütlicher ist.“*
- *„Ich finde es sehr gut, ein eigenes Fach zu haben. Der Schulranzen ist nicht mehr so schwer und man braucht nicht immer alles herumzutragen.“*
- *„Mein Lieblingsplatz ist die Leseecke, weil ich mich da nicht ständig auf was konzentrieren muß.“*
- *„Das Klassenzimmer ist Spitze.“*

[6] Die Fragebogenerhebung und die Auswertung wurde von Gabriele Rauser im Rahmen der Zulassungsarbeit zur 1. Prüfung für das Lehramt an Grund- und Hauptschulen an der Pädagogischen Hochschule Reutlingen im Herbst 1978 durchgeführt.

Fragebogen

Insgesamt nahmen 36 Schüler beider Parallelklassen an der Befragung teil. Da die Antworten zum großen Teil übereinstimmten, ist auf eine getrennte Darstellung verzichtet worden. Durch Mehrfachnennungen stimmen die Antwortzahlen nicht immer mit der Schülerzahl überein.

Frage 1: Gefällt Dir das Klassenzimmer?

(4) ja, sehr gut (32) ja, gut

Schreibe auf, warum:

(40) wegen der Möbel, der neuen Einrichtung
(7) die Wände sind gestrichen
(10) es ist gemütlich, bequem, sauber, wohnlich ...
(5) Lesen und Spielen ist möglich
(7) wegen des Teppichbodens und der Matratzen

Frage 2: Hat Dir das Klassenzimmer früher besser gefallen?

(36) nein

Schreibe auf, warum:

(19) die Einrichtung fehlte
(14) das Zimmer war kahl
(7) es war ungemütlich
(5) Bücher und Spiele fehlten

Frage 3: Kommst Du jetzt lieber zur Schule?

(29) ja (6) nein
(1) keine Antwort

Begründe, warum?

(12) es ist schöner, gemütlicher
(8) wegen der Einrichtung
(6) Schule bedeutet lernen, nicht spielen und lesen

Frage 4: Hast Du einen Lieblingsplatz im Klassenzimmer?

(32) ja (4) nein

Warum bist du dort am liebsten?

(24) Leseecke
Dort ist es bequem, gemütlich, still, warm, ruhig; man ist ungestört, hat Spielmöglichkeiten.
(6) eigener Platz
Gute Sicht zur Tafel.
(2) Stillarbeitszone
Es ist still, gemütlich.
(4) keine Begründung

Frage 5: Was gefällt Dir im Klassenzimmer überhaupt nicht?

(4) Lärm, Unruhe
(5) man kann zu wenig spielen
(2) Stecktafeln fehlen
(2) es hängen zu wenig Bilder
(1) Neonlicht
(4) Schränkchen sollten bunt sein
(5) keine Antwort
(9) alles gefällt

Frage 6: Was gefällt Dir im Klassenzimmer am besten? Warum gefällt es Dir am besten?

(18) Leseecke mit Regal und Matratzen
Es ist gemütlich, bequem, schön; man kann dort lesen, spielen, zusammen reden.
(6) Schubladen, Regale
Es paßt alles rein, kann aufgeräumt werden, der Ranzen ist leichter.
(9) alles
Es ist nicht mehr so kahl, es ist farbig, hübsch, bequem.

Frage 7: Möchtest Du im Klassenzimmer etwas verändern?

(25) ja
(10) mehr Bilder und Posters an die Wände
(5) Stecktafeln aufhängen
(2) mehr Spielmöglichkeiten
(2) andere Tischgruppen
(1) Schuhregal anschaffen

(4) keine Antwort
(7) nichts

Frage 8: Wie findest Du es, ein eigenes Fach zu haben?

(34) gut
(1) keine Antwort
(1) schlecht

Begründe:

(17) Schulsachen können untergebracht werden
(10) der Ranzen ist leichter
(2) man hat größere Ordnung und einen Überblick
(3) es kann geklaut werden

Frage 9: Wie lernst Du am liebsten (allein, zu zweit, mit Deiner Tischgruppe, mit der ganzen Klasse)? – Schreibe auf, warum:

(2) keine Antwort
(10) allein
Bessere Konzentration, ungestört, es ist leiser, andere können nicht abschauen.
(18) zu zweit
Gegenseitige Hilfe und Korrektur, Arbeitsteilung, recht leise.
(4) Tischgruppe
Gegenseitige Hilfe.
(1) ganze Klasse

Frage 10: Wo lernst Du am liebsten? – Begründe:

(12) am eigenen Platz
Bessere Schreibmöglichkeiten, Partnerhilfe, „alte liebe Gewohnheiten".
(10) Leseecke
Es ist ruhiger, gemütlicher, warm.
(8) zu Hause
Keine Störung, Mutter kann gefragt werden.
(5) überall
(1) Stillarbeitszone
(1) Mediothek

Da die Fragebogen vor dem ersten unterrichtlichen Vorhaben, der Freien Arbeit ausgefüllt wurden, beziehen sich alle Antworten nur auf die Möblierung. Es läßt sich feststellen, daß alle Schüler ihr Klassenzimmer jetzt gemütlicher, wohnlicher finden, was zum größten Teil auf die Einrichtung der Leseecke zurückgeführt werden kann. Die einladende Ausstattung mit Matratzen und Teppichboden hat ihren Sinn voll erfüllt; da 60 Prozent der Schüler diese Ecke als ihren Lieblingsplatz bezeichnen, kann man vermuten, daß der Andrang oft zu groß sein wird.

Die Antworten zur Frage 3: „Kommst Du jetzt lieber zur Schule als früher", die von 80 Prozent mit ja beantwortet wurde, sollten mit einer gewissen Skepsis betrachtet werden. Die Begründungen beziehen sich alle auf die Raumatmosphäre, nicht jedoch auf den Unterricht. Vermutlich würde diese Frage, in anderem Zusammenhang gestellt, ein anderes Resultat zeigen. Dazu die Antwort eines Mädchens: „Nein. Es ist zwar bequemer, aber es kommt auf das Programm an."

Da die Fragen 4 und 6 inhaltlich ähnlich ausgerichtet waren, wurden die Schüler verwirrt, vor allem dadurch, daß ihre Begründungen teilweise auf mehrere Fragen zutrafen. Offensichtlich war der Fragebogen nicht genügend „kindgemäß".

Die Antworten auf die Frage 9: „Wie lernst Du am liebsten?" weisen darauf hin, daß differenzierende und individualisierende Unterrichtsverfahren, wie sie später im Rahmen des Projekts geplant sind, durchaus den Bedürfnissen der Kinder entgegenkommen. Der Wunsch nach Konzentrationsmöglichkeiten und der Möglichkeit, sich helfen zu lassen, wurde von fast 80 Prozent der Schüler genannt.

Gespräche mit den Schülern
Gruppe I:

Christina: *In der Leseecke gefällt es mir ganz arg, wegen den Matratzen.*
Elke: *Man kann sich manchmal umsehn oder verkriechen.*
Regina: *Wenn wir uns dann von den anderen gestört fühlen, dann gehen wir einfach in die Leseecke rein.*
Christina: *Das Klassenzimmer hatten wir ja immer ganz weiß und da war alles schon ein bißchen kalt. Und jetzt, mit grün und gelb angemalt, find ich es einfach ein bißchen fröhlicher.*
Ulrike: *Es heißt ja freie Arbeitsstunde und da darf man dann ja eigentlich alles machen, was man selber will.*

Der erste Gesprächsabschnitt beschäftigt sich mit der neuen Möblierung und mit Fragen nach Gefallen und Wohlgefühl. Alle vier beteuern, daß ihnen das Klassenzimmer gut gefällt. Ihr Lieblingsplatz ist die Leseecke, besonders die weichen und bequemen Matratzen werden gelobt. Regina und Elke erwähnen die Möglichkeit, dort endlich ungestört lesen und arbeiten zu können. Alle finden es dort gemütlich und kuschelig. Auch die Infoecke kommt gut an. Besonders die Übersichtlichkeit der Spieleanordnung gefällt ihnen. „Früher hat es immer so lange gedauert, bis man etwas gefunden hat." Die Schülerkästen sind laut Elke „Klasse". Auch die anderen betonen den Vorteil, ein eigenes Fach zu besitzen, in dem jeder Schüler seine persönlichen Dinge aufbewahren kann. Daß dadurch der Ranzen leichter wird, gilt als weiterer Pluspunkt.

Nach ihrem Gesamteindruck vom Klassenzimmer befragt, kommen Antworten wie „toll", „mit Farbe wirkt es fröhlicher", „jetzt ist es nicht mehr so kahl und groß", „es erinnert nicht mehr so sehr an Schule, man kann auch mal darin ausruhen". Offensichtlich ist die neue Raumausstattung bei diesen vier Schülerinnen sehr gut angekommen. Verhaltensänderungen sind von ihnen ebenfalls bemerkt worden. Vor allem der Lärm und das Herumtoben in den kleinen Pausen seien geringer geworden, berichtet Ulrike. Sie meint, es liege an den Ecken, dort könne man einfach leiser sein. Die Möglichkeit, sich zum Lernen zurückzuziehen, wird ebenfalls von allen vieren genutzt. Meistens lernen sie in Gruppen, zu zweit oder zu dritt; die Leseecke und auch die Stillarbeitszone sind dabei ihre bevorzugten Lernplätze. Ein Problem ist nach ihrer Meinung das Ausziehen der Schuhe in der Leseecke. Die Überschuhe finden sie nicht besonders praktisch, aber niemand weiß eine bessere Lösung. Regina und Ulrike haben Vorschläge zur weiteren Möblierung. Die Spielecke erscheint ihnen zu kahl und zu leer, ein Tisch oder zumindest einige Sitzelemente sollen Abhilfe schaffen. Allerdings soll die Möglichkeit, auch auf dem Teppichboden zu spielen, dadurch nicht eingeschränkt werden. Die freien Arbeitsstunden finden alle gut und „ganz toll", doch wird sofort das Wort „frei" betont. Sie möchten auch ohne Arbeitskarten etwas tun dürfen, wollen eigene Ideen ausprobieren. Zusammenarbeit wird groß geschrieben, keiner hat bisher allein gearbeitet. Eine ihrer bevorzugten Tätigkeiten war Basteln; Christina und Elke haben auch eine Arbeitsmappe über Pferde angelegt. Alle lehnen es ab, in diesen Stunden etwas zu üben, viel lieber wollen sie etwas machen, „womit man nachher auch etwas tun kann". Einen Brief an eine Freundin zu schreiben, findet Ulrike sinnvoller, als einen Text „nur so" abzuschreiben.

Gruppe II:

Susi: *Jetzt können wir auch auf den Boden sitzen, der ist schön warm.*
Frank: *Jetzt ist es auch schön gemütlich, mit den Matratzen und Regalen.*
Kerstin: *Die Fächer sind praktisch, da muß man nicht so viel nach Hause schleppen; und außerdem hat jeder sein eigenes Fach.*
Jutta: *Die Stillarbeitsecke ist auch ganz geschickt zum Lernen.*

Jutta: *Ich komm lieber zur Schule, weil man da immer eine Beschäftigung hat.*
Frank: *Es ist halt schon besser, daß man in die Schule kann, da kann man sich auch Bücher ausleihen.*
Kerstin: *Man muß da* (in den freien Arbeitsstunden) *nicht immer tun, was die Lehrer sagen.*

Auch dieser Gruppe gefällt die Einrichtung. Sie finden, das Klassenzimmer sei schöner und gemütlicher als früher. Vor allem die Matratzen und die Schülerregale finden ihr Lob. Sie sehen alle die Vorteile eines eigenen Kastens. Das geringere Gewicht des Ranzens wissen Susi und Jutta, die beide recht zierlich aussehen, besonders zu schätzen. Frank stört nur, „daß manchmal die Kästen mit so ‚Kruscht' gefüllt sind".

Was von diesen Schülern besonders betont wird, ist die Anschaffung neuer Bücher und Spiele. „Die Bücher sind auch viel interessanter", meint Susi. Sie leiht sich Bücher aus, um sie dann daheim lesen zu können. Auch nach Erledigung der Aufgaben holen sie sich Bücher oder ein Spiel und verziehen sich in eine Ecke.

Die Mediothek bringen diese vier Schüler nicht nur mit den Spielen in Verbindung, sie weisen vielmehr auch auf die Unterbringung von Werkzeug und Bastelmaterial hin. Frank findet sehr praktisch, daß dort alles so übersichtlich aufgeräumt werden kann. Kerstin äußert einen Wunsch. Sie hätte gern mehr Regale und Tische, um die Bastelarbeiten ausstellen zu können. Frank und Susi unterstützen diesen Vorschlag; sie möchten außerdem noch einige neue Bücher, damit ihnen der Lesestoff nicht so schnell ausgeht.

Auf das Lernen in der neuen Umgebung angesprochen, werden vor allem die Leseecke und die Stillarbeitszone als gute Lernplätze ge-

nannt. Die Ruhe an diesen Plätzen und auch die Möglichkeit, sich einmal von der Großgruppe trennen zu können, helfen ihnen beim Arbeiten. Offensichtlich ist für Jutta und Frank der Anregungsgehalt der Lernumgebung besonders groß, sie kommen beide lieber zur Schule, „weil man immer eine Beschäftigung oder etwas zum Lesen hat".

Die letzte Frage gilt der Freien Arbeit. Sie kommt auch hier gut an, vor allem die Möglichkeit, einmal eine eigene Idee realisieren zu können, gefällt den Kindern. Die Arbeitskarten empfinden sie als Hilfe, sie wissen dann eher, was sie machen können. Auch die Tatsache, daß niemand an Lehreranweisungen gebunden ist, wird von ihnen als positiv empfunden. Auf die nächste freie Arbeitsstunde sind die vier schon sehr gespannt.

Gruppe III:

Susanne: *Ich find's halt schön, wenn man Möbel drin hat, dann hat man auch was daran.*
Gert: *Jetzt macht's auch mehr Spaß, in die Schule zu kommen. Jetzt kann man sich auch mal verkriechen.*
Susanne: *In der Leseecke fühlt man sich viel wohler als immer nur am selben Platz.*
Thomas: *Am Platz ist es langweilig.*
René: *Also manchmal pfropft es sich hier* (in die Leseecke) *so arg rein, da ist es dann viel zu voll.*
Andreas: *In der freien Arbeitsstunde, da muß man nicht schreiben, da darf man schreiben oder basteln. Die meisten wollen halt nicht schreiben, weil sie's nicht so gut können.*

Die fünf Schüler finden ihr Klassenzimmer viel schöner und gemütlicher im Vergleich zu früher. Damals war es ihnen zu kahl. Gert äußerte spontan, die Schule mache ihm nun mehr Spaß. Die Meinung der anderen darüber ist geteilt. Susanne und Andreas schließen sich Gert an, ihnen machen die neuen Bücher und Spiele Spaß. René dagegen meint, daß der Unterricht sich deshalb ja nicht geändert hat und Thomas führt seinen langen Schulweg an. Der Hinweis von Susanne, daß sein Ranzen leichter sei als früher, wird von den übrigen sofort aufgegriffen. Alle finden die Schubkästen sehr praktisch; jemand schlägt vor, doch auch die anderen Klassen damit auszustatten.

Die Lieblingsplätze dieser fünf sind die Leseecke und die Infoecke. Als Begründung werden die weichen Matratzen, die vielen Bücher und die neuen Spiele angeführt. René bemängelt, daß die Leseecke immer so „voll" sei; die anderen teilen diese Erfahrung. Als Lösung dieses Problems werden zusätzliche Matratzen genannt. Damit könnte in der Spielecke eine zweite Leseecke entstehen, meint Susanne.

Bei der Frage, ob man in dem neu eingerichteten Klassenzimmer besser lernen könne, sind die Schüler verschiedener Ansicht. Für René und Thomas hat sich, ihren spontanen Äußerungen nach, nichts geändert; als sie jedoch hören, was die anderen alles aufzählen, stimmen sie zu. Als große Verbesserung wird die Möglichkeit empfunden, daß sich nicht immer alle am selben Ort aufhalten müssen, sondern daß jeder mehr Platz hat und sich auch einmal „verkriechen" kann. Der eigene Platz wird als langweilig beschrieben. An anderen Plätzen macht das Lernen mehr Spaß.

Auch diese fünf Schüler finden die freien Arbeitsstunden gut, „weil man da machen darf, was man will". Besonders das „Dürfen" wird betont, außerdem sind Tätigkeiten beliebt, die nicht so sehr an den normalen Unterricht erinnern, sondern laut Gert „einfach ganz anders sind".

Der Rektor meint: „Insgesamt eine positive Sache ..."

> *Ich glaube, daß die Sitzecke mit diesen schönen bunten Matratzen den Kindern unheimlich gut gefällt und prima ankommt. Das zeigt sich auch im Alltag. Als Frau Lorber einmal krank war, ging ich nach hinten; es war so mucksmäuschenstill in der Klasse, daß ich dachte, die sind überhaupt nicht da. Die Schüler saßen alle hinten und lasen.*

Der Rektor hat den Eindruck, daß die Räume durch die neue Farbgebung und die Möblierung viel an Atmosphäre gewonnen haben. Die Leseecke sei zum Lieblingsort der meisten Schüler geworden. Auch praktische Vorteile werden von ihm gesehen. Die Kinder können sich jetzt besser selbst beschäftigen; es werde in den beiden Klassen nicht mehr so viel getobt. Er glaubt, die Regale mit ihrem großen Fundus an Büchern und Spielen seien für die Kinder von besonderem Interesse. Nun möchte er versuchen, mit Hilfe des Schuletats die Bücherregale der anderen Klassen aufzufüllen, um auch diesen Schülern ein reichhaltiges Angebot und damit gleichzeitig mehr Anregung zu verschaffen. „Was mich besonders an der ganzen Sache interessiert, das sind die Möbeleinheiten, die entwickelt wurden. Jetzt sind wir ja schon soweit, daß wir vier von diesen Regalen nachbestellen." In den Genuß der Regale sollen die neuen dritten Klassen kommen; außerdem sollen die fünfte und sechste Klasse einzelne Sitzelemente erhalten, die im Laufe der Zeit, je nach der finanziellen Lage der Schule, durch einen Tisch und weitere Sitzmöglichkeiten erweitert werden sollen.

Nach der bisherigen Rückmeldung zu der neuen Einrichtung befragt, schildert der Rektor die Begeisterung der Elternbeiräte: „Also hier wollten wir auch gerne unterrichtet werden." Auch andere Eltern äußerten sich bisher positiv. Der Schulleiter war der Ansicht, diese „Renommierstuben" seien ein Ausdruck der Bereitschaft des Lehrerkollegiums, viel Zeit und Arbeit zu investieren. Inzwischen sind auch andere Schulleiter aufmerksam geworden; es wurden Wünsche nach Zusammenarbeit und Erfahrungsaustausch laut.

Ein Pluspunkt in der Etatbesprechnung mit der Gemeinde stellt der bisher in das Projekt investierte Geldbetrag dar. Neue Vorhaben, wie zum Beispiel die Umgestaltung des Schulhofs, lassen sich nun eher realisieren, da das bisher Geleistete bei der Gemeinde einen guten Eindruck hinterlassen hat.

Zu den freien Arbeitsstunden, die er zum großen Teil miterlebt hat, äußert sich der Schulleiter folgendermaßen: „Es war ein ganz phantastischer Anstoß, daß wir dies alles einmal miterlebt haben. Es gab uferlose Diskussionen im Lehrerkollegium nur über diese Stunden. Einige fingen dann auch an, in der Literatur nachzulesen, es kam zu Gesprächen über Probleme und neue Ideen – also insgesamt eine sehr positive Sache für uns."

Dem weiteren Ausbau des Klassenzimmers steht der Rektor etwas kritisch gegenüber. Er würde sich vorerst einmal mit der Ausschöpfung des Vorhandenen beschränken und abwarten, was noch fehlt, was noch gebraucht wird. Eine Orientierung an Schüler- und Lehrerbedürfnissen erscheint ihm vorrangig: „Anregungen von den Schülern und auch von den Lehrern werden sicher kommen."

5. Projektverlauf im Überblick

Zeitlicher Verlauf	*Phasen*	*Didaktische Prinzipien / Konzepte*	*Kooperation von Personen u. Institutionen*	*Dokumentation und Evaluation*
WS 1976/77	– Erarbeitung theoretischer Ansätze zur Analyse und Konstruktion von Lernumwelten – Studium von Beispielen aus der Literatur unter Berücksichtigung vergleichender Aspekte (USA, Großbritannien, Schweden)	– Förderung durch Differenzierung und Individualisierung – Soziales Lernen – Selbstgesteuertes Lernen durch Medien	– Seminargruppen des Fachs Schulpädagogik der PH Reutlingen – zwei Professoren der Schulpädagogik mit Schwerpunkt Grundschulpädagogik und Mediendidaktik	– Anlage eines Dia-Archivs – Bibliographie – Matrix zur Analyse und Entwicklung von Lernumgebungen
SS 1977	– Modellplanung zur Umgestaltung von Klassenzimmern und Schulhöfen an ausgewählten Schulen – Durchführung von Erkundungsprojekten – erster Projektantrag an private Stiftung für Bildung und Behindertenförderung, Stuttgart	↓	– Zusammenarbeit von Seminargruppen und Lehrern – Erfahrungsaustausch mit englischen Lehrern und Schulberatern	– Bau von Modellklassenzimmern und Modellschulhöfen – Berichte aus Erkundungsprojekten
WS 1977/78	– Auswahl von zwei Grundschulklassen zur exemplarischen Realisierung – Information von Schulleitung, Kollegium, Eltern – Projektplanung mit Schülern – Planung von Raumzonen, Ausstattungselementen, Medien – Erste didaktische Nutzung	↓ *Freie Arbeit*	– Zusammenarbeit PH – Schule – Kooperation mit Eltern – Kooperation mit Bibliothekaren – Kooperation mit örtlichem Schreiner und Firmen	– Erfahrungsberichte zum Projektverlauf: Zulassungsarbeiten zur 1. Prüfung für das Lehramt an Grund- und Hauptschulen (D. Waag und G. Rauser) – Schüler- und Lehrerbefragungen (G. Rauser) – Dia-Serie – Super-8-Film – Video-Aufzeichnung

SS 1978	– zweiter Projektantrag an private Stiftung – Teilung der Seminargruppen – Planung des weiteren Ausbaus der Lernumgebungen – Entwicklung von Beobachtungsverfahren – Durchführung gezielter didaktischer Vorhaben	↓	– Erfahrungs- und Ideenaustausch in den Kollegien – Kontakte mit Lehrern anderer Schulen	– Projektzwischenbericht – Zulassungsarbeit zur 1. Prüfung für das Lehramt an Grund- und Hauptschulen: Funktion und Organisation von Klassenmediotheken an Grundschulen (J. Bertram)
WS 1978/79	– Ausbau-Stufe II: Schwerpunkt Medienausstattung (Sichtung, Beschaffung, Organisation) – Didaktisch-methodische Planung von Unterrichtseinheiten – Durchführung und Evaluation von Einheiten aus dem Sachunterricht – Auslagerung eines Teilelements in eine andere Klasse: „Einzellernplätze mit AV-Medien“ – Veranstaltungen zur Lehrerweiterbildung	– Förderung durch lernzielorientierte Medien (Rechtschreiben) – Selbstgesteuertes Lernen durch offene, problemorientierte Medien (Sachunterricht) – Zielerreichendes individualisiertes Lernen mit AV-Medien – Zusatzangebote (enrichment)	– Kontakte / Erfahrungsaustausch mit Mentoren – Berichte auf Akademietagungen für Fachberater und Lehrer an Grundschulen	– Zulassungsarbeit zur 1. Prüfung für das Lehramt an Grund- und Hauptschulen: Selbstgesteuertes Lernen im Sachunterricht (A. Hönes) – Erarbeitung von Projektberichten

Gabriele Rauser

Freie Arbeitsstunden in anregungsreicher Lernumgebung[1]

[1] In den Beitrag sind Arbeitspapiere, Protokolle, Auswertungen der Projektgruppe und Projektleitung eingegangen.

1. Worauf es ankommt – Überlegungen zur didaktischen Konzeption

Ermöglichung von Selbständigkeit und Verantwortungsbewußtsein, Vermittlung von Handlungs- und Sozialkompetenz, Förderung von Selbstvertrauen und Lernfreude, Kreativität und Spontaneität – diese Intentionen sollten dem Unterricht in der Grundschule zugrunde liegen. Der heute noch zum großen Teil praktizierte lehrerzentrierte Frontalunterricht in eintönig und undifferenziert eingerichteten Räumen kann diesen Anspruch jedoch nicht erfüllen. Auch die Reform von Lehrplänen und äußeren Organisationsformen genügt nicht, um die Schule kindgerechter und humaner zu machen. Gleichzeitig müssen neue Unterrichtsformen ihren Einzug in die Schule halten.

Freie Arbeit, ein aktuelles Thema der gegenwärtigen Grundschuldidaktik, ist eine dieser neuen Unterrichtsformen, die versuchen, mehr Offenheit und Schülerzentriertheit in den täglichen Unterricht zu bringen. Bereits in der Reformpädagogik der zwanziger Jahre gab es ähnliche Ansätze[2]. Der Begriff der Freien Arbeit taucht in der neueren Grundschuldiskussion wieder in den „Empfehlungen der Kultusministerkonferenz zur Arbeit in der Grundschule" auf. Hier heißt es:

> „Stunden für Freie Arbeit lassen sich in den Stundenplan aufnehmen. Jedes Kind soll Erlebnisse aus dem Schulleben, aber auch aus seiner Umwelt außerhalb der Schule in seiner Art, in seinem Tempo und in Ausdrucksformen, die ihm besonders liegen, nachgestalten und seine Eindrücke dadurch klären. Es kann aber auch Fertigkeiten, speziell Kulturtechniken, durch zusätzliche Übungen festigen, ebenso Arbeiten, die es im Lernprogramm der Schule nicht beenden konnte.
>
> Kinder, die im Unterricht so geführt werden, gewinnen nicht nur an Selbständigkeit; sie werden auch sicherer, ruhiger und ausgeglichener. Diese Arbeitsform ist ein wichtiges psychotherapeutisches Mittel, um Kindern zu helfen, die infolge zu hoher Leistungsanforderungen resignieren ..."[3]

Diese „Empfehlungen" haben Eingang gefunden in Rahmenrichtlinien und Lehrpläne einzelner Bundesländer. So wird im Lehrplan von Schleswig-Holstein die Unterrichtsform „Freies Lernen" aufgeführt. Dabei sollen „... die Kinder wählen können, womit sie sich beschäftigen möchten und ob sie dabei allein sein oder sich mit anderen Schülern zusammenfinden wollen"[4]. Begründet wird das freie Lernen mit der dadurch verstärkt möglichen Förderung des Sozialverhaltens der Kinder, der Entfaltung intrinsischer Lernmotivation und Kreativität, aber auch mit der Möglichkeit, Lerntechniken einzuüben.

[2] Vgl. zum Beispiel „Free Work" im Dalton-Plan H. Parkhursts (1922) und „Freies Arbeiten" im Jena-Plan P. Petersens (1927).

[3] Empfehlungen zur Arbeit in der Grundschule, Beschluß der Ständigen Konferenz der Kultusminister der Länder in der Bundesrepublik Deutschland vom 3. Juli 1970, S. 38.

[4] Lehrplan Grundschule und Vorklasse in Schleswig-Holstein, Kiel 1975, S. 5.

„In Phasen der Freien Arbeit wählt der Schüler selbständig Inhalt, Ziel und Gestaltung seiner Aktivitäten, die in mehr oder weniger enger Beziehung zum Thema des Unterrichts stehen. Dabei wird er zur Kreativität angeregt. Er kann seine individuellen Möglichkeiten und Grenzen entdecken, seine Neigungen erproben, weiterentwickeln und neue Interessen gewinnen. Für freies Arbeiten muß ein Materialangebot zur Verfügung gestellt werden, das in besonderem Maße Aufforderungscharakter besitzt und zu vielfältigen Aktivitäten anregt. Freies Arbeiten ist als Einzeltätigkeit oder in kleinen Gruppen möglich. Der Lehrer hat in Phasen der Freien Arbeit Gelegenheit, einzelne Schüler genau zu beobachten und ihre Lernbedürfnisse sowie ihr Arbeits- und Sozialverhalten kennenzulernen. Er bietet seine Hilfe an, drängt sich jedoch nicht auf.“ [5]

Diese Aussagen der niedersächsischen Rahmenrichtlinien zeigen klar die Intentionen der Freien Arbeit auf. Die Feststellung des baden-württembergischen Lehrplans, daß „angemessene Zeit für die Eigenständigkeit der Schüler und für ihre kreative Entfaltung zur Verfügung steht“ [6], weist zwar nicht direkt auf freie Arbeitsstunden hin, jedoch wird auch hier die Ermöglichung von Selbständigkeit und Kreativität und das Eingehen auf individuelle Lernvoraussetzungen und -bedürfnisse durch Maßnahmen der inneren Differenzierung gefordert.

Gründe, die vom Lehrer eine Differenzierung verlangen, gibt es mehr als genug. Lernschwache Schüler sollen besonders berücksichtigt werden, gleichzeitig sollen jedoch auch leistungsstarke Kinder angemessen gefördert werden. Die Berücksichtigung der individuellen Interessen- und Bedürfnislage fordert ebenfalls einen differenzierten Unterricht; Selbständigkeit und Kreativität lassen sich nun einmal schlecht in einem Unterricht verwirklichen, der für alle Schüler dieselben Inhalte und Methoden bereithält.

Die Probleme werden von der Fachliteratur zwar aufgegriffen und es gibt viele modellhafte Lösungsvorschläge, aber nicht nur H. Kasper weist auf „fehlende praxisnahe Handlungsmodelle“ [7] hin. Auch E.M. Bert und J. Guhlke vermissen eine „konkrete Hilfe“ [8] bei diesen Problemen. In dieser Situation versuchen verschiedene Autoren Freie Arbeit als mögliches, praxisnahes Modell der inneren Differenzierung darzustellen. M. Bönsch legt seinem Modell Intentionen zugrunde, die in zweierlei Richtung weisen:

„... einmal sollen freie Zeiten Einfallsreichtum, Spaß, Initiative, Neigung und Interesse fördern (kreativitätsfördernde Funktion), zum anderen sollen freie Zeiten den Schülern ermöglichen, Intentionen, Inhalte, Methoden und Medien des eigenen Lernens zu finden, planmäßig zu entwickeln, zu fördern und zu ermöglichen (lernfördernde Funktion).“ [9]

5 Rahmenrichtlinien für die Grundschule in Niedersachsen, Hannover 1975, S. 17.
6 Bildungsplan für die Grundschule in Baden-Württemberg. In: Kultus und Unterricht, Villingen-Schwenningen 1977, S. 3.
7 H. Kasper (Hrsg): Differenzierungsmodelle für die Grundschule, Stuttgart 1974, S. 9.
8 E.M. Bert / J. Guhlke: Nun differenziert mal schön, Frankfurt/Berlin/München 1977, S. 8.
9 M. Bönsch: Zur Didaktik des freien Arbeitens. In: Die Grundschule 1978, Heft 1, S. 13.

Individuelle Interessen und Ziele sollen sich frei entfalten können. Der Schüler kann seine persönlichen Möglichkeiten und Grenzen entdecken, er kann frei entscheiden, welche Aufgabe er sich vornehmen möchte, Ideen verfolgen oder einen Einfall verwirklichen, Zuversicht entwickeln, aus eigener Initiative lernen. Wer ständig vorgeschrieben bekommt, wann und wie er etwas lernen soll, wird nie imstande sein, „Lernaktivitäten zu planen“[10] und sie auch konsequent durchzuhalten.

B. Scheel sieht in der Freien Arbeit, sofern sie nicht nur als Ergänzung zum normalen Unterricht angesehen wird, „ein Unterrichtsprinzip, in dem das Recht des einzelnen Schülers auf die Selbststeuerung von Lernprozessen und damit auf die Verselbständigung von Autoritäten der Schulhierarchie (Lehrer) sowie sein Recht auf Kommunikation mit anderen Schülern zur adäquaten Gestaltung von für die Schülerpersönlichkeit wichtigen gruppendynamischen Prozessen institutionalisiert sind“[11]. Die Freie Arbeit wird nicht als leistungsfreier Raum angesehen; jedoch sollen selbständige Entscheidungen der Schüler bezüglich des Lernens in größeren Fach- oder Themengebieten und zwischen freien Angeboten ermöglicht werden.

„Erfahrungsoffenheit, Zuversichtlichkeit in Aufgabensituationen, Sicherheit in verschiedenen sozialen Situationen, ... Problemlösungsstrategien erwerben ...“[12] – dies sind Ziele lehrerunabhängiger Aktivitäten. Freie Arbeitsstunden werden hier als „erste Ansatzpunkte für das Aufbrechen eines verordneten Pensums“[13] gesehen. Die Vorentscheidungen, die durch die Geschlossenheit oder Offenheit des „Pensums“ getroffen werden, sind folgenreich für das Rollenverständnis des Lernenden und beeinflussen gleichzeitig die Fähigkeiten, sich zu entscheiden und die eigenen Lernprozesse zu steuern.

Bert / Guhlke versuchen in ihren freien Arbeitsstunden den Interessen der Schüler Raum zu geben und sie nach eigener Wahl arbeiten zu lassen. Dadurch verschaffen sie ihnen einen Spielraum, der zum Lernraum für die Schüler wird. Kooperation, die Wahrnehmung eigener und fremder Bedürfnisse, Hilfsbereitschaft, aber auch die Bereitschaft, sich selbst helfen zu lassen, Selbständigkeit, Unabhängigkeit von Erwachsenen und Selbstvertrauen – diese Ziele sollen durch Differenzierung und Individualisierung, durch „geistige Selbsttätigkeit“[14] der Schüler erreicht werden.

Bei allen Autoren wird auch die Möglichkeit des sozialen Lernens in den freien Arbeitsstunden erwähnt. „Kontakte, Verabredungen, Partnerorientierung, Gruppenarbeiten und die dafür notwendigen so-

10 M. Bönsch, a.a.O., S. 13.
11 B. Scheel: Offener Grundschulunterricht, Weinheim und Basel 1978, S. 2.
12 H. Kasper, a.a.O., S. 39.
13 Ebd., S. 26.
14 E.M. Bert / J. Guhlke, a.a.O., S. 25.

zialen Verhaltensweisen werden sehr viel häufiger Realisationschancen haben als im Frontalunterricht."[15]

Auch die veränderte Lehrerrolle wird in den Veröffentlichungen angesprochen. Der Lehrer ist nicht mehr Initiator von Lernprozessen und einzige Informationsquelle, vielmehr übernimmt er in freien Arbeitsstunden „die Rolle eines Beraters, der einspringt, wenn man ihn braucht, und die Kinder zu selbständigem Arbeitsverhalten ermutigt, (...). Sein Ziel ist, daß der Schüler wichtige Einstellungen und Interessen entwickelt."[16] Er ist frei für Einzel- oder Gruppenunterricht, kann durch Beobachtungen Defizite und Schwierigkeiten besser diagnostizieren und helfen, sie zu beseitigen. Die Erfahrungsberichte von B. Scheel, E.M. Bert und J. Guhlke zeigen, daß der Lehrer in den freien Arbeitsstunden viel intensiver auf Probleme und Fragen der Schüler eingehen, daß er Neugier verstärken und ängstliche Schüler besser ermutigen kann. Außerdem ist es für ihn und die Schüler befriedigender, wenn er die Möglichkeit hat, mit einzelnen Schülern zu interagieren, statt ständig auf einen Klassenverband zu reagieren.

2. Ein erster Versuch mit Freier Arbeit – Strukturen der Offenheit

Im Rahmen eines Hochschulprojekts „Vom Klassenzimmer zur Lernumgebung" wurde der im folgenden beschriebene erste Versuch mit Freier Arbeit in einem dritten Schuljahr durchgeführt. Als Leitziele lagen dem Vorhaben zugrunde:

- Lernzuversicht und Lernmotivation sollen erhalten bzw. geweckt werden (Motivation).
- Es soll Raum geschaffen werden, in dem individuelle Interessen verfolgt werden können (Passung).
- Selbständigkeit und die Entwicklung eigener Initiativen sollen gefördert werden (Selbststeuerung).
- Methoden des Lernens sollen vermittelt werden (Lernen des Lernens).
- Schulisches und außerschulisches Lernen sollen aufeinander bezogen werden (Lebensweltbezug).

Schüler und auch die Lehrerin sollten schrittweise in den Freiraum eingeführt werden. Günstige äußere Voraussetzungen bot das in verschiedene Raumzonen aufgegliederte Klassenzimmer und ein Fundus

15 M. Bönsch, a.a.O., S.13.
16 H. Kasper, a.a.O., S.28.

an Büchern und Materialien, die nach dem Infothek-Modell (überschaubarer Handapparat mit Büchern, übersichtliche Darbietung von ausgewählten Materialien zu bestimmten Themenbereichen, Hinweise zur Nutzung der Medien, Angebot von Arbeitsmöglichkeiten mit unterschiedlichen Zugriffsweisen / Handlungsformen, Berücksichtigung möglichst vieler Perspektiven, und anderes[17]) aufbereitet und durch ein schriftliches Ideen-Angebot vorstrukturiert wurden. Die Schüler sollten innerhalb eines thematischen Bezugsrahmens die Möglichkeit haben, einzeln oder in Gruppen ihren Interessen nachzugehen, auf frei zugängliche Medien und Materialien zurückzugreifen und je nach Wunsch Beratung durch Mitschüler und Lehrer in Anspruch zu nehmen.

Themenwahl und Lerninteressen der Schüler

Die Projektgruppe traf die Vorentscheidung, daß die Themen der ersten Freien Arbeit aus dem Sachunterricht stammen sollten. Sie ging davon aus, daß in diesem Bereich besonders vielseitige Handlungsmöglichkeiten offen stehen und reges Schülerinteresse erwartet werden kann. Die Einengung auf einen begrenzten Katalog von Themen wurde einer völlig freien Themenwahl vorgezogen, doch sollten die Schüler auf jeden Fall an der Themenwahl beteiligt werden. In einem Unterrichtsgespräch wurde das Vorhaben umrissen. Die Klasse machte Vorschläge, die notiert und gruppiert wurden. Es entstand eine lange Ideenliste: Besonders oft wurde das Gebiet „Tiere“ und das Thema „Wald“ vorgeschlagen. Weitere Bereiche waren: Auto und Verkehr, Zoo, behinderte Kinder, Sport und andere. Aus dieser Liste wählte die Seminargruppe in Zusammenarbeit mit der Klassenlehrerin in pragmatischer Abschätzung kurzfristig zu erstellender Arbeitsvoraussetzungen und möglichst selbständig durchführbarer Teilvorhaben die Themen aus: Haustiere, Pferde, Bäume und Holz. Diese engere Themenauswahl wurde nochmals mit den Schülern diskutiert; die Schüler sollten Material und interessante Fragestellungen sammeln.

Das Lernfeld: Die kleine Info-/Mediothek

Die Vorbereitung des räumlichen und medialen Lernfeldes stellte eine besonders wichtige Vorphase der Freien Arbeit dar. Folgende Elemente wurden in die Info-/Mediothek innerhalb des Klassenzimmers einbezogen und übersichtlich lokalisiert:

17 Vgl. K.H. Flechsig u.a.: Erstfassung eines Katalogs didaktischer Modelle, Göttingen 1978, S.109-120.

- ein Angebot von Ideen, die schriftlich auf sogenannte Arbeits- oder Ideenkarten fixiert und in einem Karteikasten nach Themengruppen geordnet waren;
- ein Handapparat einschlägiger Sach- und Geschichtenbücher sowie Nachschlagewerke, – zusätzlich brachten einige Kinder von zu Hause Bücher mit;
- eine mit Schülerbeteiligung erstellte Sammlung von Bildmaterial;
- konkrete Objekte und Materialien (Baumscheiben, Holzabfälle, Furniersammlung, Späne, Nägel, Leim, und anderes), die in beschrifteten Pappkartons untergebracht wurden;
- Werkzeuge zur Holzbearbeitung, Schraubstock, Arbeitsplatten;
- Spiele (zum Beispiel ein von Studenten erstelltes Modell eines Reitparcours);
- Technische Geräte (Kassettenrecorder).

Didaktische Entwicklungsarbeit investierte die Projektgruppe vor allem in das erste Element, in Arbeits- oder Ideenkarten. Sie orientierte sich dabei an topic-cards und assignments, die im Dalton-Plan Helen Parkhursts ihren Ursprung haben und in der amerikanischen und englischen Didaktik weiterentwickelt wurden, sowie an Arbeitskarten aus der deutschen Arbeitsschulbewegung und Landschulpädagogik[18]. Schriftlich formulierte und bildhaft unterstützte Arbeitsideen sollten den Schülern Lernrichtungen anbieten, sie aufmerksam machen auf Arbeitsmöglichkeiten oder ihnen auch methodische Tips geben. Weitere Kriterien waren:

- Motivationsförderung;
- Anregung von Eigenaktivität und Kreativität;
- Angebot unterschiedlicher Aufgabentypen, zum Beispiel Gestaltungsaufgaben, konstruktive Tätigkeiten, Experimentieren, sprachbetonte Aktivitäten;
- Strukturierungshilfen, zum Beispiel bei der Präzisierung eines Problems oder der Ausdifferenzierung von Teilaufgaben, Hinweis auf Informationen und Informationsquellen, auf geeignete Materialien und Geräte, Aufzeigen von Darstellungsmöglichkeiten für Ergebnisse;
- Vermittlung weiterführender Lernimpulse.

Das Verhältnis von Vorstrukturierung/Programmierung und Offenheit sollte möglichst in Richtung des zweiten Pols ausgelegt werden. Aufgaben, die zum Beispiel mehrere Lösungen zulassen oder die auf un-

18 H. Parkhurst: Education on the Dalton Plan, London 1922; A.J. Lynch: Individual Work Assignments, London, o.J.; P. Petersen: Führungslehre des Unterrichts, Braunschweig 1963.

Arbeitskarte „Haustiere“
(Vorderseite)

Arbeitskarte Nr. ● HAUSTIERE

Ein Mädchen, das Haustiere gerne mag, hat dieses Bild für Dich gemalt.

● Welche Haustiere magst Du am liebsten?

Arbeitskarte „Haustiere“
(Rückseite)

● Mache eine Mappe, in der Du Deine Arbeiten über Haustiere aufheben wirst. Schreibe das Thema auf die Vorderseite und male ein Bild dazu.

● Beschreibe einen Tag mit Deinem Haustier.

● Stelle Dir vor, Du gehst in Ferien und läßt Dein Tier bei einem Freund. Schreibe auf, wie er es versorgen muß.

● Schreibe über ein ungewöhnliches Haustier, das Du gerne halten möchtest und zeichne ein Bild von ihm.

● Zeichne eine Tabelle, die angibt, welche Haustiere Deine Mitschüler haben:

Name der Schüler	Katze	Hund	Fische	andere

● Male ein Bilderbuch über Haustiere. Zeichne, schreibe und klebe es voll mit allem, was Du finden kannst und was Dir Spaß macht.

● Schreibe ein Gedicht oder eine Geschichte über ein Haustier.

● Klebe ein Tierbild aus allen möglichen Resten auf einen Karton.

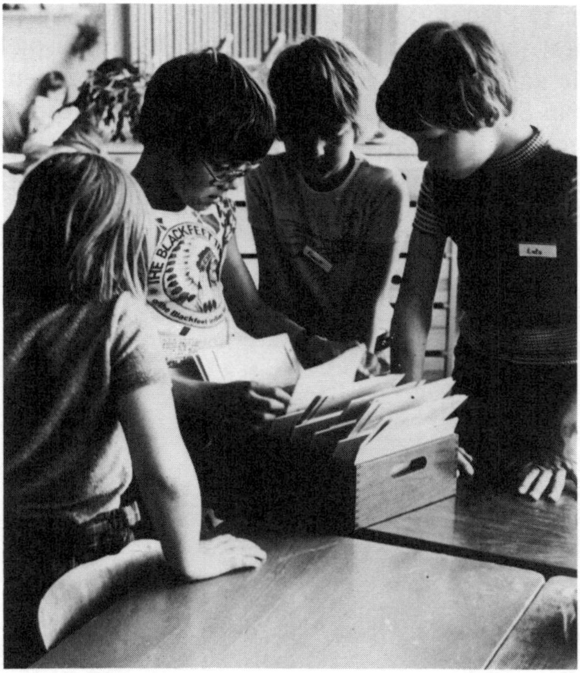

Entscheidung für eine Arbeitskarte

terschiedlichem Anspruchsniveau bearbeitet werden konnten, erhielten Vorrang. Doch sollte in differenzierten Beobachtungen während der Freien Arbeit erst herausgefunden werden, welche Schüler den Handlungsspielraum ausfüllen können und welche auf Hilfen durch detailliertere schriftliche Arbeitsanweisungen oder zusätzliche Beratung angewiesen sind. Es war zu erwarten, daß zumindest ein Teil der Schüler ohne zusätzliche Hilfen keine aufbauenden Lernschritte vollziehen konnte. Andererseits ging die Gruppe von der Erwartung aus, daß alle Schüler Initiativen entwickeln würden, wenn man ihnen ein vielfältiges Angebot in der beschriebenen Richtung macht, und daß nach dieser Erfahrung günstige Voraussetzungen für den gezielten Aufbau von Teilfertigkeiten des selbständigen Arbeitens gegeben seien.

Kann man Freie Arbeit planen?

Bereits im vorausgehenden Abschnitt wurden planerische Tätigkeiten beschrieben: Sie bezogen sich auf die Medien- und Materialbereitstellung und auf die Lokalisierung der Elemente in bestimmten Raumzonen sowie auf die Präsentation auf Tischen, in Regalen oder Schränken.

Die mediale und die raum-ökologische Dimension der Unterrichtsplanung spielt im Hinblick auf Freie Arbeit eine entscheidende Rolle.

Dazu kommt die zeitliche Planung: Wie läßt sich Freie Arbeit stundenplanmäßig organisieren? In dem hier dokumentierten Beispiel wurde eine Blockstunde am Ende des Unterrichtsvormittags verwendet und die Lernzeit dem Stundenanteil des Sachunterrichts entnommen. Flexibilität in der Handhabung des Stundenplans ist eine der Vorbedingungen für solche Vorhaben. – Als grobe formale Phasengliederung des Gesamtverlaufs lag folgendes *Schema* zugrunde:

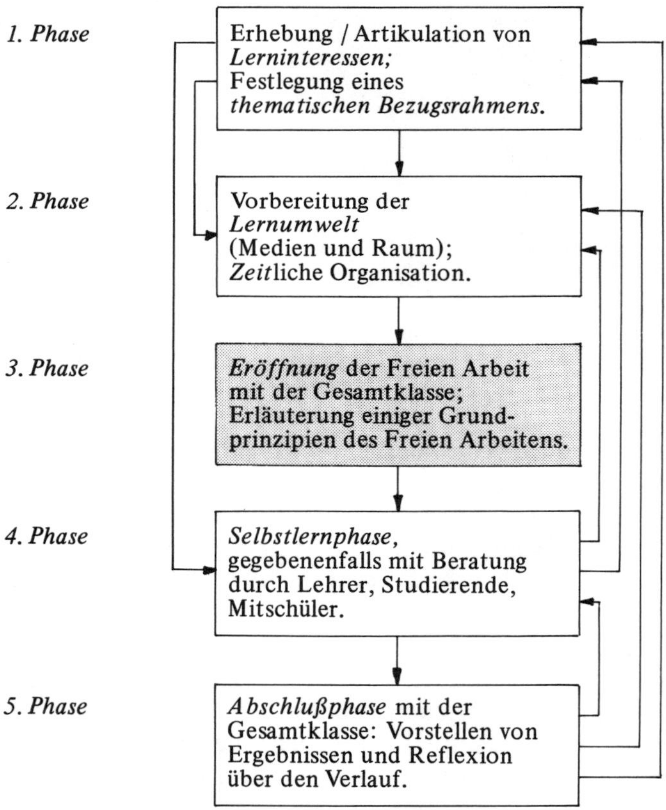

Phase 3 entfällt, sobald die Schüler an freies Arbeiten gewöhnt sind. In der ersten Freien Arbeit wurden im Sitzkreis folgende Hinweise gegeben:

- Die Themen wurden nochmals genannt.
- Die Zielsetzung wurde umrissen: Selbständiges und eigenverantwortliches Arbeiten, freie Entscheidung, Spaß an Aktivitäten.
- An einer Arbeitskarte wurde konkretisiert, welche Arbeitsmöglichkeiten es gibt.

- Die Schüler konnten sich zu einem Themengebiet eine Arbeitskarte wählen; es mußten nicht alle Aufgaben gemacht werden. Die Schüler konnten sich auch selbst Arbeiten ausdenken.
- Man konnte allein, zu zweit oder in kleinen Gruppen arbeiten.
- Die Schüler konnten entscheiden, wo sie arbeiten wollten.
- Die Schüler konnten entscheiden, wann sie Pause machen wollten.

Hinweise zu den Materialien:
- Die Materialien befanden sich in Pappkartons in den Regalen der Mediothek.
- Die Arbeitskarten befanden sich im Karteikasten im Bücherregal.
- Von jeder Karte waren vier bis sechs Exemplare da, insgesamt 28; das bedeutete: teilen, sich absprechen.
- Die Arbeitsergebnisse konnten entweder von jedem Kind in einer Themenmappe gesammelt oder an der Pinwand angebracht werden oder aber für eine Ausstellung Verwendung finden.

Beobachtungen: Schüler vergessen die Pause

Die Kinder haben von zu Hause eine Menge Bücher, Bilder, Texte mitgebracht. Ehe das Startzeichen gegeben wird, wird verhandelt, geschmökert, getauscht, diskutiert. Die Einführungsphase ist zu lang, die Schüler wollen etwas tun, sind neugierig. Eine große Attraktion ist der Karteikasten mit den Arbeitskarten. Mit der ergatterten Karte in Händen stehen die meisten in einer großen Gruppe zusammen. Erste Gespräche kommen zustande: „He, hat jemand Holz, ich hab eine mit Pferden." Antwort: „Tu sie doch in den Kasten zurück, dann kannst du bei mir reinschauen." Es kommt zu den ersten Tauschaktionen; einige Mädchen, die sich für Pferde interessieren, suchen nach den entsprechenden Karten. In der Werkzone herrscht inzwischen schon Hochbetrieb. Es sind vor allem Jungen, die sich ein Stück Holz gesucht haben und nun beginnen, es mit Säge oder Feile zu bearbeiten. René und Steffen haben sehr konkrete Vorstellungen, sie wollen Schiffe bauen. Andere Schüler nehmen die Vorschläge auf, auch Susanne bittet jetzt um eine Säge. Da nicht genügend Werkzeug vorhanden ist, gibt es kleine Streitereien, wenn plötzlich ein soeben noch vorhandenes Werkzeug verschwunden ist. Als Konstruktionsprobleme auftreten, werden die Studenten um Hilfe gebeten.

In der Leseecke werden Bücher gewälzt. Die „Reiterinnen" der Klasse haben die Sachbücher über Pferde herausgesucht. Sie lesen zuerst einmal einzelne Artikel; eine bestimmte Aufgabe bearbeiten sie noch nicht.

Susi und Sibylle sitzen in der Stillarbeitsecke, vor ihnen liegt ein Sachbuch über Tiere und eine Ideenkarte „Haustiere". Sie wollen ein Bilderbuch mit verschiedenen Haustieren anlegen; jetzt überlegen sie, wo sie wohl entsprechende Bilder herbekommen.

An drei Gruppentischen wird gebastelt. Aus Holzabfällen, Papier, Wolle und anderen Materialien entstehen Brücken, Waldungeheuer, Pferde. Regina bittet um Hilfe: „Der Nagel geht einfach nicht rein. Das ist wohl ein besonders festes Holz." Auch Thorsten braucht Hilfe. Ein Student soll ihm ein Stück Holz festhalten, damit er besser sägen kann.

Jutta und Birgit wissen nicht, was sie tun sollen. „Irgendwas mit Bäumen soll es sein", erklären sie der Klassenlehrerin, die ihnen einen Vorschlag machen will. Als die beiden dann, mit Lupe und Stecknadeln ausgerüstet, die Jahresringe eines Baumes suchen und markieren, sind auch sie mit Interesse bei der Arbeit. Sie legen sich sogar eine Liste an, um festzuhalten, wie alt die Bäume geworden sind. Außerdem schreiben sie die entsprechenden Jahreszahlen auf Markierungsfähnchen und erklären jedem, der vorbeikommt, bei welchem Jahresring sie geboren wurden.

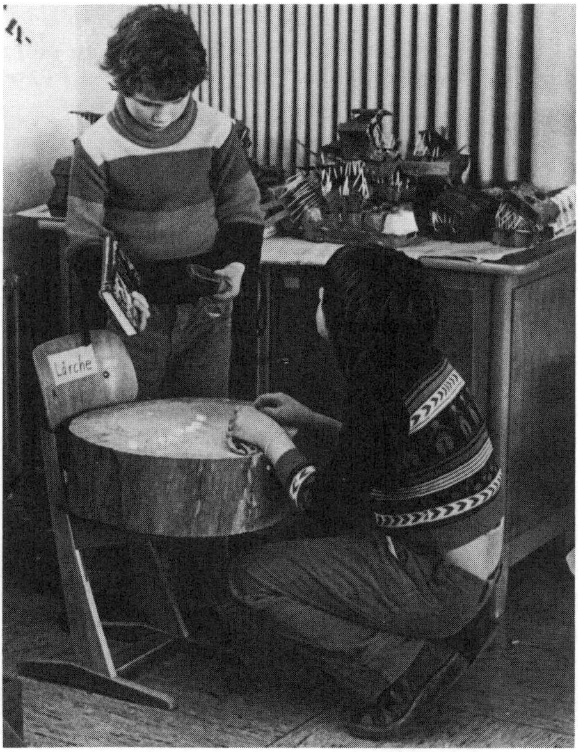

Christina und Ulrike haben beschlossen, eine Mappe über Pferde anzulegen. Sie suchen in der Kleinaktei nach entsprechendem Bildmaterial. Elke stöhnt. Offensichtlich ist es gar nicht so leicht, einzelne Pferderassen aufzuzählen. Gemeinsam mit der Klassenlehrerin sucht sie in mehreren Büchern nach dem Stichwort „Pferderassen“, aber es wird nirgends aufgeführt. Christina und Ulrike stoßen dazu, eine Sammlung von Pferderassen könnten sie in ihrer Mappe gebrauchen. Gemeinsam wollen sie nun versuchen, einem Sachbuch über Pferde die gewünschte Information zu entnehmen.

An einer gezielten Informationsentnahme scheitert auch das Vorhaben von Thomas und Nicole. Sie wollen herausfinden, was die Unterschiede zwischen Kalt-, Warm- und Vollblut sind. Da der Artikel darüber jedoch über mehrere Seiten geht und die wichtigsten Informationen nur schwer zu erkennen sind, legen sie das Buch zur Seite. Sie holen sich ein Parcoursmodell aus dem Regal und vergleichen die Hindernisse mit abgebildeten Fotos in einem Pferdebuch. Einige Bastler, die ihre Werke vollendet haben, schließen sich den beiden an. Bald ist eine Diskussion über Pferde und Reiten im Gang, ein weiteres Buch wird geholt. Alle wollen wissen, wie so ein Sattel denn nun wirklich aussieht und wie man ihn an einem Pferd befestigt.

Die zweite Stunde geht ihrem Ende zu, die Lehrerin bittet die Kinder, ihre Aktivitäten zu beenden, sie möchte mit ihnen den Verlauf der freien Arbeitsstunde besprechen. Das Klingelzeichen zur Pause hatten die Schüler an diesem Vormittag überhört.

Rückblick und Perspektive

Die Meinung der Schüler

„Also mir haben die zwei Stunden gut gefallen.“ „Vor allem, daß jeder basteln konnte, was er wollte.“ Das sind die Meinungen von Ulrike und Steffen. Nicole fügt hinzu: „Ich fand es toll, daß man das Thema selbst auswählen konnte.“ Auch andere Schüler äußern sich begeistert. Als die Lehrerin nach den gewählten Themen und Aktivitäten fragt, stellt sich heraus, daß der Bereich Haustiere kaum gewählt wurde. Arbeiten mit Holz und das Thema Pferde wurden bevorzugt. Die entstandenen Dinge werden vorgestellt und erklärt; Elke liest ein Rätsel über Pferde vor, das sie selbst gemacht hat.

Auf die Frage nach aufgetauchten Problemen und Schwierigkeiten kommen folgende Aussagen: „Man mußte ziemlich lange herumsuchen, bis man sein Lieblingsthema gefunden hat.“ Etwa die Hälfte der Klasse bestätigt dies. „Mir wurde dauernd das Werkzeug weggenommen, wenn ich es eben mal weglegte.“ Vor allem die Jungen, die in der

Werkzone gearbeitet haben, beklagen sich. Die Ausstattung mit Werkzeug war offensichtlich zu gering im Vergleich zu dem großen Andrang. Auch aus der Leseecke wird Unerfreuliches gemeldet. Offensichtlich gab es zu wenig Bücher über Pferde, und die jeweiligen „Besitzer“ waren nicht bereit, Bücher zu tauschen.

Bis auf diese kleinen Probleme hatte die Freie Arbeit den Kindern Spaß gemacht und es wurde stürmisch eine Wiederholung gefordert, um die angefangenen Themen weiterbearbeiten zu können und auch einmal einen anderen Bereich kennenzulernen.

Diskussion in der Projekt-Gruppe

Während der zwei freien Stunden hielt sich die Lehrerin mehr als im übrigen Unterricht im Hintergrund. Sie half informativ, gab Tips und machte Vorschläge. Auffallend war, daß es immer dieselben Schüler waren, die nach Informationen und Anweisungen fragten. Diese Schüler waren offensichtlich vom angebotenen Grad der Selbständigkeit überfordert. Ein anderer Punkt, der auf eine, wenn auch geringere, Überforderung hindeutet, ist die Tatsache, daß fast alle Schüler sich mit Themen beschäftigten, die sie vorher schon kannten. Es kam selten zu einem selbständigen Erarbeiten eines neuen Themas. Vermutlich wird die Selbständigkeit und Eigenverantwortlichkeit im Verlauf weiterer freier Arbeitsstunden jedoch zunehmen. Bei der Auswahl der Aufgaben auf den Ideenkarten zeigte sich eine Bevorzugung der handwerklichen Tätigkeiten wie Sägen, Feilen, Hämmern, Kleben, Malen usw., was wohl auf die große Attraktivität und die gute Ausstattung des Bereichs „Holz“ zurückgeführt werden kann. – Schwierigkeiten ergaben sich bei der Aufgabenwahl. Die sehr große Auswahl überforderte offensichtlich manchen Schüler. Mit einer langfristigen Vorbereitung der freien Arbeitsstunden, zum Beispiel der Sammlung interessanter Fragen, die im Unterricht auftauchen, und einer geringeren Wahlbreite wäre den Schülern zumindest bei der Einführung der Freien Arbeit gedient. Auch die Gestaltung der Arbeitskarten sollte verändert werden. Die Anzahl der Ideen (bis zu acht Vorschläge pro Karte) sollte verringert werden, um einem möglichen Druck der nicht bearbeiteten Aufgaben zu entgehen.

Im Bereich des sozialen Lernens konnten durchweg positive Ergebnisse verzeichnet werden. Die Schüler arbeiteten meistens in Gruppen zusammen, vier oder fünf Schüler arbeiteten zeitweilig allein, drei Schüler beschäftigten sich während der gesamten Zeit allein. Innerhalb der Gruppen herrschte eine gute Arbeitsatmosphäre, kleine Konflikte zwischen einzelnen Schülern wurden ohne Hilfe von außen gelöst.

Es zeigte sich, daß einzelne aktive Schüler andere zu derselben Tätigkeit anregten. Schüler, die bisher eine Außenseiterposition innehatten, fanden ebenso wie lernschwache Schüler durch ihre Ideen und Aktivitäten Anerkennung und Lob bei ihren Mitschülern. Diese Chance, Schülern, die sonst eine benachteiligte Stellung einnehmen, auch Erfolgserlebnisse und Anerkennung und damit mehr Lernzuversicht vermitteln zu können, sollte unbedingt weiterhin genützt werden.

Die Sicht der Klassenlehrerin

Das folgende Gespräch mit der Klassenlehrerin wurde nach zwei weiteren freien Arbeitsstunden geführt. Die Schüler hatten während dieser Stunden dieselben Ideenkarten und Arbeitsmaterialien zur Verfügung wie bei der ersten Freien Arbeit.

Nach ihrer Beurteilung der freien Arbeitsstunden befragt, antwortete die Lehrerin: „Es war eine Erfahrung, die für alle Beteiligten wirklich sehr aufschlußreich war. Es gab für mich einmal die Möglichkeit, die Kinder bei Dingen zu beobachten, die ich sonst eben selten oder nie sehe.“ Sie konnte das Verhalten bei selbstgewählten Tätigkeiten, bei Orientierungs- und Entscheidungsprozessen beobachten und erhielt dadurch eine Fülle von interessanten und aufschlußreichen Daten. „Da lernt man die Kinder wirklich kennen.“ Sie konnte außerdem feststellen, daß sie nicht ständig Anlaufs- und Bezugsperson für die Kinder darstellte. Der Aufforderungscharakter, der von der Sache ausging, erlaubte ihr, sich weitgehend im Hintergrund zu halten und nur hin und wieder helfend einzugreifen. Daß die Stunden noch sehr stark aus dem normalen Unterrichtsgeschehen herausgehoben sind, daß keine Kontinuität besteht, betrachtet die Lehrerin als Problem.

Im Verlauf der bisherigen drei Arbeitsstunden stellte sie eine Steigerung bestimmter Verhaltensweisen fest. Die Schüler wurden zunehmend selbständiger. Teilweise hatten sie schon zu Hause geplant oder nahmen Anregungen aus den vorherigen Stunden auf. Besonders originelle und phantasievolle Dinge wurden aufgegriffen. Auch Schüler, die sonst immer allein arbeiteten oder Außenseiterpositionen innehatten, wurden in Gruppen aufgenommen und arbeiteten dort produktiv mit. Sie fanden Verstärkung und Anerkennung durch ihre Mitschüler, konnten andere Rollen einnehmen. Daß auch solche Gesichtspunkte freier Arbeitsstunden nicht vernachlässigt werden dürfen, bekräftigt die Lehrerin mit der Aussage: „Ich glaube, es ist schon ein großer Gewinn, wenn einige Kinder besser in die Klasse integriert werden, besonders, wenn es sich um Kinder handelt, die sonst Schwierigkeiten haben."

Offene Schultür für Kollegen

Zu einer der Folgestunden wurde das Kollegium der Schule eingeladen. Obwohl die Zahl der Erwachsenen beinahe die Zahl der Schüler erreichte, wurde von den Schülern die Enge des Raums und die Situation des Beobachtetwerdens kaum registriert. Nach der Hospitation entbrannte im Lehrerkollegium eine lange, engagierte Diskussion. Folgende drei Hauptprobleme wurden dabei herausgestellt:

– Wie weit oder wie eng kann das Adjektiv „frei" interpretiert werden? Im Hintergrund stand bei einigen Kollegen die Sorge, Schulzeit als ökonomisch zu verwaltende Lernzeit aus dem Auge zu verlieren, zu viel Zeit zu verschwenden.
– Welche Schüler oder Schülergruppen profitieren von solchen Stunden mehr, welche weniger? Worin bestehen mögliche Resultate?
– Welche Stufen müßte man bei der Einführung Freier Arbeit beachten im Hinblick auf Schüler- und Lehrerqualifikationen und auf Verhaltensregeln und -stützen? Welches sind notwendige Grundqualifikationen? Symptome der Verunsicherung und Desorientierung einzelner Schüler, des unstetigen Arbeitens oder der zeitweiligen Einnahme einer Zuschauerrolle wurden genannt . Wie kommen schulschwache, unselbständige, ängstliche, konzentrationsschwache oder verhaltensauffällige Kinder mit dieser Situation der Offenheit zurecht; werden sie nicht überfordert? [19]

Dieser Fragenkatalog konnte nach den ersten Versuchen nicht beantwortet werden, führte aber im Fortgang des Projekts zu differenzierten Beobachtungsgesichtspunkten und -verfahren.

19 Vgl. N. Bennett: Teaching Styles and Pupil Progress, London 1976.

In der Lehrerdiskussion zeichnete sich ab, daß eine grundsätzliche Spannung zwischen drei Diskussionsgruppen und Positionen nicht ohne weiteres aufzulösen war:

Position I

Startphase → Große didaktische Offenheit

↓

Aufbauphase → Gezieltes Training von Einzelfertigkeiten

Position II

Startphase → Gezieltes Training von Einzelfertigkeiten; Hoher Grad an Vorstrukturierung

↓

Aufbauphase → Sukzessive Öffnung und Freigabe der Selbststeuerung

Position III

Startphase → Mittlerer Grad der Offenheit; Reduktion der Komplexität durch „offene" Strukturen; Versuch selbständiger Methodisierung

↓

Aufbauphase I → Gezielter Erwerb von Einzelfertigkeiten unter Berücksichtigung von Erfahrungen aus der Startphase

↓

Aufbauphase II → Schritte zu größerer Offenheit mit differenzierten Hilfen für bestimmte Schülergruppen und Erweiterung der Qualifikationen

Die Projektgruppe vertrat die dritte Position, da sie bei Position I und II schwerwiegende Folgeprobleme der Startphase annahm[20]:

Folgeprobleme der Startphase bei Position I:
Entmutigung, Desorientierung einzelner Schüler, Zeitverschwendung.

Folgeprobleme der Startphase bei Position II:
Formalität des Trainings, eventuell Verlust der Motivation und Neugier.

20 Vgl. die Geschichte dieser Teilproblematik in der Arbeitsschulpädagogik, zum Beispiel den Begriff der Werk- und Elementargrammatik bei P. Petersen, Kleiner Jena-Plan, Braunschweig 1963, S.43ff.;

Als wesentliche Dimension der Weiterentwicklung des Konzepts der Freien Arbeit erwies sich als notwendig, Schüler- und Lehrerqualifikationen genauer zu erfassen:
Welche Entscheidungen haben Schüler in bestimmten Situationen der Freien Arbeit zu treffen (zum Beispiel Auswahl und Präzisierung von Arbeitsvorhaben, Absprache von Aktivitäten im Rahmen einer Arbeitsgruppe)? Über welche Arbeitstechniken sollten sie verfügen (zum Beispiel selbständige Informationsentnahme aus Nachschlagewerken und anderen Büchern, Notizen machen, Ergebnisse darstellen)? In welcher Form kann Lehrerhilfe und -beratung erfolgen? Welche diagnostischen Fähigkeiten muß der Lehrer besitzen, um adäquate Beratung erteilen zu können?

3. Freie Arbeit unter der Lupe

Beobachtungsdimensionen und -verfahren für einen zweiten Versuch

Die Themen der zweiten Freien Arbeit sollten aus dem Bereich des Deutschunterrichts stammen. Auch diesmal erfolgte eine Sammlung verschiedenster Ideen und Vorschläge, die von den Schülern, der Lehrerin und der Projektgruppe zusammengetragen wurden. Bei dem Versuch, die Vorschläge verschiedenen Bereichen zuzuordnen, entstand folgende Gruppierung: Bildergeschichten, Sprachspiele, Hörspiele, Comics, Texte verfassen und Rätsel. Neben der Herstellung von Ideenkarten zu den oben aufgezählten Bereichen und der Beschaffung von Arbeitsblättern wurden von der Projektgruppe Beobachtungsverfahren und -dimensionen entwickelt, mit deren Hilfe der Verlauf der freien Arbeitsstunden möglichst genau protokolliert werden sollte. Dadurch sollte vermieden werden, daß die freien Arbeitsstunden allein aufgrund subjektiver Eindrücke beurteilt würden. Außerdem eröffnete sich die Möglichkeit, Probleme differenzierter erfassen und beurteilen zu können und dadurch Ansatzpunkte für mögliche und notwendige Veränderungen zu erkennen.

Beobachtungsdimensionen[21]

I Phase der Ideen-/Aufgabenfindung
- Zeigen sich Symptome des Motiviertseins?
- Werden verschiedene Ideen/Aufgaben verglichen und wird dann ausgewählt?

[21] Die im Schema S.80 aufgeführte Selbstlernphase wird hier unterteilt in Phase der Ideen-/Aufgabenfindung und Phase der Aufgabenbearbeitung.

- Bleiben Schüler unschlüssig / unsicher / desorientiert?
- Wird der Lehrer oder werden Mitschüler / Studenten zur Beratung / Hilfe herangezogen?
- Wird der Arbeitsplatz bewußt ausgewählt und organisiert?

II Phase der Aufgabenbearbeitung
- Stellen die Schüler Überlegungen zur Planung ihrer Arbeit an (zum Beispiel Materialbeschaffung)?
- Werden Arbeitspartner gesucht bzw. bestehen bereits feste Arbeitsgruppen?
- Werden Anregungen der Ideenkarten aufgegriffen oder eigene Ideen verfolgt?
- Wie selbständig werden die Aufgaben bearbeitet?
- Werden zusätzliche Informationsquellen herangezogen?
- Gibt es in Arbeitsgruppen Funktionsteilungen?
- Nehmen die Schüler die anderen Kinder als Interaktionspartner wahr?
- Zeigen sich in sozialer und emotionaler Hinsicht Symptome der Spannung oder der Solidarität? (Rivalisieren vs. Helfen)
- Gibt es Kinder, die eine reine Zuschauerrolle einnehmen oder aktiv stören?
- An welchen Stellen nimmt der Lehrer mit den Kindern / Gruppen Kontakt auf? Von wem geht die Kontaktaufnahme aus?
- Wie verhalten sich Schüler, wenn sie sachlich nicht weiterkommen?

III Phase der Ergebnisdarstellung, -verwertung, -weitergabe
- Kommen Ergebnisse zustande? Welche?
- In welcher Form werden Ergebnisse festgehalten?
- Wie kritisch sind die Schüler den Ergebnissen gegenüber?
- Sind die Kinder auch an Ergebnissen anderer Schüler / Gruppen interessiert?

Diese Aufzählung erhebt natürlich keinen Anspruch auf Vollständigkeit. Auch lassen sich die einzelnen Phasen und Punkte in der Realität manchmal nur schwer voneinander unterscheiden oder beobachten. Ein Protokollant sollte jedoch möglichst viele Beobachtungsdimensionen in seine Notizen einbeziehen, um anschließend ein differenziertes Bild der Stunden rekonstruieren zu können.

Beobachtungsverfahren

Das Klassenzimmer wurde in verschiedene Zonen eingeteilt, die von jeweils einem Studenten betreut wurden. Insgesamt ergaben sich acht Bereiche: Stillarbeitszone, Leseecke, Info-/Mediothek, Spielecke mit

Pinwand, vier Tischgruppen (vgl. Beitrag von Gisela Lorber: Vom Planspiel zum Projekt, S. 41). Die Studenten hatten die Aufgabe, sämtliche Beobachtungen, die sie in ihrem Bereich machen konnten, in deskriptiver Kurzform in ein Aktivitätenprotokoll einzutragen. Um die Auswertung zu erleichtern, wurden die freien Arbeitsstunden in jeweils 15minütige Zeiteinheiten unterteilt.

Aktivitäten-Protokoll
Freie Arbeitsstunde Deutsch / 3. Schuljahr

Protokollant ....
Termin ....

Zone ....

Zeit	*Wer?* Einzelschüler / Partner / Gruppen	*Was?* Idee / Aufgabe / Thema / Medien	*Wie?* Arbeitsverhalten / Sozialverhalten / Außenkontakte / ...
9.10			
9.25			
usw.			

Aktivitäten-Protokolle

Alle Aktivitäten-Protokolle wurden in ein Schema übertragen mit je einer Spalte für jeden Schüler. Dort wurden seine Aufenthaltsorte, Kontakte mit Schülern und Lehrer, Themen, Aktivitäten, Probleme in chronologischer Reihenfolge eingetragen. Die im Protokolltext aufgeführten Großbuchstaben und Ziffern beziehen sich auf die entsprechende Kategorie der Ideenkarte; B 2 bedeutet: zweite Bildergeschichte.

Die folgenden Schülerprotokolle sollen die Vielfalt und Verschiedenheit des Schülerverhaltens während der freien Arbeitsstunden darstellen. Es sind nicht nur Protokolle von Schülern, die zielstrebig, mit viel Begeisterung und teilweise sehr selbständig eigene Ideen verwirklichten oder gemeinsam mit anderen eine schwierige Aufgabe bewältigten. Vielmehr sollen auch Kinder beschrieben werden, die Konzentrationsschwierigkeiten zeigten, Probleme bei der Wahl einer Aufgabe hatten und nur mit Hilfe der Lehrerin oder eines Studenten sich zurechtfanden, die unselbständig waren oder einfach keine Lust hatten.

Zeit		*Lutz*			*Thorsten*			*Elke*	
9.10	Spielecke	Er hat Schwierigkeiten, sich für eine Ideenkarte zu entscheiden.	allein	Spielecke	Er wählt zuerst die Karte C1, nimmt nach einigem Zögern C2.	allein	Stillarbeitszone	Sie bearbeitet die Ideenkarte S2.	allein
	Tisch 3	Er arbeitet unkonzentriert an B2 und scheint wenig motiviert zu sein.		Tisch 3	Er arbeitet allein und konzentriert nach den Anweisungen der Karte.			Sie spricht kurz mit dem Protokollanten über ihre Ideen, arbeitet ansonsten selbständig.	Protokollant
		Die Lehrerin gibt einige Anweisungen.	Lehrerin						
9.25		Er ist unschlüssig und holt sich nach einiger Zeit eine neue Karte: R2. Er löst die Rätsel zügig.			Er arbeitet immer noch konzentriert und läßt sich nicht ablenken.			Sie wirkt etwas abgelenkt, arbeitet jedoch bald weiter.	
					Er erklärt Birgit, die an den Tisch kommt, seine Arbeit.	Birgit		Als Thomas und Sibylle ihre Arbeit sehen wollen, versteckt sie sie.	Thomas Sibylle
								Christina kommt und zeigt ihr ein Bild.	Christina
9.40	Spielecke	Er sucht nach einer neuen Karte, kann sich jedoch nicht entscheiden.						Sie zeichnet daraufhin Bilder, die zu ihrer Ideenkarte passen.	allein
	Schulhof	Er geht mit Thorsten in die Pause.	Thorsten	Schulhof	Er geht mit Lutz in die Pause.	Lutz	Schulhof	Bevor sie in die Pause geht, bedeckt sie ihre Bilder.	
	Spielecke	Er zeigt sein Arbeitsblatt mit den Lösungen der Lehrerin.	Lehrerin	Spielecke Tisch 3	Er holt sich eine neue Karte: B4. Er liest sie durch, holt jedoch kein Arbeitsblatt.	allein	Stillarbeitszone	Sie zeichnet weitere Bilder.	
9.55		Er läuft durch das Klassenzimmer und schaut Mitschülern bei ihrer Arbeit zu.	allein	Spielecke	Er betrachtet die ersten Arbeitsergebnisse, die an der Pinwand hängen.			Sie zeigt ihre vorläufigen Ergebnisse der Lehrerin und fragt nach Anregungen.	Lehrerin
				Tisch 3	Er malt ein Bild zu seiner Karte, er wirkt dabei etwas lustlos.			Anschließend verbessert sie einige Fehler und malt dann sehr konzentriert an ihren Bildern weiter.	allein
	Spielecke	Er erhält von der Lehrerin den Auftrag, die Überschrift „Bildergeschichten" für die Pinwand zu schreiben.	Lehrerin		Er schaut sich die Arbeitsblätter seines Nachbarn Jochen an und unterhält sich mit ihm.	Jochen			
10.10		Er bemüht sich, eine schöne Überschrift zu schreiben und hängt sie dann auf.	allein		Er holt sich eine neue Karte, B9, beginnt allerdings nicht zu arbeiten.	allein		Sie zeigt ihre fertige Arbeit der Lehrerin.	Lehrerin
		Er hängt seine eigene Bildergeschichte auf.		Spielecke	Er sucht nach einer anderen Aufgabe, schaut sich S4 an, legt die Karte jedoch wieder zurück und sucht weiter.		Spielecke	Sie bringt zusammen mit Thomas eine Überschrift an der Pinwand an, danach schaut sie sich Rätsel an.	Thomas
10.25		Er spielt mit Jochen und hängt nebenher die Bildergeschichten seiner Mitschüler auf.	Jochen		Er hört sich zusammen mit anderen Schülern das Hörspiel an.			Sie versteckt ihre Arbeitsblätter und hört dann dem Hörspiel zu.	
								Als eine der letzten hängt sie ihre Ergebnisse auf.	

Zeit		*Susanne*			*René*			*Sibylle*	
9.10	Lese-ecke	Zusammen mit Regina und Ulrike hat sie sich die Ideenkarte H1 (Hörspiel) ausgewählt. Die drei Mädchen lesen den angegebenen Text mit verteilten Rollen. Die Rollen werden mehrmals umbesetzt. Sie arbeiten gut zusammen.	Regina Ulrike	Tisch 2	Er arbeitet nach eigenen Ideen verschiedene Kreuzworträtsel aus. Er macht einen sehr selbständigen Eindruck.	allein	Spiel-ecke	Sie schaut unentschlossen die Ideenkarten durch. Nach einiger Zeit wählt sie S4.	allein
							Tisch 1	Sie kommt an den Tisch und unterhält sich kurz mit Nicole.	Nicole
							Lese-ecke	Sie geht in die Leseecke und hört der Hörspielgruppe zu.	allein
9.25					Sein Tischnachbar Frank kommt beim Abpausen nicht zurecht. Er hilft ihm.	Frank	Tisch 1	Sie zeichnet einige Bilder und schreibt ihre Bedeutung dazu. Sie läßt sich immer wieder ablenken und beginnt sich zu langweilen.	
		Nach einem mißglückten Versuch wird das Lesen abgebrochen. Die Gruppe bittet die Lehrerin um Rat. Sie versuchen, das Hörspiel aufzuschreiben und lesen erneut gemeinsam den Text: Während	Lehrerin	Spiel-ecke	Er zeigt seine bisherigen Ergebnisse der Lehrerin.	Lehrerin			
				Tisch 2	Er arbeitet intensiv mit Hilfe eines Lexikons an den Kreuzworträtseln weiter. Er unterhält sich mit seiner Tischgruppe.	allein Frank Susi Christina	Klas-sen-zim-mer	Sie geht durchs Klassenzimmer und stört Tisch 4. Sie unterhält sich mit Jochen, anschließend schaut sie die Ideenkarten durch.	Verschiedene Kontakte
9.40	Schul-hof	Ulrike schon in die Pause geht, schreiben Susanne und Regina den Text zu Ende und gehen dann auch in die Pause.	Regina		Er gibt der Protokollantin ein Rätsel zum Lösen.	Protokollantin	Tisch 1 Schul-hof	Sie erklärt ihre Arbeit für beendet und geht in die Pause.	allein
							Tisch 1	Sie erklärt, sie habe keine Lust mehr und beginnt, andere Schüler gemeinsam mit Thomas zu stören.	Thomas
	Medio-thek	Das Stück wird mit verteilten Rollen gelesen. Die Mädchen korrigieren sich gegenseitig sachlich.	Ulrike Regina	Spiel-ecke	Er hängt seine Arbeit auf und schaut mit Susi anderen Schülern bei der Arbeit zu.	Susi			
9.55	Außerhalb des Klassenzimmers	Das Hörspiel wird nach mehreren Versuchen auf Kassette aufgenommen.					Spiel-ecke	Gemeinsam mit der Lehrerin schaut sie die Ideenkarten durch, geht jedoch ohne Karte weg.	Lehrerin
				Lese-ecke	Er holt sich ein Schülerlexikon aus dem Regal und beginnt zu lesen.	allein	Tisch 1	Nach einiger Zeit holt sie sich das Arbeitsblatt zu B2 und malt.	allein
								Sie will vom Protokollanten beachtet werden, interessiert sich fürs Protokoll.	Protokollant
10.10								Sie schreibt eine Geschichte zu ihrem Bild, nachdem der Protokollant mit ihr darüber gesprochen hat.	allein
								Sie verbessert ihre Fehler mit Hilfe der Lehrerin, hört aber nach ihrem Weggehen sofort auf.	Lehrerin
							Lese-ecke	Sie versucht erfolglos, Kontakte zu anderen Schülern zu knüpfen.	kein Kontakt
10.25							Tisch 1	Zusammen mit Nicole und dem Protokollanten bearbeitet sie nach Aufforderung R1.	Nicole Protokollant
	Spiel-ecke	Ungefähr zehn Schüler hören sich das fertige Hörspiel an.						Sie überläßt Nicole das schriftliche Arbeiten, ist stark motiviert und will nicht mehr aufhören.	

Abschlußgespräch der Klasse

Lehrerin: *Ich möchte euch nun zum Schluß fragen, wie es euch gefallen hat und was ihr dazu zu sagen habt.*

Christina: *Ich finde zu den Karten da, damit kann man auch so viel machen ...*

Elke: *Ich fand es gut, daß die Studenten, die mit mir gearbeitet haben, wenn wir etwas nicht wußten, nur die Beschreibung gaben und nicht gleich alles gesagt haben.*

Lehrerin: *Damit man auch noch selber etwas zu knobeln hatte. Wer möchte auch noch etwas sagen?*

Ulrike: *Es hat Spaß gemacht, irgendwie etwas zu machen, wie man will. Wir haben das mit dem Kassettenrecorder gemacht. Auch wenn nicht alles so gut geworden ist, es hat trotzdem Spaß gemacht.*

Kind 1: *Ich finde das gut, daß wir das gemacht haben.*

Lehrerin: *Ja, warum denn?*

Kind 1: *Das hat mir richtig Spaß gemacht.*

Kind 2: *Genau. Und die freien Arbeitsstunden sind auch so ganz gut ...*

Lehrerin: *Sag es doch ruhig, wie du es gemeint hast, was da so gut dran war. Versuche, es auszudrücken.*

Jochen: *Ich finde es auch gut, daß man nicht nach den Ideenkarten arbeiten mußte, sondern nach eigenen Ideen arbeiten konnte.*

Lehrerin: *Ich finde auch, daß wenn man dahin schaut* (an die Pinwand, die Verf.) *da sieht man eine ganze Menge Ergebnisse mit euren eigenen Ideen.*

...

Birgit: *Auf der Karte ist es, da ist gesagt worden, man soll Wanderlieder ... Aber dann hab ich Sie ja gefragt, ob man also auch eines allein erfinden kann, und dann haben Sie „ja" gesagt und dann habe ich mich einfach hingesetzt und angefangen, ein Lied zu schreiben.*

Lehrerin: *Das hat mir auch ganz gut gefallen, daß du so frisch drauflosgedichtet hast. Wir hatten es ja auch vorher besprochen, daß alle eigenen Ideen zugelassen sind. Nur wenn man eben gar nichts weiß, dann hält man sich mehr an die Karten. Willst du es mal vorsingen oder vorlesen?*

Birgit: (liest vor) *Wir wandern, wir wandern über Stock und Stein in den Wald hinein und laufen über Feld und Wiesen. Wir wandern, wir wandern über Feld und Tal und machen mal eine Pause. Wir wandern, wir wandern, wollt ihr mit uns wandern, mit uns Schlümpfen.*
(Applaus)

Lehrerin: *Gibt es auch irgend etwas anzumerken, was vielleicht nicht so gut gelaufen ist oder was wir das nächste Mal noch anders machen müßten ... Vielleicht so im Vergleich zu der ersten freien Arbeitsstunde, wenn ihr noch einmal zurückdenkt, in Sachkunde ...*

Kind 3: *Da habe ich, haben wir noch nicht gewußt, wie wir es machen sollen.*

Birgit: *Da habe ich gar keine so arge Lust gehabt, weil ich da gar nicht wußte, was ich machen sollte. Da hat es Bäume ... da habe ich gar nicht richtig gewußt ...*

...

Thorsten: *Ich habe mir diese Deutschstunde ganz anders vorgestellt.*

Lehrerin: *Wie denn?*

Thorsten: *Ich habe mir vorgestellt, daß man ganz viel schreiben muß; aber es konnten Comics gemacht werden und dabei muß man nicht so viel schreiben.*

Lehrerin: *Und da warst du wohl ganz erstaunt, daß das auch freie Arbeitsstunde in Deutsch war.*

Regina: *Ich fand die Deutschstunde einfach besser, da langweilt man sich nicht so.*

Lehrerin: *Ja, ich glaube, die Arbeit mit dem Tonband hat euch auch viel Spaß gemacht. Das war ja nicht die letzte freie Arbeitsstunde in Deutsch, das werden wir alles nocheinmal probieren.*

Einige Schüler: *Au ja, klasse. Hoffentlich bald. Gut ...*

Tendenzen einer Synopse

Bei der statistischen Auswertung sämtlicher Protokolle ergab sich, daß fast alle 21 Schüler, meistens über zwei Zeiteinheiten (eine Zeiteinheit = 15 Minuten), konzentriert und relativ selbständig an ihren gewählten Aufgaben gearbeitet haben. Nur zwei Schüler arbeiteten offensichtlich lustlos und unkonzentriert während kurzer Zeit an selbstgewählten Aufgaben. Erst als die Klassenlehrerin oder Studenten sich um sie bemühten, zeigten sie Interesse.

Ob die Kinder motiviert waren, läßt sich aus den Protokollen nur indirekt erkennen. Da fast alle Schüler (bis auf fünf) sofort mit der Arbeit begannen und teilweise sehr konzentriert und zielstrebig über mehrere Zeiteinheiten arbeiteten, kann man vermuten, daß sie mit Lust und Interesse an der Arbeit waren. Auffällig war, daß oft nur eine oder zwei Ideenkarten intensiv bearbeitet wurden, und daß in der zweiten Hälfte der freien Arbeitsstunde kein großes Interesse mehr bestand, eine neue Aufgabe zu beginnen. Außerdem ließen sich die Schüler häufiger und schneller von ihren Aufgaben ablenken. Diese Beobachtungen lassen den Schluß zu, daß 90 Minuten Freier Arbeit bei sprachbetonten Aktivitäten doch eine etwas zu lange Zeitspanne sind, zumal es ein drückend heißer Sommertag war. Die Schüler, die eine Aufgabe beendet hatten und eine kurze Pause machen wollten, sollten auf jeden Fall die Möglichkeit erhalten, sich außerhalb des Klassenzimmers aufhalten zu können; so wäre die Ablenkung der Schüler im Klassenzimmer nicht so groß.

Ein weiterer auffälliger Punkt der Auswertung war die Tatsache, daß drei Viertel aller Schüler Hilfe bei der Aufgabenbewältigung brauchten, zum Teil mehrmals. Dabei handelte es sich hauptsächlich um Fehlerkorrekturen und um Absicherungen der vorläufigen Ergebnisse bei der Lehrerin („Ist das bis jetzt richtig so?"). Mitschüler wurden nur bei kleineren Problemen um Hilfe gebeten, die dann auch fast immer sofort gewährt wurde. Eine Selbstkontrolle war bei den meisten Themen nicht möglich und auch nicht beabsichtigt, so daß die Überprüfung auf Fehler Aufgabe der Lehrerin und der Studenten war. Die Schüler fragten meistens von sich aus, wenn Probleme auftraten. Bestätigung und Anerkennung der Arbeitsergebnisse durch die Mitschüler war nicht sehr gefragt; erst nachdem die Arbeit den Erwachsenen gezeigt worden war, durften die Mitschüler sie begutachten. Dieses Verhalten konnte bei zwölf Schülern beobachtet werden.

Die Zusammenarbeit der Schüler kann als gut bezeichnet werden. In den Arbeitsgruppen (insgesamt drei) wurde ohne ersichtliche Probleme gearbeitet, eine Funktionsteilung konnte jedoch nicht beobachtet werden. Schüler, die gemeinsam in einer Zone des Klassenzimmers arbeiteten, waren bereit, ihren Mitschülern auf deren Bitten hin zu helfen. Ansonsten arbeitete jeder Schüler allein, zu gemeinsamen Gesprächen kam es nur selten. Auffallend war, daß ein Mädchen während der freien Arbeitsstunden wiederholt versuchte, mit Schülern anderer Gruppen in Kontakt zu kommen. Das wurde von den Kindern immer als Störung empfunden, es kam zu keinen Gesprächen, das Mädchen wurde weggeschickt. Als Kommunikationszentrum kann die Spielecke mit der Pinwand bezeichnet werden. Beim Aussuchen von Ideenkarten, die ebenfalls dort untergebracht waren, und beim Betrachten der Ergebnisse kam es häufig zu Gesprächen zwischen einzelnen Schülern. Vor allem während der letzten zwei Zeiteinheiten fanden sich viele Schüler in dieser Ecke ein, um zusammen zu spielen, Aufgaben, die Mitschüler gestellt hatten, zu lösen, Bilder zu betrachten oder ähnliches, so daß zeitweise der Platz recht knapp wurde.

Zur Auswahl der Ideenkarten läßt sich feststellen: Die Schüler kannten die Karten bereits eine Woche vor der Freien Arbeit. Daher hatten 13 Schüler ihre Wahl bereits getroffen. Allerdings hatten zwei große Schwierigkeiten, mit der Arbeit zu beginnen. Erst nach einem Gespräch mit der Lehrerin über mögliche Lösungen waren sie dazu fähig. Sieben Schüler waren bei der Wahl einer Karte unschlüssig, teilweise verglichen sie verschiedene Karten miteinander. Nur ein Kind arbeitete von Beginn der Stunde an nach eigenen Ideen, die sich jedoch an einer Karte orientierten. Ob die Schüler bei der Auswahl einer zweiten oder dritten Karte Schwierigkeiten hatten, läßt sich aus den Protokollen kaum ersehen. Fünf Schüler waren offensichtlich unsicher, da sie die gewählte Karte sofort wieder zurückbrachten oder nicht bearbeiteten. Eigene Ideen wurden ebenfalls von vielen Kindern realisiert; meistens wurden sie durch vorher bearbeitete Karten inspiriert und arbeiteten im selben Themenbereich weiter. Die beliebtesten Karten waren Bildergeschichten, Comics und Rätsel; sie konnten in relativ kurzer Zeit bearbeitet werden. Themen, die umfangreichere Arbeit erforderten, wurden nur sechsmal gewählt (insgesamt neun Schüler), sie wurden jedoch immer sorgfältig bearbeitet (Hörspiel, Texte, Sprachspiele).

Zum Schluß muß noch gesagt werden, daß die Auswertung ohne Hilfe der Klassenlehrerin, allein aufgrund der Protokolle vorgenommen wurde. Vergleiche mit dem Verhalten der Schüler während der anderen Unterrichtszeit konnten daher nicht gezogen werden. Durch die Beobachtungen konnte die Projektgruppe jedoch die nächsten freien Arbeitsstunden besser vorbereiten, vor allem im Hinblick auf gezielte und geplante Hilfen für einzelne Schüler.

Anspruch und Wirklichkeit – Was zu tun bleibt …

Schülerarbeit
Freie Arbeit Deutsch

Schüler, Lehrer und Studenten hatten Nüsse zu knacken, immer von neuem Anspruch und Wirklichkeit, im Augenblick Leistbares und weiterführende Ziele aneinander messend. Als wichtiges Nahziel erwies sich das Üben von Fertigkeiten, die selbständiges Arbeiten ermöglichten, darunter zum Beispiel das Training selbständiger Informationsgewinnung durch Nachschlagen. Anregungen aus Grundschulversuchen sowie aus englischen Programmen waren dabei hilfreich[22].

Bei allen noch ungelösten Problemen und Schwierigkeiten: Freie Arbeit war nach den ersten Versuchen aus dieser Klasse nicht mehr wegzudenken. Eine Institution mit festem Stunden- und Fächeranteil ist sie jedoch noch nicht geworden.

22 Vgl. zum Beispiel Stücke aus dem Projekt Sachunterricht der Gutenbergschule Reutlingen. In: Lehren und Lernen, B. 3, Villingen 1977; P. Evans: Learning from Reference Books, Exeter 1969. Teile dieses Programms wurden übersetzt und adaptiert: „Elefanten-Programm“ – Mit Lexika und Nachschlagewerken allein arbeiten.

Martin Rauch

Lernkabinett für den Sachunterricht

Der folgende Beitrag faßt die Erfahrungen zusammen, welche Schüler, Lehrer, Studenten und ein Hochschullehrer bei dem Versuch machten, ein Klassenzimmer zu einer anregenden Lernumwelt zu verändern. Im ersten Teil werden die Planungsschritte dargestellt bis zur Entwicklung des veränderten Klassenzimmers. Im zweiten Teil wird dargestellt, auf welche Art die veränderte Lernumwelt genutzt wird.

Der Begriff „Lernkabinett" wird im zweiten Teil ausführlicher erläutert. Einleitend nur einige Hinweise zum besseren Verständnis: Moore/Anderson[1] haben den Begriff „clarifying environment" eingeführt. Nun stellen „aufgeklärte Lernumwelt", „strukturierte Lernumwelt" oder „Erziehungsumwelten selbstgesteuerten Lernens" unbefriedigende Versuche der Übersetzung dar. Besser geeignet erscheint der Vorschlag von Flechsig/Schmidt[2], von „Lernkabinett" zu sprechen. Wie andere Formen des Kabinetts (Spiegelkabinett) besteht es aus Elementen der realen Welt, zusätzlich ist es jedoch (daher Lernkabinett) in didaktischer Absicht gestaltet.

1. Planung und Veränderung eines Klassenzimmers zur anregenden Lernumwelt

Der Zusammenhang mit dem Konzept „Vom Klassenzimmer zur Lernumgebung"

Gemeinsam mit den anderen Projekten ist der Ansatz, von bestehenden Lernräumen auszugehen, wie sie sich als Klassenzimmer darstellen und von da aus zu versuchen, praktikable Vorschläge zu entwickeln, wie Klassenzimmer zu Lernumwelten verändert werden können. Gemeinsam ist auch, nicht nur Pläne zu entwickeln und es bei diesen Plänen zu belassen oder aber die praktische Umsetzung andern zu überlassen, sondern von seiten der Hochschule aus von der Planungsphase angefangen mitzuwirken bis zur Verwirklichung der Pläne, als Beitrag zu praxisverbessernder Forschung. Bei beiden Teilprojekten haben Gruppen der Pädagogischen Hochschule mit Beteiligten und Betroffenen an ausgewählten Schulen über einen längeren Zeitraum hin zusammengearbeitet.

Im Unterschied zum Projekt (vgl. den Beitrag von Gisela Lorber: Vom Planspiel zum Projekt: Umgestaltung eines Klassenzimmers, S.41), bei dem zwei Klassenzimmer, davon eines mit einem durch eine Faltwand abtrennbaren Gruppenraum, verfügbar waren, mußte in dieser Grundschule von vornherein von einem traditionellen Klassenzimmer ohne Nebenraum ausgegangen werden. Die räumliche Einschränkung wurde gewählt, um zu versuchen nachzuweisen, daß Verbesserungen

1 O.K. Moore / A.R. Anderson: Einige Prinzipien zur Gestaltung von Erziehungsumwelten selbstgesteuerten Lernens. In: J. Lehmann / G. Portele (Hrsg.): Simulationsbeispiele in der Erziehung, Weinheim 1976, S. 29–71.

2 K.H. Flechsig / W. Schmidt: Katalog didaktischer Modelle, Göttingen 1978.

der Lernumwelt auch unter eingeschränkten Bedingungen möglich sind. Zusätzlich sollte darauf geachtet werden, daß die verfügbaren Mittel knapp sind und somit Eigenleistungen von vornherein in die Planungen mit einzubeziehen sein würden.

Bestandsaufnahme zur Schul- und Klassensituation

Die Gemeinde *Oferdingen,* Landkreis Reutlingen, liegt ungefähr 7 km nördlich der Stadt Reutlingen hoch über dem Neckartal. Entsprechend der sozialgeographischen Struktur sind etwa 50 Prozent der Eltern Arbeiter bzw. in der Landwirtschaft tätig, etwa 50 Prozent höhere Angestellte, Selbständige und Akademiker. In der Gemeinde wird heute nur noch Unterricht in einer Grundschule erteilt, während die Schüler der weiterführenden Schulen im Nachbarschafts-Schulverband Rommelsbach unterrichtet werden.

Das *Schulgebäude* wurde 1966 gebaut. Es handelt sich um ein konventionelles, zweistöckiges Gebäude mit rechteckigem Grundriß. Im Erdgeschoß befindet sich ein Klassenzimmer, im Obergeschoß drei weitere Klassenzimmer, ein Nebenraum, ein Lehrerzimmer und ein Raum, der durch die Volksbücherei belegt ist. Die Turnhalle ist in den Gebäudekomplex einbezogen; sie wird derzeit nur noch durch den Kindergarten benützt, der sich ebenfalls im Erdgeschoß in einem ehemaligen Klassenzimmer befindet. Die Schule in Oferdingen ist eine reine Grundschule mit etwa 120 Schülern und der entsprechenden Zahl von Lehrdeputaten. Was die Klassensituation betrifft, so kannten sich die meisten Kinder vom Besuch einer der beiden Kindergärten her. Nach Auskunft der Klassenlehrerin, Frau Neuscheler, finden sich die üblichen Gruppenbildungen. Die Klassenlehrerin legt auf die Elternarbeit großes Gewicht; sie unternahm es im ersten Schuljahr, sämtliche Familien ihrer Schüler reihum zu besuchen, um sie in ihrer häuslichen Situation näher kennenzulernen.

Bestandsaufnahme des Klassenzimmers

Wie dem Grundriß (siehe S. 105) zu entnehmen ist, handelt es sich um ein übliches Klassenzimmer von 6,40 m auf 10,00 m. Der Raum wird von der linken (Nordwest-)Seite begangen, links befindet sich ein Wasserbecken. Der Raum wird von Süden über die ganze Front belichtet, was insbesondere an heißen Sommertagen zum Problem wird, da die Außenjalousien längst defekt sind. Fußbodenbelag PVC; Wände und Decken sind gestrichen, Fensterdekoration wie Vorhänge oder ähnliches fehlt. Neonbeleuchtung an der Decke in zwei Reihen. An der Front des Raums eine Wandtafel, weitere Schreibflächen an der der Fensterseite gegenüberliegenden Nordseite, in Verbindung mit

Korktafeln. Eine weitere Tür an der Frontseite als Verbindung zum benachbarten Klassenzimmer ist immer verschlossen. Die Möblierung: 16 Schülertische mit Stühlen in Reihen hintereinander, ein Lehrerpult mit Stuhl; in der linken hinteren Ecke ein Schrank, in dem Hefte, Bücher und einige Unterrichtsmedien aufbewahrt werden. Daneben ein relativ langes Regal, in dem sich ebenfalls Bücher, Hefte und einige Zeichenblöcke befinden. Das Klassenzimmer ist ständig geöffnet, so daß Schüler morgens häufig früher in die Schule kommen oder auch einmal länger dableiben.

Entwicklung einer Konzeption

Es ist darauf hinzuweisen, daß sich die folgenden Überlegungen auf ein erstes Schuljahr bezogen, welches als Schulklasse nur auf Karteikarten zusammengestellt war und sich zum Zeitpunkt der Planung noch in den beiden Kindergärten befand. Eine erste informelle Befragung einer der beiden Teilgruppen bestätigte die Vermutung, daß sich Schulanfänger, bevor sie in die Schule kommen, ihr Klassenzimmer (leider) genauso vorstellen und wünschen, wie es tatsächlich in der Regel ist. Dieses Ergebnis deckt sich mit Auskünften der Klassenlehrerin, wonach sich die Kinder mehrheitlich eine frontale Sitzordnung wünschen, aus dem einfachen Grund, weil Schule für sie so und nicht anders organisiert ist . Als „Innovationspotential" in Form von Ideenlieferanten fielen die von uns befragten Schüler weitgehend aus; ergiebiger waren hingegen die Urteile über die bereits entwickelte Konzeption, als die Kinder konkret nach ihrem Urteil zu einzelnen Elementen der geplanten Lernumwelt befragt wurden. Ohnehin bestand die Schwierigkeit des Vorgehens darin, erst künftig Betroffene nach einer Situation zu befragen, die sie nur vom Hörensagen und aus zweiter Hand (ältere Geschwister) kannten.

Als Vorteil sollte sich hingegen herausstellen, daß wir es mit Eltern zu tun hatten, die bereit waren, sich (wenn auch in unterschiedlichem Ausmaß) für ihre Kinder zu engagieren und bei der Realisation des Plans mitzuwirken. Als Begründung war unter anderem zu hören: „Im ersten Schuljahr lohnt sich das auch noch für vier weitere Schuljahre, wenn die Kinder in dem Klassenzimmer bleiben können!" – Tatsächlich war dies, wie sich am Elternabend zeigte, eine Bedingung mancher Eltern, daß die Klasse zumindest zwei Schuljahre in dem durch die Eltern eingerichteten Klassenzimmer bleibe; eine Zusage konnte die Schule geben. Bei diesen ersten Kontakten mit der Schule wurde auch deutlich, daß zumindest die Planung fast ausschließlich durch die Projektgruppe (aus Teilnehmern und Veranstalter der Hochschule) zu leisten sein würde. Die im folgenden dargestellte Gliederung entspricht in etwa der zeitlichen Abfolge der Planungsaktivitäten.

Vorstellungen und Wünsche der Lehrerin. Die Klassenlehrerin, Frau Neuscheler, wurde gebeten, sich Gedanken über eine mögliche Veränderung des Klassenzimmers zu machen. Sie teilte der Planungsgruppe folgende Vorschläge mit:

- Vorhänge. Von dieser Fensterdekoration wurde eine verbesserte Wohnlichkeit des Raums erhofft; es war darauf zu achten, daß dieser Wunsch nicht mit der innen eingebauten Verdunkelungsvorrichtung kollidierte.
- Projektionsfläche. Beim Projizieren mit Hilfe technischer Medien hatte sich die fehlende Projektionsfläche als Mangel herausgestellt. An der Frontwand des Raums allerdings würde wegen der Wandtafel und je einer Tür links und rechts die Montage einer Projektionsfläche (auch von der Decke) schwierig werden.
- Leseecke oder ähnliches. Die Kinder sollten Gelegenheit erhalten, sich für Spiele oder Lektüre innerhalb des Raums zurückziehen zu können (noch ohne nähere Ausführung über die Art der Leseecke).
- Aufbewahrung verschiedener Materialien. Schulanfänger haben heute zwar durchweg sehr viel leichtere und somit praktischere Schulranzen als frühere Generationen; dennoch wurde bemängelt, daß die Kinder jeden Tag sämtliche Bücher und Hefte einschließlich Malsachen in die Schule und von der Schule befördern, obwohl sie nur einen Teil davon jeweils gebrauchen. Der Wunsch deshalb: eine Möglichkeit zur Aufbewahrung von Büchern, Heften und Zeichensachen sowie eine weitere für das Turnzeug.

Vorstellungen der Projektgruppe. Die Veränderung des Klassenzimmers zur Lernumwelt war nicht nur ein Projekt der Schule, sondern auch ein Projekt der Hochschule und insofern ein hochschuldidaktisches Unternehmen. An dieser Stelle kann nur pauschal darauf verwiesen werden, daß in den ersten Sitzungen der Veranstaltung Grundlagenliteratur erlesen, in Referaten dargestellt und diskutiert wurde; außerdem standen vielfältige technische Medien (Diareihen, 8-mm- und 16-mm-Filme) zur Verfügung, teils selbstproduzierte, teils englische Filme. Das Problem bestand nun darin, aus dieser Fülle der Anschauungen die Ideen herauszufiltern, welche auf den konkreten Fall angewendet werden konnten. Dabei wurde in zwei Richtungen vorgegangen: Einmal von der Überlegung, den unstrukturierten Raum des Klassenzimmers durch eine Binnenstruktur zu differenzieren. Am konkreten Fall bedeutete dies, daß höchstens ein Viertel der Gesamtfläche für einen oder mehrere spezielle Lernbereiche verfügbar sein würde, der Rest mußte allgemeiner Lernbereich bleiben. Schon zu diesem Zeitpunkt entstand die Idee, den speziellen Lernbereich nochmals zu teilen in einen Raum für die Funktionen „Spielen, Lesen und

Sich-Zurückziehen“ und in einen Raum für die Funktionen „Lernen, etwas Aufbewahren, etwas Ausstellen“. Zum anderen wurde ganz pragmatisch (in Verbindung mit der anderen Projektgruppe) eine Ideenliste zusammengestellt, anhand derer ein konkretes Angebot für den speziellen Lernraum zusammengestellt werden konnte.

Ideen-Sammlung: Elemente der Lernumgebung

- Ausgestaltung der Räume mit Schülerarbeiten
- variierbare Anordnung der Stühle und Tische
- Projektionsfläche
- mobile oder fest installierte AV-Geräte
- Wasseranschluß, Naßecke
- Einbauschränke, -regale
- Wandregale mit Büchern, Arbeitsmitteln, Spielen
- „schöne“ Dinge: Mobile, Fotos, Spielsachen, Pflanzen, Aquarium
- Zeitschriftenstand
- Mitteilungsbrett
- Info-Ecke mit Arbeitsplätzen innerhalb des Klassenraums
- abgeschirmte Einzelarbeitsplätze im Klassenraum
- fahrbare Regale mit Schubfächern für Schülerutensilien oder Lernmittel
- bewegliche Raumteiler, auch als Ausstellungsfläche verwendbar
- fest installierte Raumteiler (Regale)
- Leseecke mit bequemer Sitzmöglichkeit (Sitzkissen, Teppiche usw.)
- Leselabor für Förderarbeit
- Entspannungs- und Ruhezone: Sofa, Matratze, Schaumstoffelemente
- Spielecke: Requisiten für Rollenspiel, Baumaterialien und anderes
- Malecke und Bereich für gestalterische Aktivitäten
- Explorationstisch
- Litfaßsäule
- fahrbare Bücherkiste
- fahrbarer Zeitschriftenständer.

Einem Protokoll der Veranstaltung ist zu entnehmen, daß der erste Planungsstand folgende Möglichkeiten umfaßte:

1. Regalraum für jedes Kind (für Turnschuhe, Malzeug usw.)
2. mehr Bilder und Pflanzen
3. eine Lese-/Spielecke mit Sitzwürfeln
4. zwei Regale zur Raumteilung (beweglich)
5. Vorhänge
6. ein Tisch für Ausstellungen
7. ein Kaspertheater zum Ausklappen
8. ein Bastelregal
9. Projektionsfläche
10. Naßecke
11. spezielle Lern-, Ausstellungs- und Aufbewahrungszone.

Kostenaufstellung. Um nicht ausschließlich auf Eigenmittel und Eigenaktivitäten angewiesen zu sein, wurde zu diesem Zeitpunkt ein Antrag an eine private Stiftung gestellt[3]. Zum Punkt Kostenaufstellung ist dort aufgeführt:

3 Stiftung für Bildung und Behindertenförderung GmbH., Stuttgart

Geschätzter Betrag je Klasse:

a) *Einrichtungen*	
4 Holzregale	480,– DM
4 Sitzkissen oder Schaumstoffelemente	320,– DM
1 Ablagetisch	240,– DM
Teppichboden (als Rest)	400,– DM
Weichfaser-Pinwand	160,– DM
b) *Lern- und Spielmaterial*	
Sachbücher, Nachschlagewerke, Lexika, Geräte, Experimentiermaterial, Spiele	800,– DM
	2.400,– DM

Aus dem Antrag wird deutlich, daß es nicht nur darum ging, bestimmte festinstallierte oder mobile Einrichtungen zu beschaffen, sondern darüber hinaus von vornherein einen gewichtigen Anteil für Spiel- und Lernmaterial zu sichern.

Erste Reaktion von Beteiligten

Bei Projekten dieser Art ist es sehr wichtig, mit den verschiedenen Entscheidungsträgern laufend Kontakt zu halten und sie bei Entscheidungen mit einzubeziehen, in unserem Fall in erster Linie die Klassenlehrerin, dann aber auch den Schulleiter und die Kommune (nicht zu vergessen das Reinigungspersonal!). Für die Annahme der ersten Planung durch die Klassenlehrerin spielte es sicherlich eine Rolle, daß sie ihre Wünsche in der Vorschlagsliste wiederfand; dem Schulleiter war wichtig, daß rechtzeitig dafür gesorgt wurde, künftige mögliche Konflikte mit dem Reinigungspersonal auszuschließen.

Von Fall zu Fall wird zu prüfen sein, inwieweit die Schulverwaltung informiert wird, und zwar deshalb, weil erfahrungsgemäß durchaus unterschiedliche Reaktionen möglich sind, von Bemerkungen wie: „Da wird wohl das Klassenzimmer mit einem Wohnzimmer verwechselt“[4], bis hin zu uneingeschränkter Unterstützung. Wenn man der Auffassung ist, daß eine gewisse Entscheidungsbefugnis in der Schule durchaus auch an der Basis angesiedelt sein soll, wenn man weiterhin der Auffassung ist, daß ein Projekt wie das vorliegende im Lehrplan nicht nur abgesichert, sondern von diesem geradezu gefordert wird, und wenn man berücksichtigt, daß diese Veränderung sich nur auf eine Klasse bezieht, so wird man diese Information der Schulverwaltung gegenüber im Einzelfall prüfen.

Darstellung der Konzeption am Elternabend

Mit dem Projekt verbunden wurde der Versuch, Elternarbeit zu betreiben. Für die Hochschule ist es wichtig, immer wieder der Öffentlichkeit gegenüber darzustellen, daß sie schulpraxisbezogen ausbildet.

4 Verbürgter Kommentar eines Schulrats.

Eine Neuheit war es sicherlich, daß Eltern zu einem Abend eingeladen wurden, bevor ihre Kinder überhaupt im ersten Schuljahr waren. Die Konzeption wurde in etwa 20 Minuten dargestellt durch Teilnehmer der Veranstaltung und den Veranstalter selbst. Nach kurzen einführenden Bemerkungen über Möglichkeiten, die mit einer verbesserten Lernumwelt verbunden sein können, wurde den Eltern ausgewähltes Bildmaterial aus englischen Grundschulen sowie ein kurzer, selbstgedrehter Film gezeigt. Daran anschließend wurde der Plan für das künftige erste Schuljahr dargestellt. Dabei erwies es sich als günstig, nicht nur Grund- und Seitenrisse des Klassenzimmers als Arbeitstransparent darzustellen, sondern darüber hinaus ein *Modell* vorweisen zu können. Derartige Modelle spielen nicht nur bei Altstadtsanierungen und Bürgerinitiativen eine große Rolle, wenn es darum geht, zu überzeugen, – sie sind auch für kleinere Projekte durchaus nützlich, wenn auch der Aufwand für ein solches Modell im Vergleich zu anderen Medien recht hoch ist. – Das entscheidende Ziel der Projektgruppe an diesem Elternabend wurde erreicht, nämlich eine Liste der Eltern zu erstellen, welche bereit waren, bei der Verwirklichung des Plans mitzuwirken. Es wurde dabei nicht eine allgemeine Absichtserklärung notiert, sondern ganz konkret festgehalten, welche Eltern welches Element der veränderten Lernumwelt in die Tat umsetzen wollten (soweit dies Elemente betraf, die durch Eigenaktivität verwirklicht werden konnten).

Realisationsphase und Darstellung des veränderten Lernraums

Im folgenden wird zunächst die veränderte Grobstruktur beschrieben und erläutert, danach werden die einzelnen Elemente der Veränderung dargestellt.

Grobstruktur

Der Lernraum wird in einen allgemeinen und zwei spezielle Bereiche aufgeteilt. Der allgemeine Lernbereich umfaßt den größten Teil des Klassenzimmers (drei Viertel). Die Sitzordnung in diesem Teil kann beliebig verändert werden. Wegen der überschaubaren Zahl der Schüler reicht dieser verkleinerte Raum als allgemeiner Lernbereich aus. Die beiden Teilbereiche werden vom allgemeinen Lernbereich durch Auslegen mit Teppichboden und Einbeziehen von Raumteilern (Regalen) optisch – was den Gehraum und die Nutzung betrifft – vom allgemeinen Lernbereich abgetrennt. Es entstehen so zwei Teilbereiche, einer für die Funktionen „Spielen, Lesen, Sich-Informieren und Sich-Zurückziehen“, der andere für die Funktionen „Lernen, Experimentieren, etwas Ausstellen, etwas Aufbewahren“.

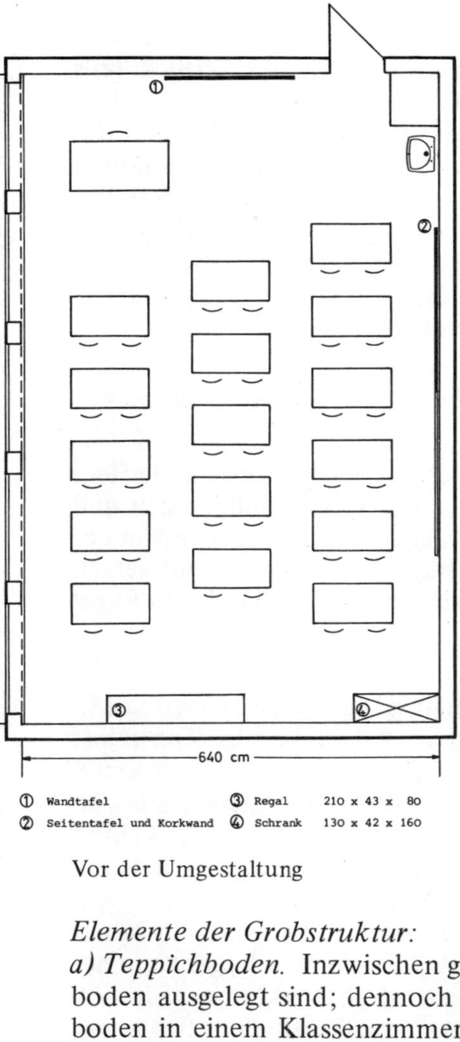

Vor der Umgestaltung

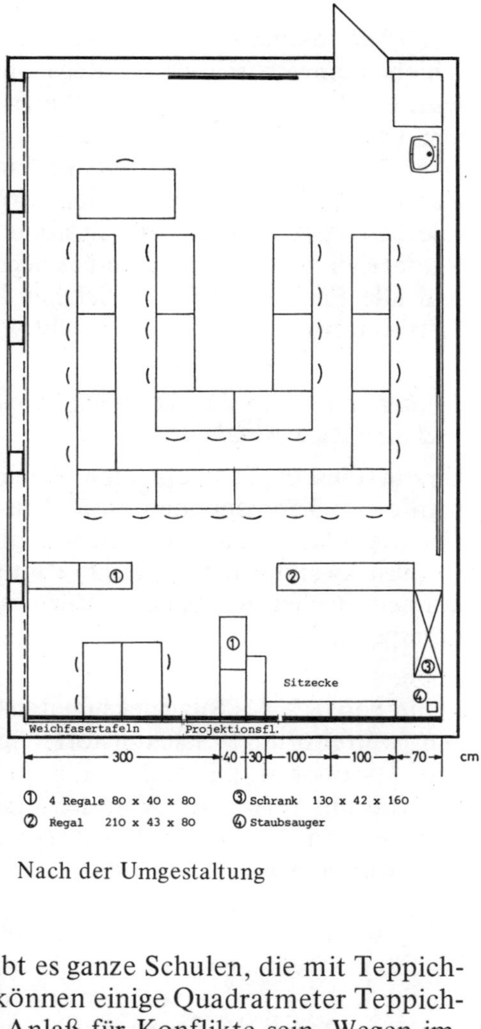

Nach der Umgestaltung

Elemente der Grobstruktur:

a) Teppichboden. Inzwischen gibt es ganze Schulen, die mit Teppichboden ausgelegt sind; dennoch können einige Quadratmeter Teppichboden in einem Klassenzimmer Anlaß für Konflikte sein. Wegen immer wieder anzutreffender radikaler Einstellungen von Hausmeistern, was die Reinigung betrifft, sollte der Teppichboden nicht insgesamt fest verklebt, sondern von Wand zu Wand ausgelegt werden. Durch die aufgestellten Einrichtungselemente kann er nicht verrutschen, zumal wenn die vordere Kante zusätzlich mit einem beidseitig klebenden Band und einer Stoßkante aus Kunststoff befestigt wird. Es wurde so vorgegangen, daß zunächst bei Bezirksbürgermeister und Schulleiter rückversichert und deren Zustimmung dem Reinigungspersonal mitgeteilt wurde. Als Zeichen guten Willens wurde außerdem von Eltern ein gebrauchter Staubsauger zur Verfügung gestellt, die Reinigung des Teppichbodens übernehmen die Kinder gern selbst.

b) Regale / Schrank. Die Raumteilung war teils durch einfaches Verschieben eines vorhandenen Regals und eines Schranks möglich, teils mußten Regale zusätzlich beschafft werden. Bei den zu beschaffenden Regalen war darauf zu achten, daß sie von den Maßen und der Oberfläche her zu dem bereits vorhandenen, kunststoffbeschichteten Regal paßten. In anderen Fällen wird zu prüfen sein, ob niedere Regale beschafft werden, ob sich höhere oder gar raumhohe Regale als Raumteiler besser eignen. Berücksichtigt werden sollte auf jeden Fall, daß alle Fächer durch die Schüler leicht und ohne Hilfsmittel wie Trittbretter oder ähnliches erreicht werden können.

Teilbereich für die Funktionen „Spielen, Lesen, Sich-Informieren und Sich-Zurückziehen"

Um in diesem Teilraum eine wohnliche Atmosphäre zu schaffen, wurde der Teppichboden zusätzlich an der Wand hochgezogen und vier je ein Meter lange Schaumstoffpolster an den Wänden und an der Regalrückwand entlang gelegt, damit sich die Kinder darauf setzen können. Bücher und Spiele wurden in dem bereits vorhandenen Regal untergebracht.

Elemente:
a) Sitzpolster. Als Sitzgelegenheiten eignen sich Schaumstoffmatratzen, würfelförmige Schaumstoffelemente, Sitzsäcke aus Kunststoff (mit Styroporkugeln gefüllt) oder quaderförmige Kunststoffelemente, wie von uns verwendet. Von den ursprünglich vorgesehenen Sitzwürfeln, die es in Schaumstoffcenters häufig fertig überzogen zu kaufen gibt, wurde Abstand genommen, weil die Klassenlehrerein befürchtete, daß diese in erster Linie als Wurfgeschosse verwendet würden. Die gewählten bankartigen, quaderförmigen Sitzelemente im Format 30 x 30 x 100 cm eignen sich gut dafür, daß Kinder wie Vögel auf einer Stange mit Körperkontakt sich aneinander drängeln können. Eine Alternative stellen die originellen Matratzenkreationen eines Schweizer Designers namens Schweizer dar („Schöner wohnen" 1/79).

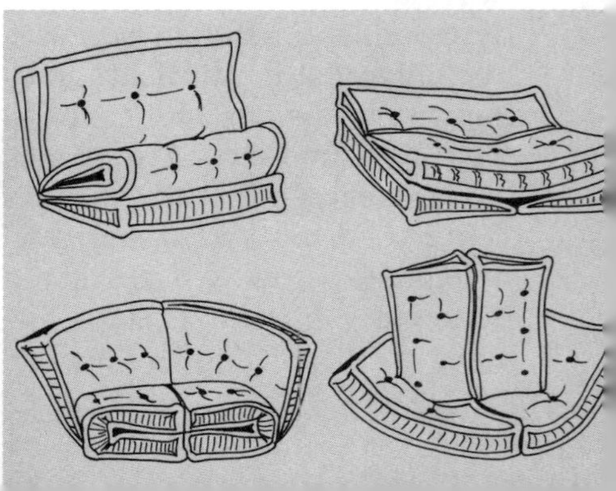

b) Bücher. Mit dem Teilbereich sollte auch gezielt ein Lernangebot gemacht werden. Aus diesem Grund wurde ein Teil der Mittel darauf verwendet, Sachbücher und Lexika für den Anfangsunterricht und das zweite Schuljahr zu beschaffen. Dabei halfen die kommentierten Listen, die zum Beispiel durch staatliche Büchereistellen und die „Landesstelle für Literatur und Medien der Gewerkschaft Erziehung und Wissenschaft“ bereitgestellt wurden.

Abschließend noch einige Hinweise zur Information über und zur Beschaffung von Büchern für die Klassenbibliothek: Wenn Bücher nur *präsent* durch Kinder und Lehrer benützt werden, so besteht nach Auskunft staatlicher Büchereistellen die Möglichkeit, sich mit der öffentlichen Volksbibliothek in Verbindung zu setzen und nach Bedarf Bücher für die Klassenbibliothek zum Beispiel themenbezogen auszuleihen. Bücher der Klassenbibliothek, welche die Schüler auch *nach Hause* nehmen dürfen, müssen durch die Schule beschafft werden. Um eine Vorauswahl zu treffen und sich zu informieren ist es möglich, mit den Schülern eine Buchhandlung oder eine Bibliothek zu besuchen und die Kinder schmökern zu lassen. Für die Beschaffung stehen sowohl Buchhandlungen als auch die Einkaufszentrale für Büchereien zur Verfügung. Der Unterschied besteht darin, daß die Büchereistelle die Bücher fertig gebunden, das heißt bibliotheksfertig zu einem allerdings höheren Preis liefert; es ist daher abzuwägen, ob weniger Bücher beschafft werden, die dann länger halten, oder ob mehr Bücher beschafft werden, die eine geringere Lebensdauer aufweisen. Die beschafften Bücher werden informell vor Unterrichtsbeginn und in den Pausen und themenbezogen im Unterricht benützt.

c) Spiele. Im Hinblick auf den Wechsel vom Elternhaus bzw. vom Kindergarten in die Schule sollte dieser Übergang durch die Art der Veränderung des Raums berücksichtigt werden. Das Spiel kann als ein

Beitrag zur Humanisierung der Schule betrachtet werden, es ist nicht nur im neuen Lehrplan für die Grundschule verankert, sondern wird an der Schule durch eine wöchentliche Spielstunde praktiziert. Hierfür sollten zu den vorhandenen weitere Materialien beschafft werden. Im Unterschied zur Bücherbeschaffung standen hier kaum Bibliographien oder andere kommentierte Zusammenstellungen als Beschaffungstberater zur Verfügung. Als Informationsquellen wurde durch die beauftragte Studentengruppe ein Experte befragt, (der Leiter der Mediensammlung an der Hochschule), Kataloge der Spielzeugindustrie wurden gesichtet und Zulassungsarbeiten zum Thema durchforstet. Eine Auswahl der Spiele steht den Kindern ständig zur Verfügung, sie werden ebenfalls sowohl außerhalb des Unterrichts als auch im Unterricht selbst (in der Spielstunde) genützt.

d) Pinwand. Die Rückwand hinter den beiden speziellen Lernbereichen bot sich einerseits zum Anbringen der Projektionsfläche, andererseits zum Befestigen von Pinwänden an. Die billigste und am einfachsten zu montierende Möglichkeit stellen nach wie vor Weichfaserplatten dar; die Originalplatte wird beim Schreiner oder beim Holzgroßhandel auf das passende Format zugeschnitten und kann unmittelbar an der Wand mit Dübeln verschraubt werden. Sie sollte zusätzlich zum Schutz vor Ausbleichen und mechanischen Beschädigungen gestrichen werden.

Lernbereich für die Funktionen „Lernen, Experimentieren, etwas Aufbewahren, etwas Ausstellen“

Im Unterschied zum benachbarten Ruhebereich ist dieser Teilraum eher ein Aktivitätsbereich; hierher können sich Schüler zurückziehen, wenn es darum geht, Aufgaben zu bewältigen, die spezielle Vorkehrungen erfordern.

Elemente.

a) Regale zur Aufbewahrung. In den Regalfächern können die Kinder (je Schüler ein Fach) alle Dinge aufbewahren, die sie im Unterricht gerade nicht brauchen und so nicht täglich nach Hause tragen müssen.

b) Tische und Stühle für spezielle Einzel- und Gruppenarbeiten. Für Differenzierungsmaßnahmen im Unterricht ist es häufig nötig, Unterrichtsmedien und -materialien vorzubereiten, welche über einen längeren Zeitraum verfügbar sein müssen. Dies stößt an einem normalen Einzel- oder Gruppentisch im allgemeinen Lernbereich auf Schwierigkeiten. Der Teilbereich ist wegen seiner abgesonderten Lage hierfür geeignet (vgl. die Belegung des Teilbereichs während der Unterrichtseinheit „Wohnen"). Der Teilbereich ist außerdem geeignet für Gruppenspiele mit Spielen aus dem Magazin im benachbarten Bereich.

c) Ausstellungen. In Verbindung mit der Weichfasertafel können kleine Ausstellungen organisiert werden, sei es als Produkte von Projekten im Unterricht, sei es als längerfristig angelegte Demonstrationsobjekte (Wachstum von Pflanzen unter verschiedenen Bedingungen oder ähnlichem). Hierzu können die beiden Tische unter das Fenster geschoben werden, so daß in Verbindung mit dem ausreichend tiefen Fensterbrett hinreichend Ausstellungsfläche zur Verfügung steht.

Sonstige Elemente

Die folgenden Elemente sind unabhängig von den beiden speziellen Lernbereichen zu sehen; sie entstanden aus den besonderen Bedürfnissen dieser Klasse.

a) Vorhänge. Wie erinnerlich war dies ein Wunsch der Lehrerin. Es ist bedauerlich, daß auf solche Selbstverständlichkeiten eigens hinzuweisen ist; dieses wichtige Element für die Wohnlichkeit eines Raums sollte bei allen Schulen angebracht werden, wo dies beim Bau versäumt wurde. – Im Fall Oferdingen war es nur erforderlich, normale Vorhänge durch Eltern anfertigen zu lassen, da der Raum über eine Verdunklungsmöglichkeit verfügt. Falls diese fehlt, sollten Vorhänge gewählt werden, welche auf der Außenseite schwarz (gummiert oder ähnliches), auf der Innenseite mit Vorhangmustern versehen sind. Die Verdunklungsmöglichkeit ist wegen des Einsatzes technischer Medien (Dia- und Filmprojektionen und ähnliches) notwendig.

b) Hakenleiste für Turnbeutel. Da die Kinder darüber geklagt hatten, nicht nur sämtliche Schulbücher und Hefte, sondern auch das Turnzeug zweimal in der Woche spazieren tragen zu müssen, wurde der Vorschlag aufgegriffen, unter die hölzerne Kleiderablage auf der linken Raumseite in Verbindung mit der Korktafel und einer normalen Tafel eine Reihe Schraubhaken zu montieren. Hier hat jedes Kind einen Platz für seinen Turnbeutel.

c) Klammerwand. Die Hamburger Werkstatt für Behinderte[5] bietet eine Klammerwand an, welche für vielerlei Zwecke geeignet ist. Da die Klassenlehrerin über spezielle Fertigkeiten im Handpuppenspiel verfügt, ist das wandschirmähnliche Requisit in erster Linie als Puppenbühne gedacht; zufällig hat die Oberkante die rechte Höhe, so daß sich spielende Kinder dahinter stellen können, ohne gesehen zu

[5] Meiendorfer Mühlenweg 119, 2000 Hamburg 72.

werden, und sie ist auch nicht zu hoch, so daß Kinder ihre Puppen darüber agieren lassen können. Die Wand ist ebenso geeignet als Ersatz für eine Litfaßsäule, als mobile Ausstellungswand, mit Rupfen oder ähnlichem bespannt kann sie als mobiler Raumteiler dienen. In Verbindung mit den dazu beschafften Handpuppen verfügt die Klasse über ein komplettes Handpuppentheater. (In der Folgezeit fertigte jedes Kind zusätzlich eine weitere Puppe mit einem Pappmachékopf.

Zusammenstellung der Kosten

Ziel bei der Beschaffung war es, die Eigenleistung zu betonen und auch nicht nur Einrichtungsgegenstände zu beschaffen, sondern dazuhin Medien und Materialien, um die Einrichtungen nutzen zu können. Die angefallenen Kosten (Stand Februar 1978):

EK	Teppichboden	213,20 DM
K	vier Anbauregale	366,00 DM
K	Zustellung der Anbauregale (Bahnspedition)	56,97 DM
EK	Gutexplatten für die Wand	10,80 DM
K	Farbe für Weichfasertafel	5,25 DM
K	Materialien zur Befestigung des Teppichbodens	22,80 DM
EK	Schaumstoff für die Sitzpolster	262,85 DM
K	Jeansstoff für die Sitzpolster	54,00 DM
EK	Vorhangstoff und Zubehör	75,10 DM
K	Handpuppen und Spiele	545,74 DM
K	Bücher	810,30 DM
K	Verbrauchsmaterial für das Einweihungsfest	27,20 DM
		2.450,21 DM

EK = Eigenarbeit in Verbindung mit Kauf, K = Kauf.

Ein Fest zur Einweihung

Abgesehen vom Spaß, den ein solches Fest den Beteiligten zu bereiten pflegt, wurde damit ein weiteres Ziel verfolgt: Die Kinder sollten erfahren, daß der Abschluß einer solchen Arbeit Grund zum Feiern ist; die Eltern sollten das Ergebnis der Arbeit insgesamt sehen, nachdem sie ja nur an einem Teilprojekt beteiligt waren; Schulleitung und Lehrerkollegen sollten durch diese Aktivitäten zu gleichem Tun angesteckt werden (die Klassenlehrerin des ersten Schuljahrs hatte schon während der Einrichtung der Lernbereiche etwas Vergleichbares in ihrem Klassenzimmer eingerichtet). Die Vertreter der Beratungsstelle der Bibliotheken waren eingeladen, um zu sehen, daß ihre Beratung Früchte gezeitigt hatte; dem Vertreter der Kommune sollte gezeigt werden, daß mit vergleichsweise geringen Mitteln viel geschaffen werden kann; die Studentengruppe sollte bei der Vorbereitung und Durchführung des Festes erste Erfahrungen mit solchen Aktivitäten sammeln; für den Veranstalter schließlich war es Gelegenheit, die Verbindung zur Schulpraxis nicht abreißen zu lassen.

Die Kinder hatten Gelegenheit, ihre allmählich gewachsene Lernumgebung von der spielerischen Seite her noch näher kennenzulernen. Dies geschah mit Hilfe eines *Spielezirkus:*

- Es konnte nach Wahl in den erstmals bereitgestellten Sachbüchern und Lexika geschmökert werden.
- Studenten konnten aufgefordert werden, aus den neuen Büchern vorzulesen.
- Mit mitgebrachten neuen Spielmaterialien sowohl innerhalb als auch außerhalb der neuen Lernumwelt konnte man spielen.
- In der „Naßecke" links der Tür bestand ein Mal-Angebot.
- Das Handpuppentheater mit den neubeschafften Puppen und der Klammerwand war im Nebenraum aufgebaut.

Um die eingeladenen Eltern nicht in die Rolle von Zuschauern zu drängen, konnten sie von Fall zu Fall mitspielen. Die einzelnen Elemente des Spielezirkus wurden durch einen bis zwei Studenten betreut. Besonders fiel auf, wie ruhig und für die Eltern entlastend es an diesem Nachmittag zuging. Der Spielezirkus brachte es mit sich, daß auch kleinere Kinder sich von ihren Eltern lösten und am freien Angebot nach Wahl teilnahmen; die Eltern wurden nur von Fall zu Fall aus der Cafeteria gerufen, wenn ihre Kinder ihnen etwas Besonderes zeigen wollten oder sie zum Spielpartner baten.

Für die Hochschule wurde das Fest dokumentiert in Form von Schwarz-Weiß-Fotos und auch als Video-Aufnahme, zusätzlich entstand ein kleiner Schmalfilm S-8 in Farbe. Um andere Schulen auf das Angebot aufmerksam zu machen, wurde ein Bericht gefertigt, der auch in der regionalen und der Landespresse sowie im Funk Beachtung fand.

Perspektiven

Aufgrund der praktischen Erfahrung bietet sich ein Ausbau des veränderten Klassenzimmers in folgenden Bereichen an:

Naßzone. Wasser übt auf Kinder einen besonders starken Reiz aus; dies zeigt sich immer wieder bei Erhebungen etwa nach Freizeitwünschen. Da im Klassenzimmer ein Waschbecken vorhanden ist, sollte für Unterrichtsthemen, die dies erfordern, dieser Bereich zur leichteren Nutzung ausgebaut werden, etwa durch Unterbau eines Regals wie in Badezimmern in Verbindung mit breiten und tiefen Ablagen links und rechts in wasserfester Ausführung, um dort auch mit Ton oder ähnlichen Materialien arbeiten zu können. Günstiger als normale Keramikbecken sind natürlich tiefe Ausgußbecken, wie man sie in Werkräumen findet.

Werkbank. Für Werkarbeiten aller Art, insbesondere für Holzarbeiten, zeigt sich immer wieder die Notwendigkeit einer Werkbank. Entscheidend ist dabei nicht nur eine dicke Holzbohle als Tisch, sondern die Möglichkeit, mehrere Schraubstöcke anzubringen, in denen Werkstücke festgehalten werden können.

AV-Einzel-Lernplatz. Der im Beitrag: Lernstudios zur Einzelförderung, S. 179, näher beschriebene Einzel-Lernplatz ließe sich auch in diesem Klassenzimmer leicht unterbringen, da er wenig Platz benötigt.

Malstaffeleien. Im ersten Anlauf ließen sich die ursprünglich geplanten Malstaffeleien nicht verwirklichen; es handelt sich um Staffeleien, wie man sie zum Beispiel in englischen Grundschulen häufig antrifft. Falls sie durch den Fachhandel nicht lieferbar sind, könnten sie auch durch einen Schreiner gefertigt werden. Der Vorteil besteht unter anderem darin, daß die Kinder zu einem frühen Zeitpunkt lernen, großformatig und im Stehen zu malen.

2. Nutzung des veränderten Klassenzimmers

Das Einweihungsfest als eine Form der Nutzung veränderter Lernumwelt ist nur einmal möglich; daher interessieren laufende Formen der Nutzung, nicht zuletzt im Zusammenhang mit der Beurteilung (Evaluation). Dabei wird im folgenden unterschieden zwischen informellen und formellen Formen der Nutzung.

Informelle Formen der Nutzung

Unter informeller Nutzung werden alle diejenigen Aktivitäten zusammengefaßt, die sich außerhalb des eigentlichen Unterrichts abspielen.

Vor Unterrichtsbeginn. Die Mehrzahl der Schüler findet sich ohnehin längere Zeit vor Unterrichtsbeginn in der Schule ein. Dies hängt leider weniger mit Überpünktlichkeit als vielmehr dem Problem zusammen, daß Eltern einige Zeit vor Schulbeginn zur Arbeitsstätte fahren und ihre Kinder deshalb vorzeitig bei der Schule abliefern; sicherlich kein gewollter Aspekt der Schule als Stätte der Bewahrung (kustodialer Aspekt). An der Schule besteht die liberale Regelung, daß Kinder sich nach Wahl im Schulhof oder im Schulgebäude aufhalten können (natürlich auch abhängig von der Witterung). Es bietet sich nun an, das veränderte Klassenzimmer mit seinen vielfachen Angeboten vor Unterrichtsbeginn zu nützen. Dies stößt jedoch generell auf Schwierigkeiten, weil nicht alle Klassen dieses Angebot haben und eine Sonderregelung für eine Klasse bei den anderen Kindern auf Widerstand stieße. Daher wurde bisher so verfahren, daß die Kinder dieser Klasse in ihr Klassenzimmer gehen können, sobald die Lehrerin die Schule betritt. Das Klassenzimmer wird dann aufgeschlossen und die Kinder können die Zeit vor Unterrichtsbeginn dort verbringen. Nicht weiter verwunderlich, daß sich die Kinder bevorzugt in die beiden Teilbereiche zurückziehen. Das von der Klassenlehrerin befürchtete Problem, daß die Kinder die Polster als Wurfgeschosse verwenden, trat nur vorübergehend auf und hat sich inzwischen von selbst erledigt. Wie bei allen Gemeinschaftseinrichtungen erfordert das Aufräumen immer wieder erneut Geduld. Wie aber sollen Kinder lernen, daß Spiele nur dann wieder nutzbar sind, wenn man sie vorher wieder zusammenräumt, wenn sie nicht die Möglichkeit haben, dies zu üben?

In den Pausen. Das oben gesagte gilt auch für die kleinen Pausen, mit der Einschränkung, daß in den Pausen nach 45 Minuten mehr oder weniger Stillsitzens die beiden Teilbereiche auch zum Raufen verwendet werden (vgl. die Stichworte Unterhalt, Verschleiß und Reinigung, S.114). Wegen der Kürze der Zeit ist es auch nicht möglich, vorgegebene Spiele auszupacken, es bleibt allenfalls Zeit, in ausgelegten Büchern zu blättern.

Hohlstunden. Da keine auswärtigen Schüler die Schule besuchen und auch der Stundenplan an einer so kleinen Schule überschaubar ist, taucht das Problem der Hohlstunden nur in der Form auf, daß Kinder ausnahmsweise bitten, länger bleiben zu dürfen und in diesem Fall in dieses Klassenzimmer verwiesen werden.

Spielstunden. Der Bildungsplan für die Grundschule stellt die Bedeutung des Spiels in der Grundschule in den Vordergrund. Die Klassenlehrerin führt jeweils samstags in der letzten Stunde eine Spielstunde – jeweils mit der halben Schülerzahl – durch. Dabei werden nicht nur die beschafften Spielmaterialien eingesetzt (einschließlich des Handpuppenspiels), sondern auch Spiele ohne Materialien durchgeführt wie etwa Rollenspiele.

Probleme

Wenn Anregungen zur Veränderung von Klassenzimmern gegeben werden, so dürfte es nützlich sein, auch entstandene Probleme und nicht nur Erfolge mitzuteilen. – Als Mitglied der Projektgruppe und somit (was die Schule betrifft) Außenstehender (wenn auch als Vater häufiger Gast), wäre anzumerken, daß man sich für manche der Elemente eine intensivere Nutzung erhofft hätte. Dazu zählt etwa die Klammerwand, die doch häufig ungenutzt am Schrank lehnt, die Weichfasertafeln, die allzulange leer blieben und erst später mit Schülerzeichnungen behängt wurden, auch die Spiele, die nicht alle gleichermaßen durch die Kinder angenommen wurden. Was das letztere betrifft, so sollen noch häufiger in den Spielstunden die Regeln erläutert und probegespielt werden, damit die Kinder die Spiele besser nutzen können.

Was den Verschleiß und die Kosten für den Unterhalt betrifft, so ist die Bilanz durchaus positiv: Als problematisch hat sich eigentlich nur der Übergang vom normalen Bodenbelag zum Teppichboden erwiesen, hier mußte zweimal nachgeklebt werden; desgleichen gibt es einige ausgerissene und losgelöste Stellen an dem Teil des Teppichbodens, der auf der Rückwand des Regals befestigt wurde. Auch hier mußte ausgebessert werden. Damit sind aber alle Einwände gegenstandslos, die in die Richtung zielen, daß Schüler eine solche Einrichtung innerhalb von Tagen kurz und klein schlagen. Diese Auffassung ist aus unserer Erfahrung klar widerlegt. Insofern sind hier auch keinerlei Kosten einzuplanen. Als ebenso problemlos hat sich die Reinigung erwiesen, der Teppichboden wird durch die Kinder mit dem eigenen Staubsauger selbst übernommen, andere Reinigungsprobleme sind keine zu nennen.

Nutzung des veränderten Klassenzimmers im Unterricht (formelle Nutzung)

Aus hochschulorganisatorischen Gründen war es nicht unmittelbar anschließend möglich, die veränderte Lernumwelt in den Unterricht einzubeziehen. Die Erprobung im Unterricht gewissermaßen konnte erst knapp ein Jahr später erfolgen. Im folgenden soll versucht werden nachzuweisen, daß eine veränderte Lernumwelt sowohl für den

Lehrer eine Erweiterung seiner Handlungsmöglichkeiten als didaktischer Planer als auch für die betroffenen Schüler mehr Möglichkeiten im Unterricht erbringen kann. Das Thema „Wohnen / Sich-Einrichten“ wurde durch die Klassenlehrerin benannt, die Projektgruppe (die sich inzwischen zum Teil aus anderen Teilnehmern zusammensetzte) griff diesen Vorschlag gern auf, zumal wegen des Zusammenhangs mit dem Thema Lernumwelt insgesamt.

Didaktische Konzeptionen und Lernumwelt

Zeitlich parallel zu den ersten konkreten Planungsaktivitäten zum ausgewählten Thema stand die Beschäftigung mit ausgewählten didaktischen Konzeptionen, von denen anzunehmen war, daß sie einen Bezug zum Thema Lernumwelt hätten. Vier Gründe waren bestimmend:

a) Das Projekt war immer Teil eines hochschuldidaktischen Vorhabens. Bei der Lehrerausbildung liegt es nahe, nicht in der Art einer Meisterlehre zu verfahren, sondern die Erfahrungen, welche didaktische Theorien ja darstellen, sollten soweit wie möglich und soweit zeitlich vertretbar in den geplanten Unterricht einfließen. Dabei war von vornherein klar, daß keine stringente „Anwendung“ von Theorien auf Praxis möglich sein würde, sondern daß vielmehr die Planungsaktivitäten vor dem Hintergrund solcher didaktischer Theorien erfolgen würden.

b) Damit war der Anspruch verbunden, so etwas wie einen theoretischen Standard für den geplanten Unterricht zu sichern. Dies erschien um so mehr erforderlich, als das geplante Unterrichtsmodell Lernkabinett vom üblichen Unterricht abweichen würde, zudem war eine Variation eines ohnehin noch wenig erprobten didaktischen Modells vorgesehen. Die Beschäftigung mit didaktischen Modellen sollte eine vorschnelle Betriebsblindheit vermeiden helfen.

c) Theoretische Beschäftigung sollte eine Erweiterung der Planungsüberlegungen erbringen. Im Rückblick ist deutlich zu erkennen, daß eine Reihe von Regelungen nicht getroffen worden wäre ohne die Beschäftigung mit diesem Kapitel. In der Praxis der Veranstaltung lief dies so ab, daß jeder Teilnehmer ein didaktisches Modell zur Bearbeitung übernahm und vor dem Plenum kurz darstellte, dergestalt, daß jeweils ein Teilnehmer Experte für ein didaktisches Modell war.

d) Diese Art des Vorgehens erbringt gleichzeitig Kriterien zur Beurteilung am Ende der Unterrichtseinheit. Es besteht die Möglichkeit, zum Beispiel die aufgelisteten allgemeinen Leitideen auf ihre Realisierung hin zu prüfen.

Folgende didaktische Modelle wurden herangezogen:

- Projektunterricht
- Infothek
- Lernumwelt
- Lernkabinett / Zirkelkabinett.

Didaktische Prinzipien, Sozialformen des Unterrichts- und Lehrverfahren:

- Freie Arbeit
- Schulmodelle
- Bildungsplan
- Differenzierung und Individualisierung
- Gruppenunterricht
- Entdeckendes Lernen
- Schülerorientierter Unterricht
- Offener Unterricht.

Das Lernkabinett als didaktisches Modell

Das Lernkabinett als didaktisches Modell ist an anderer Stelle ausführlich beschrieben; es wird daher im folgenden nur als Kurzfassung dargestellt[6]. Erfahrungen mit dem Modell liegen vor mit Kursen im Lesen- und Schreibenlernen für Kinder im Alter von vier bis sieben Jahren in den USA. Es ist charakterisiert durch zwei unterschiedliche Phasen: Eine erste Phase, in der Kinder in einem abgeschirmten Raum mit einer programmierten Schreibmaschine Lesen und Schreiben lernen. Die Anwendung erfolgt in der zweiten Phase, bei der eine Zeitungsredaktion mit normaler Schreibmaschine, einem Umdruckgerät usw. simuliert wird, wobei nacheinander die Berufsrollen Artikelschreiber, Techniker und Schriftleiter ergriffen werden. Der Lernende kann dabei die Lernumwelt frei aufsuchen und wieder verlassen; er kann sich eher aktiv oder eher passiv verhalten und sich in der Lernumwelt frei bewegen. Das Lernkabinett ist insofern herrschaftsfrei organisiert, als kein Erwachsener als Autoritätsperson direkten Einfluß auf die Lernprozesse nimmt. Kommunikationspartner sind hauptsächlich die anderen Kinder, Erwachsene stehen nur beratend zur Verfügung. Die Lernumwelt ist in hohem Maß selbststeuernd, sie ist für sofortige Rückmeldung geeignet. In beiden Phasen kann der Lernende den Lernvorgang in vier Perspektiven erleben: als Aktiver, als Passiver, als Stratege (Partner in Aktionsprozessen) und als Schiedsrichter.

Der Projektgruppe ging es nicht darum, diese Fremderfahrungen an einem speziellen Lernbereich (Kulturtechniken) unreflektiert auf das gewählte Thema zu übertragen, sondern sie benutzte dieses didak-

6 Flechsig/Schmidt: Katalog didaktischer Modelle, a.a.O.; W. Schmidt: Didaktisch theoretische, psychologische und soziokulturelle Grundannahmen des didaktischen Modells von O.K. Moore und A.R. Anderson, Göttingen 1976, unveröffentlichtes Manuskript.

tische Modell eher als Anregung, um es den eigenen Zielen entsprechend zu modellieren.

Veränderung der Konzeption im Hinblick auf das Thema „Wohnen / Sich-Einrichten“

Zusätzlich zu den bei der Durchsicht anderer didaktischer Modelle im Hinblick auf unser Thema erkannten Zielen ergaben sich im Zusammenhang mit dem Lernkabinett folgende allgemeine Ziele:

- Der Unterricht sollte angesiedelt sein zwischen dem einen Extrem der freien Arbeitsstunde und dem anderen Extrem lehrerzentrierten Unterrichts. Dies sollte unter anderem dadurch erreicht werden, daß einige Teilthemen als Rahmen für Lernprozesse vorgegeben wurden.
- Eine besondere Rolle bei der Verwirklichung der Selbststeuerung von Lernenden sollte Medien und Materialien zukommen. Als erste Ideen wurden in der Projektgruppe benannt ein Organigramm, das heißt ein Wandplakat, in dem Angebote für Lernwege gemacht werden, dann technische Medien, die so einfach bedienbar sein mußten, daß die Kinder ohne längere Erläuterung damit arbeiten konnten, schließlich ein breites Angebot an Verbrauchsmaterialien und Werkzeugen, die spontan zu Aktivitäten herausfordern.
- Was die soziale Ordnung in Verbindung mit Lehrverfahren betrifft, wurde durchaus davon ausgegangen, daß zunächst eine vorbereitende Hausaufgabe mit einer anschließenden Plenumsphase angeboten wird, aus der heraus sich dann das Lernen in den fünf Teilbereichen anschließen würde.
- Eines der wichtigsten Ziele bestand darin, nachzuweisen, daß sich Lernprozesse für eine starre Lerngruppe – wie es eine Jahrgangsklasse darstellt– räumlich differenziert, strukturiert, aber auch räumlich gebunden durchführen läßt. Aus diesem Grund wählten wir eine Organisationsform, die man als *„Zirkelkabinett“* bezeichnen könnte; bekannt sind ja Begriffe wie Spielezirkus bei einem Schulfest etwa oder auch ein Ski-Zirkus. In unserem Beispiel geht es darum, die Idee eines Angebots zu verwirklichen, das wie bei anderen Zirkelformen bei freier Wahl nacheinander genützt wird, in unserem Fall dadurch, daß Sympathiegruppen zusammengestellt werden und diese nach Wahl und in Absprache untereinander nacheinander die Lernangebote aufsuchen, auf die sie sich geeinigt haben. Das Lernen in den Teilbereichen kann dann weitgehend selbstgesteuert erfolgen, der Lehrer bzw. in unserem Fall Studenten stehen nur beratend zur Verfügung. Durch den Wechsel kann auch vermieden werden, daß Kinder angesichts weniger attraktiver Lernangebote enttäuscht sind.

Das Thema „Wohnen / Sich-Einrichten" im Sachunterricht des zweiten Schuljahrs

Der Bezug zum Bildungsplan für die Grundschule

Im Lehrplan für den Sachunterricht in Baden-Württemberg wird nach Handlungs- und Erfahrungsbereichen unterschieden. Als *Handlungsbereich* finden wir das Thema „Wohnen", in den *Erfahrungsbereichen* die Themen „Spielen" und „Bauen" und „Umwelt". Der Lehrplan ist spiralig aufgebaut, das heißt Erfahrungs- und Handlungsbereiche kehren in jedem Schuljahr wieder mit jeweils veränderten Teilthemen; der Handlungsbereich „Wohnen" in der zweiten Klasse mit dem Teilthema Wohnmöglichkeiten, der Erfahrungsbereich Spielen und Bauen unter dem Stichwort Bauen. Als Ziele werden genannt: Unterschiedliche Funktionen einer Wohnung kennenlernen, bei den Inhalten: Wohnbereiche: Arbeiten, Schlafen, Spielen, Kochen, Waschen. Einrichtungen von Wohnungen: eine Modellwohnung, ein Wunschzimmer (Karton, Bausteine u.a.) bauen. Einen einfachen Grundriß darstellen (legen, zeichnen), Planspiel. Collagen (Prospekte, alte Kataloge). – Die allgemeinen Lernziele als Leitideen sind auf Seite 117 dargestellt.

Differenzierung des Themas in Teilthemen und Auswahl von Teilthemen für das Lernkabinett

Planung von Unterricht ist keine Tätigkeit, die einen Adressaten von einem Zustand A in einen Zustand B führen soll, sie ist eher ein Prozeß einerseits der laufenden Differenzierung von Ideen und andererseits der Anreicherung und Kristallisation in Verbindung mit diesem Differenzierungsprozeß. In Diskussionen innerhalb der Projektgruppe, bei Durchsicht von Materialien und anderem mehr ergab sich relativ rasch eine Grobgliederung in die beiden Teilthemen „Wohnfunktionen" und „Sich-Einrichten", wobei das erste Thema sich eher auf die ganze Wohnung bezog und das zweite Thema auf das Kinderzimmer spezialisiert sein sollte. – Ein zweites Suchraster war das Prinzip mehrperspektivischen Unterrichts, wie es von der CIEL-Arbeitsgruppe in Reutlingen erarbeitet worden ist[7].

Innerhalb des Themas „Wohnfunktionen" ergaben sich folgende Teilthemen:
- Wohnfunktionen am Beispiel des Grundrisses der eigenen Wohnung als vorbereitende Hausaufgabe.
- Legespiel zum Operieren mit Wohnfunktionen an fiktiven Beispielen.
- Wohnfunktionen im Rollenspiel.
- Wohnfunktionen über mehrere Ebenen.
- Wohnfunktionen in Seitenansichten (als Collagen o.ä.).
- Bau eines Raums für Kinder, um sich zurückzuziehen.

[7] CIEL-Arbeitsgruppe Reutlingen: Stücke zu einem mehrperspektivischen Unterricht, Stuttgart 1977.

Aus Zeit- und Raumgründen wurden nur die ersten vier Ideen realisiert und zum Teil auch zu einem Thema miteinander verbunden.

Teilthemenliste zum Thema „Sich-Einrichten"
- Mündliche Kommunikation zum Teilthema Kinderzimmer in Verbindung mit Bildmaterial.
- Modellbau: Wunschkinderzimmer in der Schachtel.
- Kinderzimmer in Seitenansichten.
- Wohnen von Kindern als Thema in Video-Medien.

Von diesen Vorschlägen wurde der erste verwirklicht, der zweite ebenfalls, jedoch nicht als Lernangebot konkurrierend mit anderen, sondern im Anschluß an das Lernkabinett als Thema für die ganze Klasse. – Beide Themen zusammengenommen ergaben die Idee für ein weiteres Teilthema „Schmökern in Medien" (in Bildmaterial, Zeitungsausschnitten, Arbeitsmappen, Bücher und ähnlichem).

Verlauf der Unterrichtseinheit „Wohnen / Sich-Einrichten", organisiert als Zirkelkabinett mit verschiedenen Lernorten

Die folgende Darstellung verbindet eine Beschreibung mit Elementen der Beurteilung. Grundlage ist ein Tonbandprotokoll, das in einer Evaluationssitzung der Projektgruppe eine Woche später aufgenommen wurde.

Die verschiedenen Teilthemen wurden nun räumlich zugeordnet, teils durch Umfunktionieren der speziellen Lernbereiche, teils durch Zuordnen zum allgemeinen Lernbereich, teils zu einem Ausweichraum:

Die verschiedenen Lernbereiche zum Thema „Wohnen / Sich-Einrichten" im umgestalteten Klassenzimmer

Spezieller Lernbereich 1	Spezieller Lernbereich 2
Wohnen allgemein	*Sich-Einrichten I*
Schmöker- und Malbereich	Sehen und Hören
Medien und Materialien: Bücher Arbeitsmappen Zeitschriftenausschnitte Arbeitstransparente Wohnlernspiel, Malaufgabe	Medien und Materialien: Wandbilder Diaprojektionen Tonmedien (Aufnahme u. Wiedergabe) Weichfasertafel
Allgemeiner Lernbereich	
Wohnfunktionen II	*Wohnfunktionen I*
Werkbereich	Legespiel
Medien und Materialien: Arbeitsblatt Kartons Wäscheklammern Kleine Schachteln Schnur, Rundhölzer, Papier Verbrauchsmaterial und Werkzeuge	Medien und Materialien: Farbiges Tonpapier Weißes Papier DIN A 3 Alleskleber Arbeitsblatt

Allgemeiner Lernbereich	
Wohnfunktionen III	*Sich-Einrichten II*
Rollenspiel	Das Kinderzimmer in der Schachtel
Medien und Materialien: Super-8-Film Dias Plakat Spiegel Kassettenrecorder	Medien und Materialien: Klebstoff, Schere Pappkartons, Pappe, Wellpappe Verpackungsmaterial Styropor, Draht Tapeten- und Stoffreste Teppichbodenreste Holzklötze, Leisten, Abfallholz Verschiedene Schachteln Legobausteine

Um einen Einblick in die Lernvoraussetzungen der Kinder im Hinblick auf das Thema zu bekommen, wurde den Kindern folgendes Elternschreiben mit nach Hause gegeben (Auszug):

Zur Vorbereitung auf das Thema sind die Kinder gebeten, zu versuchen, auf das beiliegende Blatt den Wohnungsgrundriß zu zeichnen und die einzelnen Räume zu benennen, wenn möglich ohne Mithilfe. Das Ergebnis wird nicht bewertet, es dient nur zur Unterrichtsplanung. Bitte das Blatt bis spätestens Mittwoch den Kindern wieder mitgeben.

Arbeitsaufgabe:
Zeichne den *Grundriß* Eurer Wohnung auf dieses Blatt.
Du kannst das Blatt hoch oder quer nehmen.
Zeichne in den Grundriß die einzelnen *Räume* ein.
Falls Eure Wohnung mehrere Stockwerke hat, zeichne *jedes Stockwerk auf ein Blatt.*
Versuche, ohne Hilfe durch Eltern oder Geschwister zu zeichnen.
Bring das Blatt (die Blätter) bis spätestens Mittwoch wieder in die Schule mit.

Vorbereitende Hausaufgabe: Wohnfunktionen
Kinder zeichnen den Grundriß ihrer Wohnung (Protokoll des Vorversuchs)
(Christoph, 7 Jahre, 9 Monate)

Um festzustellen, ob die vorbereitende Hausaufgabe brauchbare Erkenntnisse erbringen kann, wurde ein Vorversuch mit einem Schüler der Klasse unternommen. Christoph war mit der Aufgabe spontan einverstanden. Zunächst bat er um ein ganz großes Blatt; als erklärt wurde, die anderen Kinder würden auch nur ein Blatt DIN A4 bekommen, war er einverstanden und begann zu zeichnen:

- Mit einem Lineal wurden die Außenmauern gezeichnet; verglichen mit dem tatsächlichen Maßverhältnis waren die Längsseiten etwas kürzer. Auffallend, wie verhältnismäßig kleinmaßstäbig und nicht formatfüllend der Grundriß angelegt wurde. Als Begründung wurde angegeben: Später soll doch der Garten auch noch auf das Blatt passen!
- Danach legte Christoph fest, in welcher Ecke mit welchem Zimmer begonnen werden sollte. Die Lage des Blattes behielt er während des ganzen Vorgangs bei, vermutlich um die Orientierung zu sichern; dabei saß er rechtwinklig zur

tatsächlichen Lage der Wohnung. Diese Diskrepanz zwischen tatsächlicher Rasterlage und gezeichneter bereitete offensichtlich keine Schwierigkeiten.
- In dieser Phase (er saß im Schlaf-/Arbeitszimmer am Schreibtisch des Vaters) wechselte er mehrfach vom Schlaf- ins danebenliegende Kinderzimmer, um sich von der richtigen Lage und Größe beider Räume zu überzeugen. Im Kinderzimmer – als erstes fertig – zeichnete er wie bei allen anderen Räumen gleich die Türe mit ein, wobei er darauf achtete, daß der Anschlag stimmte.
- Das Schlafzimmer als zweites fiel zunächst so groß aus wie das Kinderzimmer. Als er bemerkte, daß die Tür keinen Platz hat, vergrößerte er um Türbreite.
- Nächster Schritt waren das Bad, das WC mit Garderobe und das Treppenhaus. Durch dieses Vorgehen entstand daneben der Flur.
- Die Speisekammer wurde zunächst zu Lasten der Küche zu groß gezeichnet, dann korrigiert. Restliche Räume: Eßzimmer, Wohnzimmer, Kinderzimmer II.
- Zuletzt wurden die Fenster durch Radieren geschaffen, die Begrenzungen erfolgten auf väterlichen Rat. Der Balkon fiel Christoph erst danach ein, er wurde ergänzt.
- Ausdauer (und einige Mühe) erforderte die Beschriftung, weniger wegen der Rechtschreibung als wegen der Absicht, ja nicht über die Begrenzungen hinauszuschreiben.

Beurteilung und Vergleich mit dem Architektengrundriß: Die Grundrißdarstellung läßt auf ein gutes Raumvorstellungsvermögen schließen. Die Proportionen stimmen weitgehend überein, sowohl der Hausumriß als auch die Binnengliederung ist getroffen. Lediglich das Wohnzimmer ist etwas klein geraten, in der Küche fehlt die Nische mit dem Arbeitszentrum.

Was das Raumverständnis betrifft gingen wir davon aus, daß entsprechend entwicklungspsychologischer Befunde vom realen Raum (in diesem Fall dem eigenen Wohnraum zu Hause) auszugehen sei, dann über Modelle die Grundrisse bis hin zur symbolischen Darstellung zu entwickeln sein würden. Als Arbeitsprobe gewissermaßen erhofften wir uns die Darstellung der eigenen Wohnung als Grundriß. Das bei diesem Vorgehen mitbedachte Problem, daß Eingriffe in die Familiensphäre reklamiert würden, trat nicht ein, im Gegenteil, Kinder und Eltern zeigten sich am Thema sehr interessiert. Bis auf zwei Fälle wurde die Aufgabe im Sinne der Aufgabenstellung gelöst. –

Die Reihenfolge der einzelnen Lernangebote des Lernkabinetts kann beliebig gewählt werden (vgl. den Begriff „Zirkelkabinett").

Schmöker- und Malecke

Die Schmöker- und Malecke in der Lesezone einzurichten bot sich an, weil die Kinder ohnehin gewohnt waren, sich in dieser Ecke zum Lesen aufzuhalten (S. 122). Zusätzlich wurde auf der Rückseite des Regals im allgemeinen Lernbereich ein Tisch mit Stühlen aufgestellt für die Malaufgabe.

Elemente: Zum ungesteuerten Schmökern wurden alle *Bücher, Arbeitsmappen, Zeitungs- und Zeitschriftenausschnitte sowie ein Satz Arbeitstransparente* aufgelegt, welche für die anderen Lernbereiche

nicht benötigt wurden und für dieses freie Durcheinander auch geeignet waren. Der Text des Wandplakats dazu:

Auf dem Regal liegen Bücher, Arbeitsmappen, Zeitungs- und Zeitschriftenausschnitte und ein Satz Arbeitstransparente. Meist sind Buchstaben eingelegt. Schlagt die Bücher und Mappen dort auf, lest und schaut. Ihr könnt auch abzeichnen in Euer Sacharbeitsheft oder Euch etwas aufschreiben.

Wohnlernspiel „Wir ziehen ein“. Das Spiel enthält vier Grundplatten, die jeweils einen bestimmten Wohnraum darstellen. Die auf Deckblättchen abgebildeten Möbel und Gegenstände sind durch Auflegen zuzuordnen. Der didaktische Nutzen des Spiels ist zweifellos eher schlicht, es kann einzeln oder in Gruppen gespielt werden. Der Plakattext:

Spielregel: Jeder Spieler erhält eine Platte mit einem Zimmer. Alle Kärtchen werden verdeckt ausgelegt. Der Reihe nach nimmt jeder ein Kärtchen und zeigt es den anderen. Das Kärtchen erhält der, zu dessen Zimmer der gezeigte Gegenstand gehört. Weitere Spielregeln findet ihr beim Spiel in der Anleitung.

Malaufgabe „Wie wollt Ihr wohnen“. Die Zeitschrift „Schöner wohnen“ führte 1974 eine empirische Untersuchung über Wohnsituation und Wohnwünsche von Kindern durch. Der ursprünglich für die Erhebung entwickelte Fragebogen erschien uns für den Unterricht geeignet. Er besteht aus einer kurzen Einführung, drei gezeichneten Ansichten alternativer Kinderzimmer und jeweils einem kurzen Text mit Arbeitsaufgaben. Ziel der Untersuchung war es, herauszufinden, welche Elemente dieser Angebote den Kindern besonders gut gefallen und warum; die Projektgruppe verfolgte vorwiegend den Zweck, den Kindern alternative Elemente bewußt zu machen, indem sie sich für die eine und gegen die andere Lösung entscheiden. Hinzuzufügen ist allerdings, daß alle drei Alternativen im Sinne der Innenarchitektur positive Beiträge darstellen und nicht etwa eines der Kinderzimmer dem in der Regel eher tristen Zustand entspricht. Der Text des Plakats:

Nehmt euch die bedruckten Blätter der Zeichenaufgabe. Sie sind geheftet. Lest den Text durch. Zeichnet mit Bunt- oder Filzstiften farbig. Beantwortet die Fragen zu den Bildern. Gebt die Blätter bitte ab. Ein Exemplar dürft Ihr nach Hause nehmen und behalten.

Kommentar: Beobachtungen der Gruppen zeigten, daß die Kinder sich in der Regel zunächst mit dem Wohnlernspiel befaßten, sich dann der Malaufgabe zuwandten und zuletzt in den gedruckten Medien blätterten. Bei den drei Teilaufgaben entstanden bei der Bearbeitung keine Probleme, die sich sonst ja in Nachfragen bei dem anwesenden Berater bemerkbar gemacht hätten.

Legespiel (Wohnfunktionen I)

Die Idee zu diesem selbstentwickelten Legespiel wurde dem Band „Unsere neue Welt, Zur Sache 2, Regionalausgabe 1", Stuttgart 1977, entnommen. Das Spiel besteht aus Legematerial aus farbigem Tonpapier, einer Matrix und Arbeitsanweisungen auf vervielfältigten Blättern. Die Kinder können damit

- die verschiedenen Funktionen einzelner Räume kennenlernen;
- eine Matrix zur Verbindung beider Gesichtspunkte anwenden;
- den Zusammenhang zwischen Größe und Funktion von Räumen kennenlernen;
- selbst Wohnungen entsprechend der Bedürfnisse von angenommenen Bewohnern zusammenstellen.

Für jedes Zimmer (insgesamt neun) wurde eine eigene Farbe mit Tonpapier gewählt. Von jeder Farbe standen kleine, mittlere und große Rechtecke zur Verfügung entsprechend der DIN-Formate A5 bis A9.

Die Kinder konnten also nicht nur eine vorgegebene Größe für einen bestimmten Raum wählen, sondern zusätzlich die Größe mitbestimmen. Eine Erprobung vorweg ergab, daß sich aus diesen Elementen tatsächlich an der Realität orientierte Grundrisse entwickeln lassen, mit der Einschränkung, daß sich als Ergebnis keine Rechteckform (als Superzeichen) ergibt, sondern ein lebendig gegliederter Umriß.

Kommentar: Was die Lernbereitschaft und Lernfähigkeit betrifft, wurden zwischen den Gruppen erhebliche Unterschiede festgestellt. Während die eine Gruppe sofort den Text erliest, versteht und zu agieren beginnt, zögerten andere nach der Textlektüre eine Weile unentschlossen, und es bedurfte einer gewissen Ermunterung durch den Berater. Der Text der Arbeitsaufgaben (als Handzettel) wurde als eher zu lang befunden. Als Verbesserung wurde angeboten, auf die zeichnerische Übertragung des zuvor gelegten Grundrisses zu verzichten und lieber den Entwurf aufkleben zu lassen. Die farbigen Tonpapierelemente sollten besser ein Format kleiner sein, damit das fertige Produkt das Format DIN A3 nicht übersteigt. Wie bei anderen Gruppen auch war es für die Kinder schwierig, sich von der Reproduktion traditioneller Wohnvorstellungen zu lösen und unkonventionelle Grundrisse zu entwickeln, bei denen zum Beispiel die Bedürfnisse von Kindern – also ihre eigenen Bedürfnisse – stärker betont werden.

Werkbereich (Wohnfunktionen II)

Entwicklungspsychologische Befunde beispielsweise legen es nahe, den psychomotorischen Bereich der Handlung in den Unterricht der Primarstufe einzubeziehen, insbesondere dann, wenn es um die Veränderung von Einstellung geht. Dieser praktische Handlungsbezug ist beim Thema durch zwei Teilthemen berücksichtigt: während das Kinderzimmer in der Schachtel für alle Kinder gleichzeitig am nächsten Tag angeboten wurde, war der Werkbereich einer von insgesamt fünf Teilbereichen. Er bestand aus einem Arbeitsblatt der Schülermappe zu „Unsere neue Welt", S. 28, und dem erforderlichen Material: acht auf einer Seite offene Kartons, durch Wäscheklammern zu zwei Wohntürmen verbunden, dazu kleine Schachteln, dicke Schnur (für Aufzüge), Rundhölzer (als Rutschstange), Papier (zum Beispiel für Rutschen), Alleskleber, Werkzeuge (Säge, Schere, zwei Schraubstöcke).

Kommentar: Der Aufwand für diesen Lernbereich war mit Abstand der größte; vom Spaß her gesehen, den er den Kindern bereitete, hat er sich in jedem Fall gelohnt. Im Urteil der Kinder war dies die attraktivste Ecke, naheliegend, denn dort durfte gebastelt werden. Die Arbeitsaufgabe wurde durch die Arbeitsmappe spontan vermittelt. Wie kreativ die Kinder an das Problem herangingen, zeigen die Abbildun-

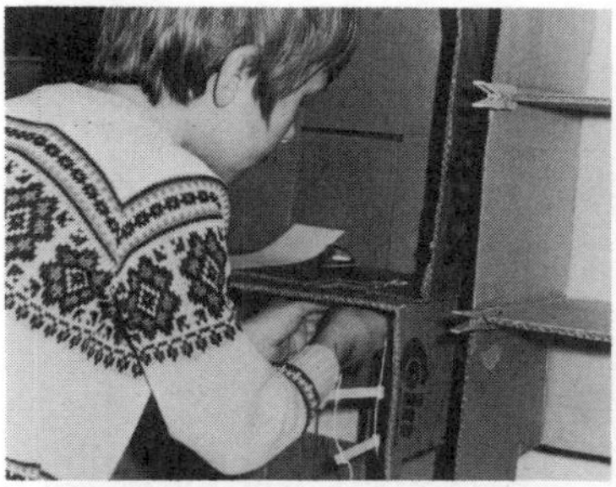

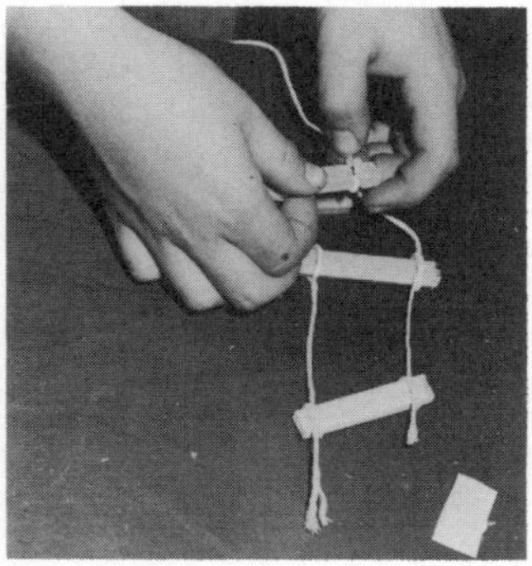

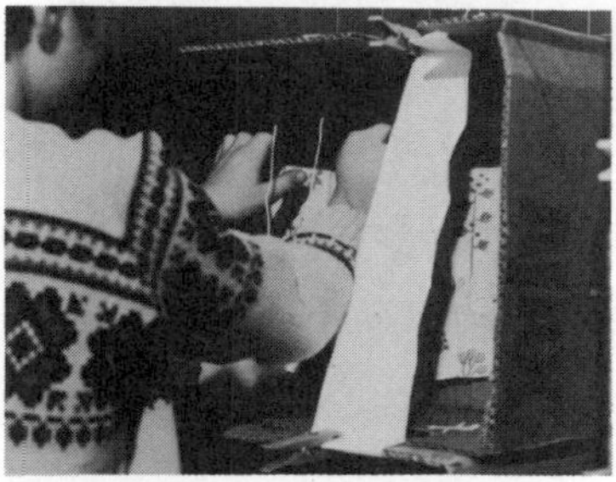

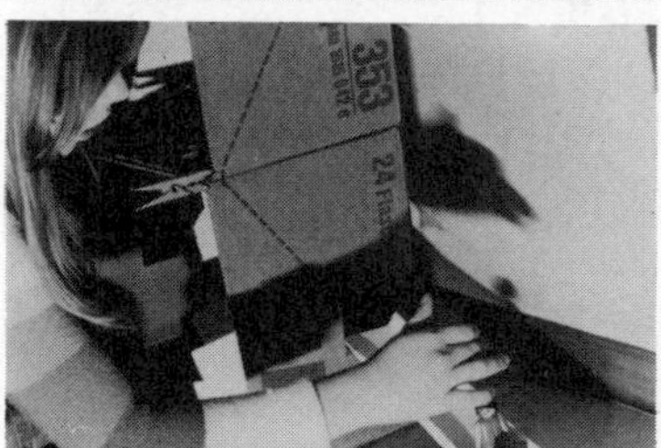

Eine Strickleiter, um von einem Stockwerk ins andere zu gelangen, wird gebastelt,
Watte als Schornsteinrauch und Dachrinnen werden angebracht,
eine Rutsche wird auspro-biert:
ein Teil der Aktivitäten bis zum Abschluß der Arbeit an den beiden Kartontürmen.

gen. Verbesserungsvorschlag: Da die Kinder nicht damit einverstanden waren, daß ihre Arbeit wieder abgebaut werden sollte, sobald die Gruppe wechselte, sollte für jede Gruppe ein Schachtelturm vorbereitet werden, damit das Endprodukt auch für die anschließende Ausstellung erhalten bleibt.

Rollenspiel (Wohnfunktionen III)

Aus Raumgründen mußte das Rollenspiel zwei Stockwerke tiefer in den Heizungsraum verlegt werden, was der Sache von vornherein einen Hauch von Kellertheater gab. Durch den Spielleiter waren fünf Teilaufgaben erarbeitet worden:

1. Spielübungen für die Anwärmphase: Pantomime vor dem Spiegel und einige Scharaden.
2. Das Thema „Konflikte im Zusammenhang mit dem Fernsehen“, das durch Filmmaterial und ein Plakat angeboten wurde.
3. Die Erarbeitung von alternativen Lösungsmöglichkeiten (verbal).
4. Erspielen dieser Lösungsmöglichkeiten.
5. Auswählen der besten Lösungsmöglichkeiten, Begründen und erneutes Durchspielen.

Kommentar: Vom Spielleiter wurden auch hier die sehr unterschiedlichen Leistungen der einzelnen Gruppen hervorgehoben. An Lösungen, als Vorgabe für Rollenspiele, wurden von den Kindern benannt:

- Der Vater bestimmt im Konfliktfall, daß das Fernsehen ausgeschaltet wird (häufigste Lösung!).
- Bei Beschaffung von zwei Fernsehern oder bei Vorhandensein von zwei Fernsehern löst sich das Problem von selbst.
- Eines der beiden Kinder weicht zu einem Freund oder einer Freundin aus.
- Es wird ausgelost, wer welche Sendung sehen darf.
- Es wird eine Regel festgelegt, wer abwechselnd fernsehen darf.
- Mischlösungen dieser angebotenen Vorschläge.

Als Vorteil der kleinen Gruppe wurde benannt, daß auch sonst zurückhaltende Kinder sich im Spiel darstellen konnten, als Problem, daß dieser Lernbereich ohne Betreuung nicht funktionsfähig sei (Problem der Übertragbarkeit auf die normale Unterrichtssituation!).

Sehen und Hören (Audio-visuelle Ecke / Sich-Einrichten I)

Der Lernbereich wurde im zweiten speziellen Lernbereich des Klassenzimmers auf der Fensterseite eingerichtet. Das Ziel war unter anderem, zu prüfen, wieweit technische Medien mit ihren Produktions- bzw. Reproduktionsproblemen geeignet sind, in einem veränderten Klassenzimmer als Teilbereich eingesetzt zu werden. *Elemente:* *Wandbilder.* Insbesondere aus Zeitschriften-Ausschnitten war Bildmaterial an der Pinwand angebracht worden, das geeignet erschien, alternative Einrichtungsvorschläge darzustellen.

Diaprojektion. Zusätzlich wurden etwa 15 Dias bereitgestellt, die ebenfalls alternative Kinderzimmereinrichtungen zeigten; ein einfacher Projektor stand zur Verfügung.
Wiedergabe von Tonmaterial. Mit einem Kassettenrecorder konnten die Kinder nach Wahl einen Ausschnitt aus einer Sendereihe[8] und/ oder einige Kindersongs auf Schallplatten[9] anhören.
Tonaufnahme. Mit Hilfe des Kassettenrecorders sollte es auch möglich sein, Äußerungen der Kinder zum Beispiel während der Bildbetrachtung aufzunehmen und ihnen anschließemd wieder vorzuführen.
Plakattext:

Ihr könnt neue und besondere Kinderzimmer kennenlernen.
1. Schaut die ausgehängten Bilder, die Dias und die ausliegenden Bücher an. Ihr könnt Euch darüber unterhalten,
   - ob euch die Kinderzimmer gefallen,
   - wie Eure Kinderzimmer dabei aussehen,
   - wieviel Platz Kinder zum Spielen brauchen,
   - wie Eure Wunschkinderzimmer aussehen sollen.
2. Geschichten mit Musik anhören. Überlegt Euch bitte folgende Fragen:
   - Was erscheint den Eltern wichtig?
   - Werden die Kinder im neuen Haus berücksichtigt?
   - Dürfen die Kinder Wünsche äußern?

   (Die Fragen beziehen sich auf das vorgelegte Material.)

8 „Der grüne Punkt“ (Sendereihe für Vorschulkinder), Thema „Wir bauen ein Haus / Der Fleck auf dem Sofa“.
9 Schallplatte zum Religionslehrbuch von M.G. Schneider: Sieben Leben möcht ich haben, Freiburg 1978.

Kommentar: Alle Gruppen griffen spontan nach dem Diamaterial und zwar, wie sich herausstellte, wegen der Faszination der Projektionstechnik; sie verdrängten zunächst alle anderen Handlungsmöglichkeiten. Die Kinder wandten sich anderen Aktivitäten erst zu, nachdem jedes Kind die Möglichkeit gehabt hatte, einige Dias einzulegen und vorzuführen. (Was die Technik der Projektion betrifft, zeigte es sich, daß eine Hinterbildproduktion bei den meist mangelnden Verdunklungsmöglichkeiten für Kleingruppen sehr viel günstiger ist.) Von der didaktischen Ergiebigkeit her zeigten sich die Wandbilder den Dias überlegen. – Allgemein reagierten die Kinder zunächst zurückhaltend, dann interessierten sie sich jedoch zunehmend für das Angebot und waren schließlich begeistert. Die für sie doch neuen Bildinformationen stießen weitgehend auf Interesse, nicht etwa auf Ablehnung, wobei durch die Beobachter darauf hingewiesen wurde, daß es für die Kinder wichtig war, nicht nur Neues zu erkennen, sondern Bekanntes wiederzuerkennen. – Erst in zweiter Linie wurde das auditive Material genutzt, wobei sich künftig die Verwendung von Kopfhörern anbietet, um Ablenkung durch andere Gruppen zu vermeiden. Von der Möglichkeit, selbst Aufnahmen zu machen, wurde aus Zeitgründen von keiner der Gruppen Gebrauch gemacht.

Das Kinderzimmer in der Schachtel (Sich-Einrichten II)

Zu diesem Thema finden sich ebenfalls gute Anregungen im Schülerarbeitsbuch „Unsere neue Welt“. Für unseren Zweck ging es nicht darum, die Gruppierung der Räume zueinander zu lernen (vgl. hierzu das Legespiel), sondern zu erreichen, daß das am Vortag Gelernte nun im Modell praktisch angewendet wird. Zur Vorbereitung auf diese Aufgabe war den Kindern eine Woche zuvor ein Elternschreiben nach Hause mitgegeben worden mit folgendem Text:

Liebe Eltern! Am kommenden Donnerstag wird eine Studentengruppe wie angekündigt in unsere zweite Klasse kommen. Ein Teil der Gruppe möchte mit den Kindern basteln. Wir möchten Sie nun bitten, von der folgenden Materialliste Ihrem Kind die Dinge mitzugeben, die Sie gerade bei zur Hand haben.

Klebstoff, Schere
Pappkartons, großer Schuhkarton, große Lebensmittelkartons
Pappe, Wellpappe
Verpackungsmaterial
Styropor, Draht
Tapeten- und Stoffreste
Teppichbodenreste
Holzklötze, Leisten, Abfallholz
Streichholzschachteln
Verschiedene Schachteln (Käseschachteln)
Legobausteine.

Diese Teilaufgabe des Themas wurde für die ganze Klasse gewählt, weil vorauszusehen war, daß für dieses Unterrichtsthema mindestens eine Doppelstunde erforderlich sein würde.

Kommentar: Die Kinder hatten erneut viel Spaß am praktischen Tun. Es zeigte sich jedoch, daß eher technische und manuelle Probleme zu bewältigen waren, daß konzeptionelle Planungen in den Hintergrund traten und es auch Schwierigkeiten bereitete, das am Vortag Gelernte anzuwenden. Bis auf Ausnahmen herrschten deshalb eher konventionelle Realisationsvorschläge vor. Vom Beobachter als Lerneffekte registriert wurde eine längere Diskussion einer Gruppe über mögliche Farbzusammenstellungen, über Verwendung von Rollos an Fenstern und den Einbau eines Etagenbetts. – Im nachhinein läßt sich sagen, daß entweder mindestens zwei Doppelstunden zur Verfügung stehen müßten, oder aber daß Halbfertigteile vorgegeben werden müssen, das heißt Profilleisten, von denen Elemente abgesägt werden können, oder vorgeschnittene Schaumstoffelemente und anderes mehr. Auch der durch die Schachtel dargestellte Raum selbst könnte stärker vorbereitet werden (Auslegen mit Teppichboden, Einschneiden von Fenstern, evtl. Tapezieren, Streichen oder Spritzen der Wände, damit sofort mit der Einrichtung begonnen werden kann.)

Alternativ dazu ließe sich ein Wohnlernspiel erproben, wie es auf dem Markt angeboten wird. Als Nachteil wird allerdings angesehen, daß dort wiederum eher konventionelle Einrichtungsvorschläge reproduziert werden. Als positive Nebenwirkung wurde registriert, daß das Klassenzimmer nicht nur während des Unterrichts eine Mischung zwischen Wohnstube und Werkstatt darstellte, sondern daß auch die fertigen Produkte als Ausstellungsstücke auf dem Fenstersims den Raum bereicherten.

Allgemeiner Kommentar

Über die Anmerkungen zu einzelnen Teilbereichen hinaus ergab die Gruppendiskussion einige allgemeine Gesichtspunkte:

Bei der ersten Erprobung wurde das Lernkabinett auf zwei Tage zusammengefaßt. Es dürfte günstiger sein, den *Ablauf zeitlich* auf eine Woche innerhalb des Sachunterrichts zu verteilen und grundsätzlich Doppelstunden anzusetzen. Auch bei diesem Thema zeigte sich, daß es bei geplanten Einstellungsveränderungen wichtig ist, Kinder aus gewohnten (hier Wohn-)Vorstellungen abzuholen und zu versuchen, sie im Unterricht darüber hinauszuführen, indem sie alternative Angebote nicht nur kennen lernen, sondern sie praktizieren lernen.

Modellvorstellungen werden zurecht auf ihre Verbreitbarkeit und Umsetzbarkeit für die normale Schulsituation befragt. In unserem Fall halfen Studenten bei der Vorbereitung und Durchführung des Lernkabinetts als Zirkelkabinett. Es ist zu betonen, daß sie während des Unterrichts nur als Berater und Beobachter zur Verfügung standen und nicht selbst aktiv wurden, mit Ausnahme des Rollenspiels. In der normalen Schulsituation bieten sich als Helfer, falls überhaupt erforderlich, interessierte Eltern an, die dieses Angebot etwa im Zusammenhang mit einem Tag der offenen Tür machen könnten; oder aber ältere Schüler werden als Helfer herangezogen.

Arbeitsanweisungen in Form von Texten wurden sowohl als Plakate wie auch als Handzettel angeboten. Die Erfahrung zeigt, daß sich Plakate besonders eignen, wenn es darum geht, Gruppenaktivitäten nach gemeinsamer Lektüre anzuregen, Handzettel eher, wenn es darum geht, Einzelarbeiten in Gang zu bringen.

Nicht zu unterschätzen sind die Neben- und Nachwirkungen eines solchen Lernkabinetts. Wie schon mehrfach darauf hingewiesen, ist der Aufwand für die Vorbereitung zunächst einmal wesentlich höher als bei normalem Unterricht. Während des Unterrichts selbst hingegen ist der Lehrer – verglichen mit der normalen Situation – erheblich entlastet, er erlebt Kinder, die selbsttätig, konzentriert, mit Spaß, ohne Störungen lernen. Dies war insbesondere für die Studenten, die aus etlichen Praktika her auch schon eine gewisse Schulerfahrung hatten, vielleicht der nachhaltigste Eindruck, wie viel Vergnügen Lernen in der Schule machen kann. Schließlich wäre als Nachwirkung noch anzumerken, daß die Produkte des Lernkabinetts beliebig lange Zeit nach Abschluß des Themas verfügbar sind, sei es als Ausstellungsobjekte im Klassenzimmer oder auch in Gängen.

Für alle Beteiligten stellt das Lernkabinett ein Kontrastprogramm zum üblichen Schulalltag dar, das Lehrer wie Schüler in neue Situationen bringt: Der Lehrer erlebt sich in der Rolle dessen, der Lernprozesse vorbereitend arrangiert und dann wirklich nur noch beratend zur Verfügung steht; die Schüler lernen einen Unterricht kennen, bei dem sie wie in einer Ausstellung von einem interessanten Lernangebot zum anderen gehen, innerhalb der Gruppe agieren können und erfahren, daß Lernen eine Angelegenheit sein kann, die uneingeschränkt Spaß macht.

Folgende Listen werden auf Anforderung vom Autor (Professor Dr. Martin Rauch, Pädagogische Hochschule Reutlingen, Postfach 680, 7910 Reutlingen) kostenlos zugesandt:

1. Auswahlbibliographie Kinder- und Jugendbücher;
2. Auswahlbibliographie Spiele und Schallplatten;
3. Verzeichnis von Spielen für den Anfangsunterricht;
4. Auswahlbibliographie zum Thema Wohnen, insbesondere den Textthemen Wohnfunktionen / Sich Einrichten / Kinderzimmer.

Jörg Haug
Jutta Sommer
Kurt Weiblen

Wider das frontale Klassenzimmer – Beispiele aus der Praxis

1. Ist die Schule sitzengeblieben? *(Jörg Haug)*

„Die Ordnung vor dem Beginne des Unterrichts verlangt, daß jedes Kind wenigstens fünf Minuten vor dem Glockenschlage zur Stelle sei. Jedes säubert an dem Kratzeisen oder Abtreter die Füße, öffnet und schließt leise die Tür, hängt Mütze und Überkleider an den ihm zugewiesenen Haken und begibt sich still an seinen Platz ... Während des Unterrichtes sitzen die Kinder in ruhiger Haltung, immer den Lehrer ins Auge fassend. Wenn nicht geschrieben wird, lehnen sie sich an. Auf jeder Bank sitzen womöglich gleichviel Kinder, jedes nimmt seinen Vordermann, so daß alle auch in Reihen hintereinander sitzen. Die Hände liegen gefaltet oder doch ruhig auf dem Tische oder auf dem Schoße. Das Sprechen mit dem Nachbarn, das Spielen mit den Fingern, das Umhersehen, das Scharren mit den Füßen usw. ist untersagt."[1]

Vergangenheit der „Allgemeinen Unterrichtslehre" von Fritz Regener in fünfter Auflage aus dem Jahre 1913 oder Gegenwart? Sind unsere Schulen nicht auch heute noch vielerorts vor allem Stätten des Sitzens und der „Ordnung", Institutionen, mit denen nicht selten schon dem Schulanfänger vor seinem Eintritt gedroht wird: „Wart bloß, bis du zur Schule kommst, dort zeigt man dir, wie man hinsitzt!"

„Die Erziehung zur Selbsttätigkeit ist Ziel und Gebot jeder fruchtbaren Bildungsarbeit in der Schule."[2] „Die pädagogische Arbeit in der Grundschule ist gekennzeichnet durch ... Schaffung zahlreicher Möglichkeiten zur Anregung der Selbsttätigkeit, Selbständigkeit und Selbstkontrolle."[3] Zwischen diesen beiden Zielformulierungen in Bildungsplänen liegen zwanzig Schuljahre. Man fragt sich, warum die Schulwirklichkeit solchen Formulierungen so wenig nachgekommen ist. Ist die Schule sitzengeblieben?

Die Frage nach Gründen der institutionellen Trägheit muß die Frage nach Voraussetzungen für die Einlösung und Umsetzung von Zielen einschließen.

Wenn Schule nicht nur Unterrichtsstätte sein soll, in der unter-(ge)-richtet, gelernt, Wissen vermittelt und reproduziert wird, wenn Schule „Lebensraum" sein soll, der dem einzelnen anregungsreiche Lernsituationen für seine spezifischen Lernvoraussetzungen bietet, dann muß man – neben einem Bündel anderer Faktoren – vor allem auch nach den äußeren Voraussetzungen fragen, die eine „Schule als Erfahrungsraum"[4] haben sollte.

Der Regelfall ist die Klassenzimmer-Schule, ausgestattet mit den Materialien der „Lernmittelverordnung", dem Sitz- und Schreibplatz

1 Fritz Regener: Allgemeine Unterrichtslehre. 5. Auflage, Leipzig/Berlin 1913, S. 260.
2 Bildungsplan für die Volksschulen in Baden-Württemberg, Esslingen 1958, S. 11.
3 Leitgedanken zur Arbeit in der Grundschule. In: Kultus und Unterricht, Amtsblatt des Kultusministeriums Baden-Württemberg, Sondernummer 3, 1977, S. 13.
4 Hartmut von Hentig: Schule als Erfahrungsraum? Stuttgart 1973.

für jeden Schüler; nur selten findet man anregungsreiche Lernumgebungen vor nach den Prinzipien „Mischformen, Unfertigkeit, überschaubare Vielfalt. In der neuen Schule muß man Gegenstände auffinden, erproben und wieder verlassen können; man muß Tätigkeiten erfinden, Zwecke setzen, Handlungen entwerfen und in immer neuen Ansätzen ausführen können."[5]

Die Sorge um die Disziplin, der bessere Einsatz der Wandtafel, die leichtere Fixierung auf den Lehrer, Befürchtungen um die Objektivität der Leistungsmessung, Elternwünsche, finanzielle Bedingungen und nicht zuletzt die Kehrschaufelperspektive mancher Hausmeister tragen bis heute dazu bei, daß immer noch eine große Zahl von Schülern „seinen Vordermann" nimmt, „so daß alle in Reihen hintereinander sitzen".[6]

Für das frontal ausgerichtete Klassenzimmer muß es doch Gründe geben, wenn bis heute viele Schulen diese Form beibehalten haben. Die Befürworter machen geltend, daß die frontale Sitzordnung

- die Konzentration fördere,
- die Homogenität des Unterrichtsablaufs erleichtere,
- Disziplinschwierigkeiten und Störungen verringere,
- Schüler zu größerer Ordnung und Sauberkeit erziehe,
- eine Kontrolle der Hausaufgaben und der Schülerarbeiten rascher ausführbar mache,
- die Klasse in überschaubarer Ordnung halte,
- den besten Lichteinfall beim Schreiben garantiere,
- vor Haltungsschwächen bewahre,
- den Einsatz von Lehrmitteln (Wandtafeln, Karten, Demonstrationsmaterialien) optimal ermögliche,
- mehr Sitzplätze biete,
- dem einzelnen die beste Chance eröffne, seine Leistungen zu zeigen,
- Eltern und Schülern die Möglichkeit gebe, sich den Partner der Wahl zum Nebensitzer auszusuchen,
- den Übergang zu den weiterführenden Schulen bruchlos ermögliche.

„Einige Minuten vor dem Glockenschlage der letzten Stunde wird der Unterricht geschlossen ... Geräuschlos ordnen und packen die Schüler ihre Sachen ... Auf ein Zeichen des Lehrers verlassen die Schüler bankweise oder paarweise (wie beim Beginne der Pause) das Schulzimmer",[7] – um am nächsten Tag wieder brav in Reih und Glied zu sitzen!

[5] Ebd., S.53.
[6] Vgl. Anmerkung 1.
[7] Siehe ebd., S.262.

Einzelne Begründungen mögen durchaus bedenkenswert sein, etwa die Ansicht, der vorgeplante Unterricht laufe homogener und zielsicherer ab, wenn alle Schüler nach vorn hin ausgerichtet seien, eine Meinung, die vielfach von Studenten und jüngeren Lehrkräften vertreten wird. Zweifellos ist die Klasse in frontaler Sitzordnung leichter überschaubar, kontrollierbar. Ein Lehren im Sinne demonstrativer Wissensweitergabe an ein vornehmlich rezeptives Auditorium nach vorbereiteten Dosen und festgelegtem Zeitablauf, das jedem einzelnen seine Handlungschancen dann zuspielt, wenn der Lehrende sie vorgesehen hat, wird freilich das frontal ausgerichtete Klassenzimmer bevorzugen, in dem es weniger sichtbare Konflikte gibt, in dem weniger Störmanöver auftreten, zumal sich dort der Lehrer offenbar „leichter von hinten anschleichen" kann[8].

Bei einer solchen Argumentation wird aber als selbstverständlich vorausgesetzt, daß der *Lehrer* zentrale Figur und Schaltstelle des Lerngeschehens ist, auf den hin die Schüler „ausgerichtet" werden. Will man mit den oben genannten Ansprüchen und im Blick auf die Schule als „Lebensraum" statt bloßer „Unterrichtsstätte" ernst machen, dann ist, neben der veränderten Auffassung von Lehren und Lernen, zugleich eine veränderte Bewertung der Rolle des Lehrers, der Lehrinhalte und der Lernwege, also ein Umdenken erforderlich, das den Schüler als Individuum mit anderen in den Mittelpunkt des Geschehens in der Schule stellt. – In der schnurgeraden Sitzordnung von ehedem ist solcher Unterricht schwer möglich.

2. Perfekte Lösungen – nicht gefragt

Man muß nicht gleich nach der „neuen" Schule rufen, um solche Absichten weiterzuverfolgen. Zu schnell würden dann die hoch gesteckten Ziele wieder im Reich der Utopie angesiedelt, weil die finanziellen Voraussetzungen fehlen. Gerade aus ökonomischer Sicht sollte man aber fragen, ob es vertretbar ist, die Wände moderner Grundschulen beispielsweise mit Stahlblech zu überziehen, das hygienisch einwandfrei, optisch sauber, lang haltbar und, von daher gesehen, offenbar finanziell vertretbar erscheint. Daß Bilder in solchen Klassenräumen nur noch mit Magneten aufgehängt werden können und dies auch nur so lange, bis diese von den Schülern „zweckentfremdet" worden sind, scheint nebensächlich zu sein. Großzügig übersehen wird

[8] Schüleräußerung. In: Jörg Haug, Umgestaltung eines Klassenzimmers als Voraussetzung für differenzierenden Unterricht. In: Hildegard Kasper (Hrsg.): Differenzierungsmodelle für die Grundschule, Stuttgart 1974, S.54–65, dort S.54.

auch, daß mit solchen Lösungen unveränderbare Voraussetzungen geschaffen werden, die eben nicht mehr die Chance bieten, die Schule zum „Lebensraum“ zu machen. Freilich sind die Wände nur symptomatisch. Was sich aber dort zeigt, setzt sich auf anderen Ebenen fort.

Wir denken nach wie vor in zu perfekten Lösungen. Was nicht vom Hochbauamt statistisch, vom Schulamt schulrechtlich, vom Gesundheitsamt seuchenhygienisch und von anderen Stellen als in jeder Hinsicht unbedenklich erklärt worden ist, hat in unseren Schulen keinen Platz. Die daraus entstehenden „schönen Schulen“ sind mit die Ursache dafür, daß bald Langeweile und passives Schülerverhalten einziehen, weil zementierte Lösungen geschaffen sind, die bewußt auf Unveränderbarkeit angelegt sind. Formen des entdeckenden Lernens, des Lernens in variierenden sozialen Gruppen, motorische und affektive Erziehung verlangen aber die Möglichkeit der Veränderung. Sachunterricht im Blick auf „Handlungsfähigkeit“ muß Schülern die Möglichkeit geben, dort zu arbeiten, einzeln oder mit anderen zusammen, wo sie meinen, sich zusammenfinden zu müssen. Rollenspiele in und vor der Klasse können nicht stattfinden, wenn das Schulgestühl nicht den nötigen Freiraum läßt. Der vielfach beklagten motorischen Störung vieler Kinder kann die Schule dann entgegenwirken, wenn im Raum Orte vorhanden sind, zu denen der einzelne gelegentlich gehen kann, um dort zu verweilen und zu arbeiten. Der „Wechsel der Tätigkeiten und Arbeitsformen“ wird dann Realität.

Wir müssen zunehmend an veränderbare und provisorische Lösungen denken, wie sie im englischen Grundschulwesen schon seit Jahren mit gutem Erfolg praktiziert werden. Dazu gehört nicht nur die inzwischen übliche Ausstattung der Klassenräume mit beweglichen Stühlen und Tischen. Entscheidend ist die Ausrüstung mit Arbeitsmaterialien der verschiedensten Art, zu denen Bücher, Nachschlagewerke, Lernspiele und auch solche Materialien zu zählen sind, deren „Lerneffekt“ nicht unmittelbar erkennbar ist, etwa Kleider für Rollenspiele, Handpuppen, Masken oder anderes, das durchaus aus der Rumpelkammer stammen kann, im Unterrichtsgeschehen aber dort eingesetzt werden wird, wo Schüler vielleicht „entdecken“, daß man dies oder jenes damit „machen“ kann. Das heißt: nicht nur Material mit didaktisch eindeutig festgelegtem Aufforderungscharakter, sondern ein breites, offens Angebot, das zum Suchen, Finden, Konstruieren, Fragen, Hantieren und Experimentieren einlädt.

Wichtig ist für diese Ausrüstung die Unterbringung im Klassenraum selbst. Die Dinge müssen unmittelbar zugänglich sein, wenn sie effektiv eingesetzt werden sollen. Die schönste Lehrmittelsammlung verstaubt, wenn nur Lehrer Zugang haben, und wenn die dort gelagerten Dinge nur dann eingesetzt werden, wenn der Lehrer in seiner Vorplanung daran gedacht hat. Solange offene Medienzentren fast durchweg pädagogische Wunschvorstellungen sind, sollte man sich darauf besinnen, welche Medien aus der Sammlung herausgenommen und in den Klassen oder in Gängen der Schule untergebracht werden können (vgl. den Beitrag von Hildegard Kasper / Ingrid Maier: Die kleine Klassenmediothek in der Grundschule, S.199).

Bei den Bemühungen, vom frontalen zum differenzierten Klassenzimmer zu kommen, sind verschiedene Wege denkbar. In seltenen Fällen wird der administrative Weg der wirksamste sein. – Initiativen innerhalb der Klasse, etwa als Projekt des Sachunterrichts mit dem Ziel „Umgestaltung eines Klassenzimmers", können für die Ausstattung des Raums mit Trennregalen, Trennwänden, Arbeits- und Informationsecken erste Voraussetzungen schaffen. Zur Ausstattung mit Materialien kann durch permanentes Sammeln von Lehrer und Schülern, auch unter Mithilfe der Eltern, ein Materialsatz aufgebaut werden, der im Bedarfsfall durch die eigentlichen Medien der Schule ergänzt wird. Eltern können besonders dort mithelfen, wo Schüler noch nicht allein in der Lage sind, solche Einrichtungen zu schaffen.

Unter dem Vorzeichen des Provisorischen und des Improvisierens können die Kosten relativ niedrig gehalten werden. Aus Gründen eines differenzierenden Angebots wird es ratsam sein, auf gleiche Schulbücher in Form sogenannter Klassensätze für alle Klassen zu verzichten und dafür verschiedene Publikationen, auch Sachbücher im weiteren Sinne, anzuschaffen. Ortsbüchereien sind erfahrungsgemäß dankbar für Hinweise auf Bücher, die sie anschaffen und Schülern für den Unterricht und außerhalb des Unterrichts zur Verfügung stellen können. Auch Eltern sind bereit, bei der Beschaffung von Materialien mitzuhelfen und bei entsprechenden Anlässen den Kindern solche Geschenke zu machen, die für das Lernen in der Schule verwendbar sind.

3. Beispiele und Erfahrungen

Beispiel 1: Anregungen zum Eigenbau

Für die Einrichtung von Lernzonen und für die Unterbringung von Arbeitsmaterialien sind einfache Regale eine unabdingbare Voraussetzung. Sie können vom Lehrer, unter Mithilfe der Eltern oder von den Schülern selbst mit einfachen Mitteln hergestellt werden. Die hier gegebenen Anregungen zum Eigenbau stützen sich auf mehrfache Erprobung des Regalbaus mit Schülern der Klassenstufen 3 und 4 der Grundschule.

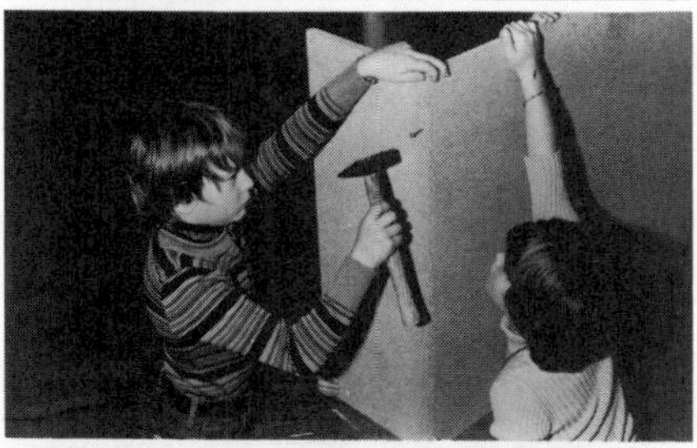

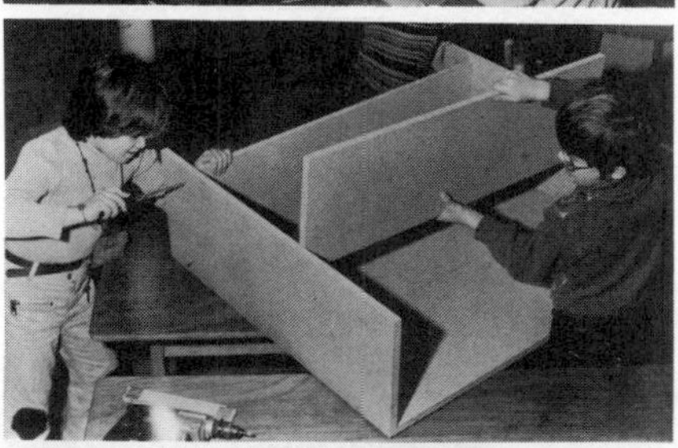

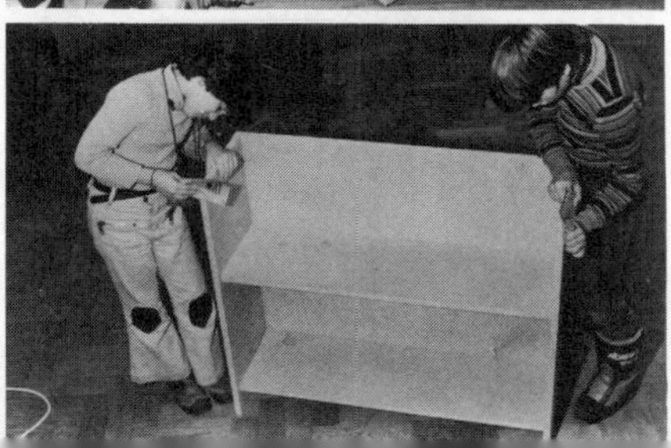

Unter mehreren Modellen hat sich der beschriebene „Standardtyp“ als recht brauchbar erwiesen. Er erfüllt wichtige Bedingungen: Er ist leicht transportierbar, kann als Bauelement beliebig und variabel aneinandergereiht werden, ist für Grundschüler leicht zugänglich und in der Höhe auch im Sitzen überschaubar, damit bei frontalen Phasen des Unterrichts die Orientierung zur Wandtafel noch möglich ist.

Erforderliche Materialien:

Spanplattenzuschnitte
90 x 80 x 2 cm für die Rückwand des Regals
90 x 28 x 2 cm, zwei Stück als Regalauflage
80 x 30 x 2 cm, zwei Stück für die Seitenteile des Regals

16 Spanplattenschrauben, mit denen die Holzteile verbunden werden.

Werkzeug:

- Maßstab und Bleistift, um die Bohrlöcher anzuzeichnen
- Handbohrmaschine oder elektrische Bohrmaschine für die Schraublöcher
- Hammer, mit dem die Schrauben leicht eingeklopft werden
- Schraubenzieher, mit dem danach die Schrauben festgezogen werden
- Schleifpapier, um die Kanten zu brechen
- Farbe und Pinsel, wenn das Regal angemalt werden soll (Dispersionsfarbe).

Die Arbeitsvorgänge:

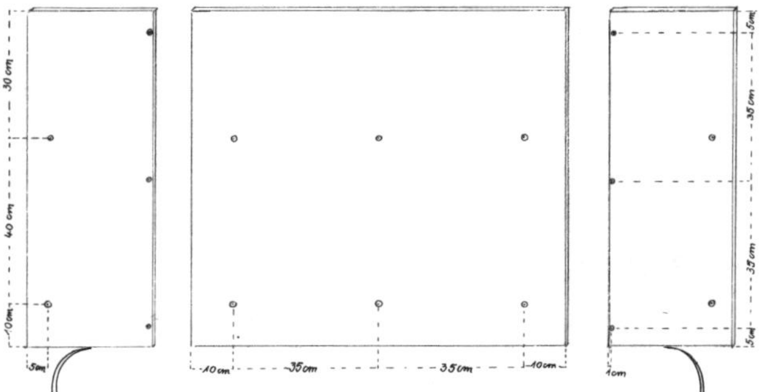

1. Die Bohrlöcher werden aufgezeichnet und gebohrt.

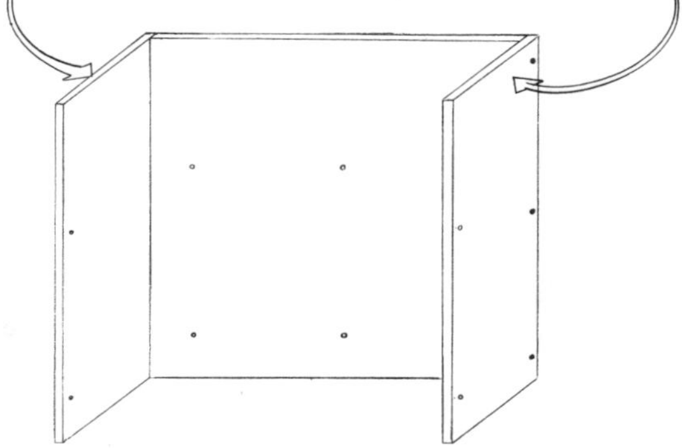

2. Die Seitenteile werden mit der Rückwand verbunden.

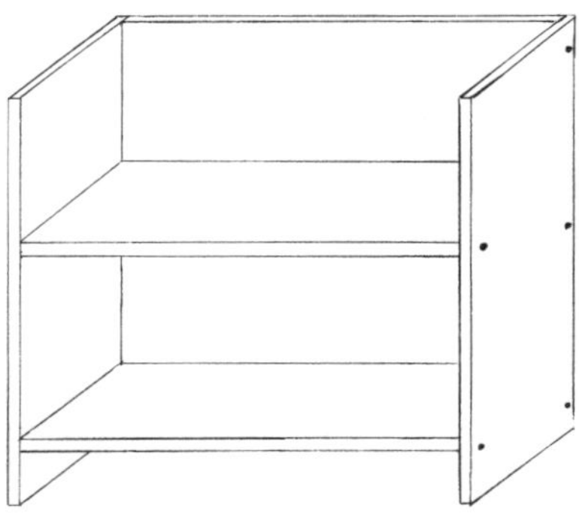

3. Die Regalauflagebretter werden eingesetzt und verschraubt.

Beispiel 2: Vorstöße in offene Situationen *(Kurt Weiblen)*

Es erscheint zunächst schwierig, den sicheren Boden einer ausgeklügelten Unterrichtspraxis zu verlassen, Lehrervorgaben zu reduzieren und Lernen als offenen Prozeß anzustoßen. Doch viele „Lernsachen" wirken nur, wenn Situationen herbeigeführt werden, in denen eine handelnde Auseinandersetzung mit ihnen möglich ist. Wo nur wohldosierte Lernhappen zu schlucken sind, wo keine Ernstfälle auftreten, sondern nur konstruierte, listig angelegte Lernpensen, deren Sinn vielleicht in einer fernen Zukunft liegen mag, da manifestiert sich Schulerfolg allenfalls in Noten, der „Rest" wird rasch vergessen.

Im folgenden sollen einige Möglichkeiten skizziert werden, um Lernsituationen aufzubrechen.

Projekt „Minizirkus"
eine Unterrichtseinheit aus dem Sachunterricht

Anlaß und erste Anregung war ein Schulfest, zu dem auch die Klasse einen Beitrag leisten wollte. In der Anfangsphase wurden im Unterrichtsgespräch unter dem Anspruch, daß alle Schüler mitwirken können, Vorschläge gesammelt. Dabei kamen drei Themenkreise in die engere Wahl: Geisterbahn – Theaterstück – Minizirkus.

Im Unterrichtsgespräch wurde deutlich, daß beim Minizirkus die größten Möglichkeiten bestanden, die Neigungen und Fähigkeiten einzelner Schüler oder Schülergruppen zu berücksichtigen.

In einer Tafelskizze wurde zunächst die räumliche Organisationsform, der Umbau des Klassenzimmers in eine „Zirkus-Manege", entwickelt. Eine Schülergruppe hat diese Skizze im Sachunterrichtsheft

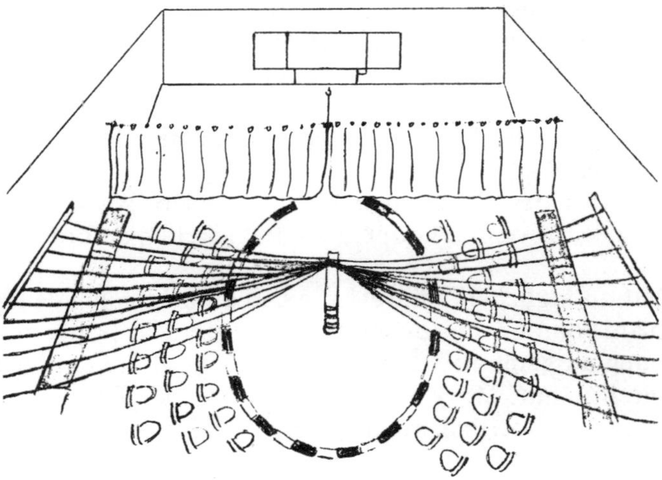

festgehalten. Damit war der Plan erstellt, aus dem später die Arbeitsaufträge für den Umbau abgeleitet werden konnten.

Im nächsten Planungsschritt wurden in einer Art Brainstorming Ideen zu den einzelnen Beiträgen der Aufführung gesammelt. Stichworte wurden aufgeschrieben und die Vorschläge zunächst nur mündlich mit Inhalt gefüllt. Hier schoß natürlich die Phantasie der Schüler ins Kraut, und man mußte gelegentlich auf die begrenzten Möglichkeiten der Schule hinweisen. Eine protokollführende Schülergruppe schrieb die gesammelten Ideen auf Kärtchen; je nach Anforderung konnten sich nun einzelne Schüler oder Schülergruppen Aufgaben aussuchen.

Dies war eine kritische Phase. Es gab Streit, weil viele Schüler die vermeintlich attraktivsten Nummern gestalten wollten. Einige Schüler trauten sich nicht richtig zu, vor Publikum aufzutreten. Hier war der Lehrer gefordert, mit viel Einsatz einmal vermittelnd, dann wieder ermunternd einzugreifen. Doch als diese Aufgaben verteilt waren, lief die Sache wieder. Die Schüler gingen nun mit viel Eifer ans Werk. Sie erarbeiteten ihre Beiträge weitgehend selbständig. Diese wurden in mehreren Probedurchgängen vor der ganzen Klasse geändert und optimiert. Vieles wurde dabei aufgegeben und neue Ideen aufgegriffen.

Bei den Proben tauchten vielfältige Probleme auf, die zum Teil in den Gruppen selber, zum Teil im Plenum der Klasse gelöst werden mußten. Der Anspruch, doch „etwas Rechtes" zuwegezubringen, schaukelte sich immer mehr auf. Dadurch entstanden ständig aufwendigere Probleme, zum Beispiel Herstellen von Kostümen, Bereitstellen von Musikinstrumenten usw., welche die Mithilfe von Eltern erforderten. Den engagierten Eltern war die offene Situation zunächst etwas suspekt, so daß eine Information (Elternbrief) über die Intentionen unumgänglich schien:

- Die Schüler sollen weitgehend ihren Neigungen und Fähigkeiten Entsprechendes darbieten können;
- es sollen keine „fertigen" Beiträge imitiert, sondern mit Beteiligung der Schüler und gegebenenfalls der Eltern neue Nummern entwickelt werden;
- bei den Schülern sollen auf spielerische Weise organisatorische, kreative und kooperative Fähigkeiten gefördert werden.

Mit zusätzlichen Hinweisen auf die entsprechenden Stellen im Lehrplan konnten die Bedenken der Eltern in bezug auf die offene Planung ausgeräumt werden, und die Engagierten unter ihnen arbeiteten intensiv mit. Mit jedem fertig gewordenen Requisit und jeder räumlichen Veränderung wuchs auch der Eifer der Kinder, steigerte sich die Bereitschaft, ihre Beiträge noch besser zu gestalten und auch einige

Nachmittage anzuhängen. Anregungsreiche Situationen waren entstanden, in denen vielfältige Lernfelder weitgehend selbständig bearbeitet wurden, zum Beispiel:

- Physikalische Phänomene und Gesetze,
- Sport – Tanz,
- Musik,
- Pantomime,
- Clownerie – Witze – Gags.

Weitere Problemfelder:

- Dekoration,
- Werbung, Plakate, Wegweiser (Folgespur), Programme,
- Kasse, Einnahmen – Ausgaben,
- Filmaufzeichnung, Synchronisation.

Schließlich stand die Hauptprobe, und die folgenden zehn Aufführungen (auf zwei Tage verteilt) mit insgesamt über 1000 Zuschauern fanden eine unerwartet gute Resonanz.

Der ernorme Beifall hat die Schüler der Klasse stark stimuliert. Da war ein Erfolg, den man gemeinsam in der Schule erreicht hatte. Dies hat sich außerordentlich günstig auf die Gruppendynamik ausgewirkt. Die Gruppenkohäsion hat deutlich zugenommen. Ein gesteigertes Wir-Gefühl war zu beobachten, das die Außenseiter integrierte und mit einigen Schwankungen bis zum Ende der Grundschulzeit vorhielt.

Mit der Klasse konnte nun auch leichter als früher längerfristige Gruppenarbeit mit differenzierten arbeitsteiligen Aufgaben in offener Gestaltung durchgeführt werden. Die Einsicht, daß man miteinander weiterkommt, schien gewachsen.

Elektrischer Strom
Technikbezogener Sachunterricht

Die Behandlung des Stromkreises erfolgte über konkrete Aufgaben einfacher elektrischer Installationen. Schüler und Lehrer hatten dafür eine vielfältige Materialiensammlung zusammengestellt. Einige Schülergruppen bauten in selbstgefertigte Modelle (Puppenstuben, Leuchttürme, Straßenlampen, Taschenlampen) Lichtanlagen ein. Obwohl hierbei auf eine experimentelle Erarbeitung des Stromkreises verzichtet wurde, hatten zum Schluß alle Gruppen mittels Nachschauen im Sachbuch, durch Probieren und gegenseitigen Erfahrungsaustausch funktionstüchtige Beleuchtungsanlagen fertiggestellt. Einige Schüler benutzten ihr Wissen, um zu Hause defekte Lichtanlagen ihrer Spielzeuge zu reparieren, und es bot sich an, dies in der Schule zu thematisieren. Ein Ersatzteillager wurde angelegt, defekte elektrische Spielsachen und Taschenlampen mitgebracht und in Partnerarbeit repariert. Auf einem Reparaturzettel wurden die Fehlerquellen, die Aufwendungen an Ersatzteilen und die Arbeitszeit notiert.

Als nächste konkrete Aufgabe folgte die Konstruktion und Realisation eines Styroporschneidegeräts. Die gebrauchsfähigen Geräte konnten zum Basteln und Gestalten eingesetzt werden.

Räumliche Voraussetzungen für offenen Unterricht

Die übersichtliche Unterbringung der vielfältigen Medien für offenen Unterricht wie Bücher, Materialien, Werkzeuge, Requisiten usw. wurde im Klassenzimmer zum Problem. Eine andere Klasse an der Schule hatte Regale gebaut; diese Anregung wurde freudig aufgegriffen, Pläne gemacht, Maße festgelegt und in der Stadtschreinerei Preßspanplatten bestellt. Mit Eifer wurden dann Schraublöcher gebohrt, Kanten verleimt und die Regale zusammengeschraubt; man durfte wieder mal „etwas Rechtes“ machen.

Ein großer Anreiz zu vielerlei Spielen und Aufführungen geht von einem Bühnenraum mit Vorhang im Klassenzimmer aus. Mit relativ geringem Aufwand läßt sich das Klassenzimmer in Bühne und Zuschauerraum aufteilen. Die Maße in der folgenden Skizze sind nur Vorschläge und lassen sich anderen Gegebenheiten anpassen.

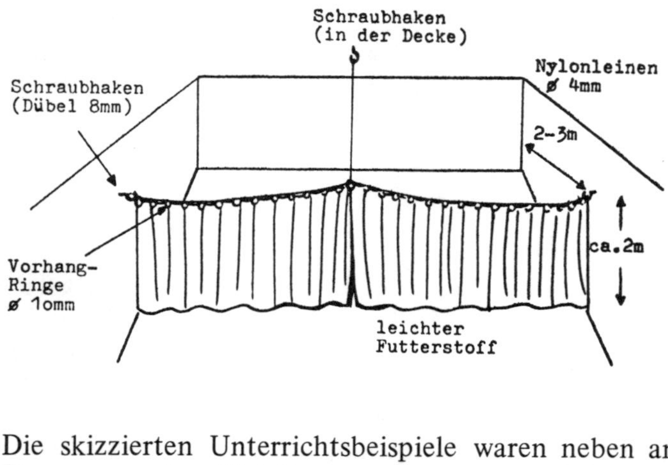

Die skizzierten Unterrichtsbeispiele waren neben anderen wichtige Etappen zu dem Ziel, Voraussetzungen für erfolgreiche Teamarbeit zu entwickeln und Selbssteuerung des Lernens anzubahnen. Auf Anregung der Schüler kamen weitere Projekte zustande, zum Beispiel die Aufzucht von Grasfröschen und die erfolgreiche Teilnahme bei einem regionalen Gruppenmalwettbewerb.

Es war immer wieder frappierend zu beobachten, was Schüler leisten wollen und können, wenn man sie nur läßt.

Beispiel 3: Mut zur Improvisation – Chance für Veränderung
(Jutta Sommer)

Möglichkeiten zu Veränderungen ergeben sich vielleicht am ehesten, wenn man bereit ist, zu improvisieren. Aktueller Anlaß zur Umgestaltung unseres Klassenzimmers und davon ausgehend zur Erprobung offener Lernsituationen war ein Bericht, den ich meiner Klasse (viertes Schuljahr) nach einem Akademielehrgang über „Entdeckendes Lernen im Sachunterricht" gab. Insbesondere der Vergleich englischer und deutscher Grundschulen weckte die Neugier und den Tatendrang meiner Schüler. Ein Mädchen, das gerade von einem einjährigen Amerikaaufenthalt zurückkam, erzählte von ihrem dortigen Klassenzimmer in der Elementary School: „Es gab keine Türen, alles war offener. Wir hatten eine Spielecke und eine Leseecke."

Da stand der Entschluß fest, unser Klassenzimmer neu zu gestalten. Pläne wurden gezeichnet; die Idee einer Lese- bzw. einer Spielecke wurde sofort übernommen; zusätzlich schlugen die Kinder eine Bastelecke vor. Der Wunsch, den Klassenraum wohnlicher zu machen, äußerte sich in den Vorschlägen, Gardinen aufzuhängen und ein Blumenfenster einzurichten: „Es muß ganz grün sein."

Beim Entwerfen der Pläne stellten die Kinder „nebenbei" die Notwendigkeit einer maßstabgetreuen Zeichnung fest, nachdem auf ihren ersten Plänen wesentlich mehr Mobiliar Platz fand als in Wirklichkeit. Damit tauchte unser erstes Problem auf: Unser Klassenzimmer ist, was Größe und Ausstattung betrifft, auf traditionellen, lehrerbezogenen Unterricht zugeschnitten und damit relativ klein (etwa 56 qm). Erste hochfliegende Pläne wurden auf das Mögliche reduziert. Das zweite Problem, die Materialbeschaffung für Regale, Raumteiler usw. (Holzkisten, Bretter, Farbe, Werkzeug), war schnell gelöst. Eltern, Verwandte und Bekannte wurden von den Kindern von der Notwendigkeit überzeugt, die erforderlichen „Baustoffe" zu spenden. Die Begeisterung der Kinder für „ihr neues Klassenzimmer" sprang auf die Eltern über.

Den kurz darauf stattfindenden Elternabend (Motto: „Wenigstens noch ein Jahr Spaß an der Schule") nutzte ich, um die Eltern über unsere Pläne zu informieren und sie in die anstehenden Arbeiten teilweise mit einzubeziehen. Natürlich tauchten hier und da auch Bedenken auf: Probearbeiten, Prüfungen, bleibt da noch Zeit übrig? Letzten Endes waren aber die Eltern mit mir der Meinung, daß ihre Kinder gern in die Schule gehen sollten, daß eine Schule, die den Kindern eine Last ist, kaum bleibenden Erfolg ermöglichen kann. Eine Bedingung, um Freude am Lernen zu haben, ist sicher ein Raum, in dem die Kinder sich wohlfühlen, vor allem dann, wenn sie selbst an seiner Gestaltung mitwirken können.

In den folgenden zwei Wochen machten wir uns an einigen Nachmittagen an die Arbeit: Tische und Stühle wurden umgestellt, um zusätzlichen Raum zu schaffen; Wandregale wurden ab- und an anderer Stelle wieder anmontiert; Wein- und Obstkisten wurden zu Regalen zusammengebaut und zuletzt angestrichen. Ein ausgedientes Regal und zwei kleine Materialschränkchen, Schaumstoffkissen und von einer Mutter genähte Gardinen wurden verwendet. Alle Kinder waren plötzlich fast unermüdlich dabei. Vorher waren Schulleiter, Hausmeister und Putzpersonal über unser Vorhaben informiert worden. Alle zeigten Verständnis und Entgegenkommen, so daß wir in dieser Hinsicht keinerlei Schwierigkeiten hatten.

Der Anfang war gemacht. Da tauchte ein neues Problem auf: Wir hatten eine Leseecke, aber kaum Bücher; wir hatten eine Spielecke ohne Spiele, und wir hatten Platz für Bastelmaterial geschaffen, das noch fehlte. Aus dem Schuletat standen uns 50,– DM für unsere Klassenbücherei zur Verfügung. Das reichte nur für einige Sachbücher zu unseren nächsten Sachunterrichtsthemen. Aber es war zugleich eine Anregung für die Schüler, auch Bücher aus eigenen Beständen beizusteuern. Mein Vorschlag, einige Bastelnachmittage mit Eltern zu machen und die selbstgefertigten Bastelarbeiten auf einem Flohmarkt beim alljährlich stattfindenden Heidelberger Herbstfest zu verkaufen, wurde begeistert aufgenommen. Die nächsten drei Wochen standen ganz im Zeichen dieses großen Ereignisses. Wie selbstverständlich wurden auch die weniger angenehmen Arbeiten wie Diktatvorbereitung

und ähnliches erledigt. Man wußte ja: Es kommt auch wieder etwas, das Spaß macht. – Mit Spannung warteten wir auf die Antwort des Verkehrsvereins, von dem wir einen Standplatz zugeteilt bekamen. „Der Heidelberger Herbst“ wurde schließlich ein voller Erfolg für uns. Einige Eltern übernahmen den Fahrdienst, so daß alle Kinder jeweils zu viert oder fünft an ihrem Stand verkaufen konnten. Diese Aktion war neben dem finanziellen Erfolg (fast 300,– DM) für jedes einzelne Kind und für den Zusammenhalt der Klasse von großer Bedeutung. Vom Erlös schafften wir Sachbücher, Unterhaltungsbücher und Spielmaterial an. Weiteres Spiel- und Bastelmaterial bringen die Kinder von Zeit zu Zeit in die Schule mit. Sie haben eine wahre Sammelleidenschaft entwickelt.

Als erstes Sachunterrichtsthema im „neuen“ Zimmer und mit einer schon recht brauchbaren Sachbücherei wählten die Kinder das Thema „Tiere“. Für das weitere Schuljahr wurde gemeinsam ein Stoffplan erstellt und in der Klasse ausgehängt, so daß jeder im Laufe der Zeit Material für die verschiedenen Themen sammeln kann. Ein Ausstellungstisch war der Sammelort für das Mitgebrachte. In Interessengruppen erarbeiteten die Schüler selbständig und schon recht umfassend selbstgestellte Fragenkomplexe, wozu in erster Linie die neuen Sachbücher und Lexika zu Rate gezogen wurden. Jede Gruppe erstellte einen Bericht, der zuerst der Gesamtklasse vorgetragen und dann ausgehängt wurde.

Kann man bei einem solchen Vorhaben „Erfolge bilanzieren“? Was zählt, ist nicht nur das, was herauskommt. Eltern bestätigen immer wieder, wie gern ihre Kinder jetzt in die Schule gehen. Meine eigenen Beobachtungen zeigen, daß aggressives Verhalten unter den Kindern merklich zurückgegangen ist, vermutlich eine der Folgen der vielseitigen Lernangebote im Klassenzimmer und der erweiterten Möglichkeiten zu individuellem und gruppenbezogenem Lernen.

Besonders wichtig bei der Gestaltung eines Klassenzimmers scheint mir neben der räumlichen Aufteilung in bestimmte funktionsgebundene Zonen und neben einem reichhaltigen Angebot an Lern-, Spiel- und „Roh"-Material die Verfügbarkeit der Medien für jeden Schüler zu jeder Zeit zu sein. Das setzt natürlich eine mit den Schülern vereinbarte Ordnung voraus, die nach meiner bisherigen Erfahrung ohne Schwierigkeiten von den Schülern erarbeitet, akzeptiert und eingehalten werden kann. Die Kinder schlugen vor, selbst eine „Klassenordnung" zu verfassen, die von allen beschlossen wurde. In der „Ordnung" zeigte sich für mich die Identifikation der Schüler mit ihrem Zimmer. Äußerlich unterstrichen wird das durch eine von den Kindern gestaltete Namensliste an der Tür.

Langfristig habe ich die Hoffnung, daß Schüler in einer so oder ähnlich gestalteten Lernumgebung lernen, für sich zu lernen und nicht für die Schule, und daß sie vielleicht erfahren, daß Lernen auch Spaß machen kann.

Ingrid Maier

Muß Schule wie Schule sein?
Ausgangspunkte – Initiativen – Erfahrungen

Schule sieht wie Schule aus

Ich betrat mein neues Klassenzimmer und damit den Raum, in dem ich voraussichtlich den größten Teil meiner Zeit an der neuen Schule verbringen würde. Die Schule: zweizügig, Grundschule, etwa 225 Schüler, 17 Prozent Ausländerkinder; Baujahr 1955, drei Bauteile (da für eine Grund- und Hauptschule mit erheblich größerer Schülerzahl projektiert). Der erste Eindruck: Viel ungenutzter Raum in Fluren und Hallen; der zweite: Schule sieht eben wie Schule aus. Ein Klassenzimmer gleicht dem anderen; abgeschrägte Decken mit Oberlicht die einzige „Großzügigkeit" in der baulichen Anlage. Ich betrat also diesen Klassenraum, hatte wie meist an einer neuen Schule ein wenig Herzklopfen, wußte zugleich, daß etwa 25 Schüler eines jetzt zweiten Schuljahres erwartungsgespannt auf die neue Lehrerin sehen würden. Auch ich wollte endlich „meine Kinder" sehen, ihre Gesichter: hoffnungsvoll-abwartend, ablehnend-aggressiv, schüchtern grinsend oder einfach machtlos ausgesetzt? Was ich zunächst empfand, war nichts von alldem, war vielmehr das elementare Erleben eigenen Ausgeliefertseins, von Hineingeworfenwerden von Lehrern und Gesetzt-Sein von Schülern in einen Raum, der nach erfolgtem Sommerferiengroßputz nun zu Beginn eines neuen Schuljahres sicherlich für einen erheblichen Prozentsatz an Klassenräumen stehen konnte. Erinnerungen schießen hoch, lösen Verdrängungsmechanismen aus: Materialfülle, Regale, Raumteiler, Zonungen, Pinwände, Kinder an verschiedensten Aufgaben selbstverantwortlich arbeitend, in einem pädagogischen Klima, das dem Lernenden Sicherheit zu vermitteln scheint und in dem der Besucher den Eindruck hat, Lernen und Raum seien hier in besonderer Weise aufeinander bezogen. Aber Bilder solcherart, einen erst kurz zurückliegenden Besuch an englischen Open Plan Schools assoziierend, gehören nicht meiner neuen Wirklichkeit an. Dies hier ist ein Lernraum „mit totalen Zuteilungen: Platz, Bewegungen, Aktionen, Positionen. Man wurde gesetzt und war ausgesetzt; die Wahrnehmung gerichtet: nach vorn. Und vorne saßen auch die ‚Schwierigen', in unmittelbarer Reichweite des Lehrers und dicht bei der Tafel, dem nahezu konkurrenzfreien Reizfeld. (...) Alles Angenehme ist draußen."[1] Kein Schulanfang der dreißiger Jahre – 1. August 1978. Drei Reihen Zweiertische hintereinander aufgestellt, an einzelnen Tischen nur ein Kind sitzend, die hinten stehenden Tische alle als Einzeltische verwendet (Schwätzer, Störer, Dumme?) – offenbar hatte ich die Sitzordnung dieser Klasse vom vergan-

[1] Siehe H. Kasper: Erfahrung und Lernen im Raum. In: Halbfas/Maurer/Popp (Hrsg.): Neuorientierung des Primarbereichs, Bd. 5: Lernwelten und Medien, Stuttgart 1976, S. 165.

genen Jahr vor mir. Eine kleine widerspenstige, in sich sinnlose, weil nicht Wirklichkeit verändernde Bewegung meinerseits: Ich setzte mich auf den neuen großen Lehrerschreibtisch.

Anthropologische Dimensionen des Raumes, seine Relation zum pädagogischen Klima wie auch zur Effizienz von Unterricht; Martin Bubers „Kontakt ist das wichtigste Wort in der Erziehung“[2]; die Notwendigkeit vortherapeutischer Arbeit gerade in der Grundstufe des Bildungswesens; Förderung emotionaler Stabilität, sozialer Sensibilität, Steigerung der Wahrnehmungsfähigkeit im sozialen wie im Bereich der Sinne im Hinblick auf die Bewußtwerdung der eigenen (Lern-) Bedürfnisse bzw. der Ermöglichung selbstbestimmten, signifikanten Lernens innerhalb eines sozialen Feldes – mühelos ließe sich aus den in Bildungsplänen vorangestellten Leitgedanken und übergreifenden Zielen diese Auflistung komplettieren. Eine hilflose Bewegung also sicherlich. So begann für mich die gemeinsame Zeit unserer Arbeit in dieser Klasse.

Mensch und Raum. Was ich erfuhr in dieser ersten Begegnung mit den Kindern, war Armut, die lähmend sich auswirkte. Nicht Armut bloß der sichtbar nicht vorhandenen Ausstattung (vielleicht barg ja das Lehrmittelzimmer noch ungeahnte Schätze?), sondern Armut an Beziehungen, an Miteinander innerhalb dieser Gruppe. Die Interdependenz von Mensch und Raum, dessen prägende Wirkung auf die sich in ihm befindlichen Menschen hatte ich körperhaft nie so deutlich erfahren. Die Kinder waren von Stigmatisierungen in großer Zahl stark eingeengt: „Die hat schon im ersten Schuljahr nie zugehört!“. „Der sitzt da hinten, weil er immer schwätzt!“. „Den müssen Sie anschreien, sonst folgt er nicht!“. „Die zwei, das sind die Klassenkasper!“. „Die weint immer, wenn sie lesen muß, da können Sie nichts machen, die ist ja auch ganz dumm!“. – So war auch ihre Wirklichkeit der Schule, sofern Wirklichkeit als das Ergebnis von Kommunikation begriffen wird[3], eine sehr eingeengte; so saßen sie da und warteten darauf, diese Wirklichkeit zu sabotieren, umzufunktionieren, sie umzumünzen und für ihre eigenen Wünsche und Bedürfnisse brauchbar zu machen. Ihre Ideen waren kahl wie die sie umgebenden Wände, ihre Beziehungen zueinander gediehen zu überlegener Perfektion nur auf dem Feld des Petzens; das Verhältnis zum Lehrer ergab sich konsequent aus diesem Beziehungsgeflecht: gefallen wollen, den Mitschüler disqualifizieren, sagen, was der Lehrer wahrscheinlich hören will. Die Normen dieses Schul„lebens“ waren für sie festgelegt wie der sie umgebende Raum: starr, unver-rückbar. Es gab lobenswerte und ver-

2 Siehe M. Buber, zitiert nach C.R. Rogers: Lernen in Freiheit, München 1974, S.103.
3 Vgl. P.Watzlawik: Wie wirklich ist die Wirklichkeit? München 1977.

dammenswerte Verhaltensweisen und Leistungen; rot war rot und blau war blau; Schule war eben so, und in Klassenzimmern brauchte man sich ja nicht unbedingt wohl zu fühlen.

„Die Kunst des Sehens besteht nicht darin, Rot von Blau zu unterscheiden, sondern darin, Rot von Rot. Das Ungleiche im gleich Erscheinenden zu entdecken, das Gleiche im Ungleichen – darin besteht die Kunst der Wahrnehmung überhaupt, ja jedes Erkennen. Erkennen ist also ein Balancieren zwischen Unterschied und Gleichheit. Je geringer die Unterschiede sind, desto größer ist die Anstrengung, sie zu erkennen. Oder anders gesagt: Die Minimalentdeckung ist die anspruchsvollste.“[4] Setzt man solch differenzierte Wahrnehmung gerade auch als Zielkomplex der Arbeit einer fördernden Grundschule in Beziehung zur Anregungsarmut traditioneller Klassenzimmer, so wird evident, daß dem Erkennen hier basale Voraussetzungen fehlen, daß in einem Raum, der das Verhalten von Kindern passiv und konform hält, weil Alternativen hier nicht einmal denkmöglich scheinen, daß ein solcher Raum kein Erstaunen, keine Intuition, kein Offensein für Außer-Gewöhnliches provozieren kann.

In einem solchen Raum würde auch ich als Lehrer nicht arbeiten können. „Vermittler von Informationen oder Erkenntnissen und Fertigkeiten“[5] zu sein, das würde mir bei Bereitstellung einer ausreichenden Mediensammlung noch gelingen können, weniger schon dies: „Organisator von Lernprozessen und Lernsituationen“[6] zu sein. Wollte ich aber ein Segment davon verwirklichen, „ein Modell eines lernenden, handelnden, genießenden, sich selbst bestimmenden Menschen“ ebenso zu sein wie jemand, der „Freund“[7] ist, der die „persönliche Zuwendung der Kinder brauchen (wird) – er wird sie sonst weder verstehen noch schützen, noch fördern, noch aushalten, noch wirklich herausfordern können“[8]; wollte ich als Lehrer „meinen“ Unterricht nicht nur absolvieren, sondern irgendwann unser Zusammensein im Unterricht auch als Lernender und diese Zeit hie und da Genießender erleben, dann würden Zeichnungen der Kinder an den Wänden und ein Paar Bastelarbeiten nicht ausreichen, um das Miteinander-in-Kontakt-Kommen von Kindern und Lehrer in Gang zu setzen. Manchmal vergißt die Schule neben den Kindern auch die Lehrer[9]. So versuchten wir, etwas aufzubauen, eine zuvor nicht vorhandene Gemeinsamkeit zu haben, um uns begegnen zu können.

4 Siehe H. Kükelhaus: Organismus und Technik, Olten 1971, S. 35.
5 Siehe H.v. Hentig: Schule als Erfahrungsraum? Stuttgart 1973, S. 37.
6 Ebd., S. 37.
7 Ebd., S. 37.
8 Ebd., S. 38.
9 Vgl. Kümmel/Maurer/Popp/Schaal: Vergißt die Schule unsere Kinder? München 1978; hier vor allem H. Schaal: Zur Wiederentdeckung des Lehrers als Person, S. 83–114.

Raum zum Lehren – Raum zum Lernen

Lernort, Lernumgebung, Lernwelt und Lernumwelt, Lernlandschaft und Lerngelände, Lernraum, Lernzone, Lernecke – Bezeichnungen, die bei aller inhaltlichen Unterschiedlichkeit einen gemeinsamen Sachverhalt signalisieren: Die Verlagerung vom einzigen Aktivitätszentrum und der einzigen Perspektive des *Lehr*-Raums hin zur Ermöglichung vielfältiger Lernsituationen, zur Berücksichtigung personaler Bedürfnisse und zum Ernstnehmen individueller Ausgangslagen innerhalb des *Lern*-Raums. Wenn Raum Rahmenbedingungen schafft für Erfahrung, Handeln und Lernen, wenn der Lern-Raum symbolische Botschaften an den Lernenden übermittelt, wenn Umgebung wie auch Lernen mit der eigenen Identität und der Beziehung zu anderen zusammenhängt, dann mußten wir versuchen, dieses Klassenzimmer zu einem Lern-Raum umzugestalten, in dem aufgrund der räumlichen Voraussetzungen gerade Ziele wie Verbesserung der Kommunikationsfähigkeit, Steigerung der mündlichen Sprachhandlungsfähigkeit, Erhöhung der Verantwortungsbereitschaft für Menschen und Sachen, Qualifikationssteigerung (zum Beispiel der Lesefertigkeit) für die Kinder leichter und mit mehr Erfolgsgarantie erreichbar sein würden – dies in einem langsamen sukzessiven Fortschreiten, die jeweiligen Notwendigkeiten zur Veränderung sensibel erspürend, den Kindern innerhalb eines zunächst recht festgefügten Rahmens immer mehr Freiheit ermöglichend. „Man kann keine Regeln dafür aufstellen, welche Veränderungen zuerst vorgenommen werden sollen. Die vorliegenden Erfahrungen geben zu der Vermutumg Anlaß, daß für viele Schulen eine Evolution akzeptabler ist als eine Revolution. Doch gibt es auch Schulen, die mit Erfolg einen radikalen Durchbruch gewagt haben. Auf jeden Fall kann man davon ausgehen, daß Lehrer die Notwendigkeit zur Veränderung in völlig unterschiedlicher Weise erfahren und in unterschiedlichen Bereichen der Schule angesiedelt sehen.“ [10]

Auf meine Anregung hin beschlossen wir, eine erste Veränderung anzugehen: den Aufbau einer Leseecke im Klassenzimmer. Alle Klassenzimmer im Trakt für die Klassen 1 und 2 sind 64 qm groß und quadratisch. Legt man die Allgemeinen Schulbaurichtlinien für Baden-Württemberg von 1970 zugrunde[11], so sind sie bei einer pro Schüler anzusetzenden Grundfläche von 1,8 qm für 35,5 Schüler erstellt. Die Möglichkeiten der Umgestaltung von Lehrräumen in Lernräume deu-

10 Siehe M. Lear: Wie offener Unterricht eingeführt wird. In: H. Kasper / A. Piechorowski (Hrsg.): Offener Unterricht an Grundschulen – Berichte englischer Lehrer, Ulm 1978, S.130.

11 Vgl. Allgemeine Schulbaurichtlinien für Baden-Württemberg (ASR), Erlaß vom 7. Juli 1970, UA I 6104/136, des Kultusministeriums Baden-Württemberg. In: Kultus und Unterricht 1970, S.880–911.

ten sich in Zahlen an: 1955 konnte von einer durchschnittlichen Klassenstärke von 48 Schülern ausgegangen werden (4 x 6 Schülertische), was eine Grundfläche pro Schüler von 1,33 qm ergab. Da in den letzten Jahren die Schülerzahlen im Grundschulbereich teilweise erheblich gesunken sind, sind heute in einer großen Zahl von Klassenräumen – selbst bei Klassenzimmern, die nach den Allgemeinen Schulbaurichtlinien nicht der Norm von 72 qm entsprechen – günstige Bedingungen zur Umgestaltung von Räumen gegeben.

Jeder der 24 Schüler meiner Klasse hat 2,6 qm Fläche in unserem Klassenzimmer zur Verfügung, wobei selbstverständlich zwischen baurechtlich veranschlagter Grundfläche und tatsächlicher Nutzungsfläche pro Schüler unterschieden werden muß. Durch die Bildung von vier Sechser-Gruppen sowie der Verlagerung der „zentralen Schaltstelle" des Lehrerpults (weg von der Wandtafel und dem traditionellen Vorn an die Seite) wurde diese Nutzungsfläche erheblich vergrößert, mehr Raum geschaffen.

Stuhlsitzkreise in den ersten Tagen (Mitteilungen über Erlebnisse der Kinder, Vorzeigen und Zugänglichmachen von mitgebrachtem Spielzeug und Lieblingskuscheltieren, Betrachten von Bildern) sollten die Schüler mit anderen Sozialformen als dem gewohnten Einzellernen bekanntmachen – dies in der für die Leseecke vorgesehenen Zone. Als prägnantes Beispiel für die bereits hervorragend gelungene Verschulung und Verinnerlichung dessen, was Schule ist und was in ihr geschieht, sei die spontane Äußerung eines kleinen Mädchens zitiert, das, mit den Mitschülern zusammen im Kreis sitzend, plötzlich wenig Lust hatte, das zuvor sehr Wichtige bekanntzugeben; es guckte vielmehr sichtlich empört in die Runde und tat kund, daß das hier wie im Kindergarten sei – *wir* seien doch in der Schule!

Die Leseecke – nur Regale und ein Teppich?

Schon vor dem ersten Elternabend verfügten wir über eine kleine Klassenbibliothek; sie stammte zumeist von den Kindern selbst (Bilder- und Geschichtenbücher sowie wenige Sachbücher), aus Schulbeständen (vor allem Lese- und Sprachbücher) sowie aus meiner eigenen Schulbuchsammlung. Am Klassenpflegschaftsabend versuchte ich darzustellen, welche Zielüberlegungen mich zur Einrichtung einer Leseecke veranlaßten:

- Steigerung der Fähigkeit, Zugang zu Büchern zu finden und im Umgang mit ihnen Spaß zu haben; Entwicklung und Förderung persönlicher Leseinteressen;
- differenzierte Förderung der Lesetechnik durch ein Angebot an Materialien verschiedenen Schwierigkeitsgrads;

- Steigerung der Fähigkeit der Sinnentnahme bei technisch befriedigenden Lesern;
- schrittweise Erhöhung der Ausdauer, „Dranbleiben“ an einem selbstgewählten Lesestoff;
- Vorformen der Bibliotheksbenutzung bzw. Zurechtfinden in einer Systematik.

Die genannten lernbereichsbezogenen Ziele stellte ich zunächst in den Vordergrund meiner Argumentation, da Eltern erfahrungsgemäß am ehesten solchen Begründungsmustern zugänglich sind, die die kognitive Seite, den Aspekt der schulischen Leistung direkt im Blick haben. Zwar wurde auch diskutiert über den Aufbau von Qualifikationen wie Zunahme eigengesteuerten, lehrerunabhängigeren Arbeitens durch Arbeitsplatzwahl, Aufgabenwahl, Partnerwahl, Einteilung von Lernzeit; Selbst- oder Partnerkorrektur als Versuch der Selbstbewertung. Ich wollte solche in den Augen von Eltern zunächst sekundären Zielbereiche direkt in der Diskussion jedoch erst angehen nach einer intensiven praktischen Erprobungsphase. Daß diese so bündig anschließen würde an die Elterninformation, daß wir innerhalb zweier weiterer Tage nach insgesamt noch nicht drei Unterrichtswochen Regale von Eltern zur Verfügung gestellt bekamen, die unsere kühnsten Vorstellungen übertrafen – das schuf Begeisterung für diese neue, im seitherigen Klassenraum denkunmögliche Zone! Aus Plasikrohren und -platten zusammensteckbare Regale in Weiß (60 x 30 cm, variable

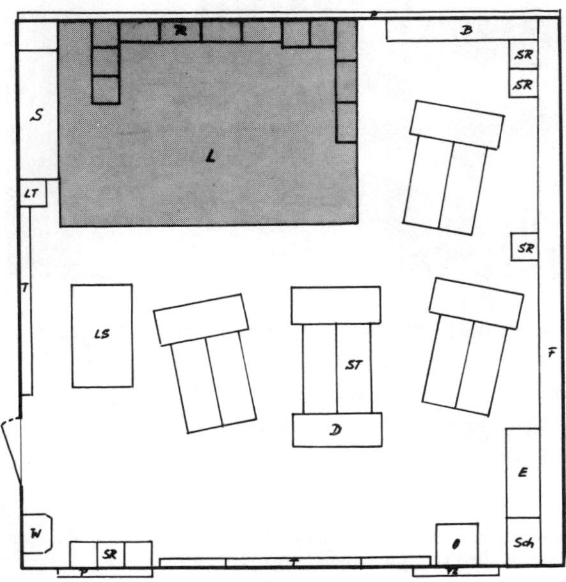

B Bank für Schülerordner
D Demonstrationstisch
E Einzelarbeitsplatz
F Fensterbank
Fl Flanelltafel
L Leseecke/Teppich
LS Lehrerschreibtisch
LT Lehrerturm
O Overheadprojektor
P Pinwand/Ausstellungsfläche
R Regale mit Klassenbücherei, Infothek, Spielesammlung/Baukästen, Sachunterrichtsturm, Ausstellungstisch, Fundbüro
S Schrank
Sch Schreibmaschinenplatz
SR Schülerregale
ST Schülertische
T Wandtafeln
W Waschbecken

Höhe) und Blau (40 x 40 cm, variable Höhe)[12], sehr leicht, dennoch stabil und standfest. Wir erhielten die zusammensteckbaren Teile in großer Stückzahl, so daß außer der Einrichtung einer großen Leseecke die Möglichkeit bestand, an drei verschiedenen Stellen im Raum kleine blaue Regale für Schülerutensilien aufzustellen (Malkasten, Wasserbecher, Wachsmalstifte, Schere, Klebstoff, Schächtelchen für Spielgeld und anderes mehr). Das Zusammenstecken der Regallandschaft mußte nach meinen bis dahin gemachten Erfahrungen ohne die Schüler erfolgen, was ihr Mitspracherecht bei der äußeren Formgebung und Gestaltung zunächst stark einschränkte. Ein 300 x 450 cm großer grauer, auf der Unterseite gummierter, daher rutschfester Bouclé-Teppich, der mir aus dem Bekanntenkreis leihweise für dieses Projekt zur Verfügung gestellt wurde, komplettierte die Ausstattung, die die Kinder zu Wochenbeginn vorfanden.

Verwunderung und Begeisterung über die ästhetische Qualität der Regale, selbst in leerem Zustand, waren groß; erstaunlich das Anhalten fast aller Kinder außerhalb der Teppichfläche und die spontane Frage, ob man sich denn auch hinlegen dürfe. Diese und ähnliche Fragen führten in den nächsten Tagen zur Aufstellung detaillierter Regeln:

12 Länge der Plastikrohre zwischen 25 cm und 37 cm, beliebig stapelbar. Tatsächliche Regalhöhen zwischen 60 cm und 77 cm. Höhe der Türme zwischen 120 cm und 150 cm.

– vor dem Betreten der Leseecke ziehen wir die Schuhe aus, um größtmögliche Sauberkeit zu gewährleisten; Aufstellen der Schuhe am Teppichrand;
– Balgen und Toben sind in der Leseecke nicht zugelassen;
– lautes Sprechen ist beim Lesen störend und daher nicht erlaubt.

Schließlich sitzen wir zum ersten Mal auf dem Teppich; die Kinder sind verhalten; wir sprechen darüber, wieso alles so überraschend schnell gegangen ist, wie ich den großen schweren Teppich in meinem VW-Bus transportiert habe. Die Schüler sitzen entspannt im Schneidersitz, knien, liegen auf dem Bauch. Erstaunlich ist, daß Kinder, auch in der Schule, so rasch äußeren Voraussetzungen entsprechend reagieren, sich so rasch zusammenrollen, mit den Beinen unter ein Regal schlüpfen, sich geradezu darunter einnisten. Sie kuscheln sich in den schmalen Durchgang zwischen Schrank und Regalen, was bis heute eine der gesuchtesten Rückzugsmöglichkeiten geblieben ist.

Viele der kleinen Hände bewegen sich auf dem Teppich, die taktilen Bedürfnisse sind, für mich unerwartet, groß; ein Kind spricht es aus: „Der Teppich ist so weich, ich möchte hier sitzen bleiben!" Tatsächlich hat sich schon in den ersten Wochen der Teppich als das wichtigste Element dieser neuen Lernumwelt erwiesen: Als ob die Kinder mit dem Draußenlassen der Schuhe eine Grenze überschreiten würden, änderte sich bei allen Kindern das Verhalten in signifikanter Weise: Ich hatte den Eindruck von Beruhigung, sobald eine Kleingruppe von Kindern irgendwo auf dem Teppich saß und in Büchern blätterte oder las. Sie fühlten sich geborgener als „draußen", erspürten den informellen Charakter, empfanden den Kontrast zum „normalen" Lernen als

wohltuend. In den ersten beiden Tagen, die den Kindern nahezu ganz freigegeben waren zu freiem Tun, Schauen, Lesen, benannten und füllten wir den „Ausstellungsturm“ (Kinder bringen Dinge von zu Hause mit, die ihnen individuell bedeutsam sind und die sie der Klasse zeigen wollen), den „Sachunterrichtsturm“ (Ablagemöglichkeiten für Materialien, Bilder, Gegenstände zum jeweiligen Sachunterrichtsthema), den „Lehrerturm“ (für Dinge, die mir bedeutsam sind und schnell zugänglich sein sollen: Schultasche und Schlüssel ebenso wie Kakao oder Schokolade); auch die Einrichtung eines „Fundbüros“ für namenlos herumliegende Dinge gehört in diese Zeit. Nach vier Wochen Unterricht (eine Woche mit Leseecke) war uns das Prinzip, daß allen alle Materialien usw. jederzeit zugänglich sein müssen, vertraut. Rückblickend läßt sich nach einem Schulhalbjahr sagen, daß das gegenseitige Vertrauen (offener Schrank, nicht verschlossener Lehrerschreibtisch) und die Behutsamkeit im Umgang mit Dingen wuchsen, daß beispielsweise die von den Kindern mitgebrachten Dinge weder entwendet noch mutwillig zerstört wurden.

In der Leseecke, auf dem Teppich sitzend, fanden immer häufiger Gesprächskreise statt; sehr beliebt und nicht mehr wegzudenken aus dem Prozeß des Zusammenwachsens dieser Kinder zu einer Gruppe sind die Erzählkreise in der ersten Unterrichtsstunde am Montagvormittag. Als Lehrer erlebte ich nie vorher einen so ruhigen, ausgeglichenen Wochenbeginn.

Zwei Faktoren bedingten eine Modifizierung der für unsere Leseecke aufgestellten Regeln: Einmal war für mich selbst die Einhaltung der Regel, immer die Schuhe am Rand des Teppichs stehen zu lassen, wegen des damit verbundenen Zeitaufwands für nur kurzes Betreten (etwa um ein Buch zu holen und draußen in der allgemeinen Lernzone damit zu arbeiten) unrealistisch. Nachdem wir einen Rest Teppichauslegware an einem vereinbarten Platz liegen hatten, erklärten wir dies zum „Eingang" der Leseecke und vereinbarten: Bei kurzfristigem Betreten gründliches Schuheabstreifen! Nach wie vor ziehen alle Benutzer der Leseecke ihre Schuhe aus. Ein von mir zuvor nicht bedachtes, pädagogisch sehr bedeutsames Moment kristallisierte sich sehr schnell heraus: Nach kurzer Zeit hatte kein Kind mehr Probleme mit ungewaschenen Füßen, schlecht riechenden Socken oder ungestopften Strümpfen! Offensichtlich achten die Kinder mehr als früher selbst darauf – Aktualisierung von Alltagsnormen statt Moralpredigten der Schule. Der zweite Faktor, der zur Modifizierung einer Regel führte, ist ein grundsätzliches Problem bis heute und in der Form der hier verwirklichten Leseecke wohl nicht lösbar: Die Kinder brachten im Laufe der Wochen nicht nur einen Buchbestand von mehr als 70 Büchern mit, sondern auch Puzzles, Unterhaltungsspiele, Lernspiele und Baukästen.

Schulraum – Raum zum Spielen?

Wenn die Leseecke räumlicher Integrationsfaktor für das Zusammenwachsen einer Gruppe sein soll, wenn sich dort nicht nur einzelne Kinder lesend aufhalten sollen, sondern sie mehr Gemeinsamkeit und Wir-Gefühl ermöglichen soll als ein Stuhlkreis, dann muß sie eine bestimmte Größe aufweisen. Aus dem Grundriß unseres Klassenzimmers ist ersichtlich, daß die Einrichtung einer zusätzlichen Spielzone flächenmäßig kaum mehr möglich wäre. Da bei dem hier beschriebenen Projekt gerade auch soziales Lernen im Vordergrund stand, fiel die Entscheidung zugunsten einer großen Teppichfläche, die je nach Situation Lese- oder Spielzone sein konnte. Spielen und Bauen sind zugelassen: in kleinen Pausen, in verregneten großen Pausen, in Kurzphasen zu Beginn der Stunde nach einer großen Pause, am Ende eines anstrengenden Unterrichtsvormittags.

Zunächst hatte ich vermutet, daß alle Kinder sich für Spielen/Bauen entscheiden würden, wenn diese Tätigkeiten freigegeben würden. Bald erwies sich, daß mehr und mehr Schüler zu unterrichtsbezogenen Aufgaben zurückkamen, daß sie sich für das Arbeiten an Bilddiktaten, am Rechtschreibprogramm, am Blättermarkt (vgl. den Beitrag von Hildegard Kasper/Ingrid Maier: Die kleine Klassenmediothek in der Grundschule, S.199) ebenso wie für das Lesen entschlossen. Leistungsmäßig schwächere Schüler bleiben erwartungsgemäß recht lange in der Phase des Spielens, wo dies freigegeben ist, profitieren jedoch im Bereich prosozialen Verhaltens sehr viel von dieser Freigabe.

Das Problem, das zur Modifizierung einer Regel führte, ist ersichtlich: Ist Spielen und Lesen in die freie Entscheidung der Kinder gestellt, so kann die Regel: „Nur flüstern, wenn als Hilfe oder Erklärung für einen Partner notwendig", nicht aufrecht erhalten werden. Es hat sich herausgestellt, daß in Kurzphasen der Lautstärkepegel sich selbst reguliert, daß nach einer zunächst recht lebhaften Zeitspanne das Miteinander-Sprechen leiser, „normaler" wird, so daß auch die mit anderen Arbeiten beschäftigten Kinder sich selten gestört fühlen. Dem Bedürfnis, nicht ständig in erheblichem Maß aufeinander Rücksicht nehmen zu müssen, wurde durch das Einrichten ganzer Spielstunden Rechnung getragen; sie finden ein- bis zweimal im Monat, meistens an Samstagen, statt. In diesen Spielstunden werden alle im Klassenraum möglichen Tätigkeiten ausgeübt: Kinder bauen mit an der Schule vorhandenen Steckwürfeln, mit mitgebrachten Holzbaukästen und Kästen Logischer Blöcke gemeinsam Flugplätze, Häfen, Schlösser, Städte, Garagen – auf dem Teppich geht in Monaten kaum ein Baustein oder ein Puzzleteilchen verloren; das Aufräumen und Beisammenhalten der Dinge ist erleichtert. Kinder stempeln, sind bei Gesellschaftsspielen zu finden: „‚Mensch ärgere dich nicht' endlich einmal ohne meinen Papa – der will immer gewinnen!" Sie lesen einzeln für sich oder suchen sich einen im Lesen noch ungeübten Partner, dem sie vorlesen. Sie beaufsichtigen einander, wollen Lehrer sein, spielen Schule in ihrer rigidesten Form. Immer wieder Kinder, die sich am Sachunterrichtsturm zu schaffen machen, ein Problem weiterverfolgen. Malen ist sehr beliebt, mit einem Partner an einem Schülertisch oder in einer Gruppe an der Wandtafel. Das von einem Jungen mitgebrachte Kaspertheater, das dringend repariert werden müßte und nicht gut steht, findet Spieler und Zuschauer.

Immer wieder bin ich erstaunt, daß die Probleme innerhalb solcher Stunden wesentlich geringer sind, als man zunächst vermutet: Die Befriedigung über die selbstgewählte Arbeit, die Wahl des Lern- oder Spielplatzes wie des Partners, die Möglichkeit, sich völlig zu isolieren und am Fenstersims ein schrecklich schwieriges Buch über die Sehenswürdigkeiten Nordamerikas zu studieren und ganz allein zu sein – dies scheint Disziplinprobleme schon im Vorfeld kaum aufkommen zu lassen, entbindet den verhaltensauffälligen Schüler (welche Normen legen wir in unserem Lehrerurteil leichtfertig zugrunde?) der Notwendigkeit, sich in den Brennpunkt der Aufmerksamkeit zu rücken; er kann sicher sein, daß er irgendwo mitspielen kann, daß er vielleicht selbst Initiator einer zündenden Spielidee wird. Dies lernen die Kinder langsam, aber mit wachsender Zuversicht: Sie mehren die Erfahrung, daß es schön ist, befriedigend, einen eigentlich immer schon als „dumm“ oder „störend“ qualifizierten Schüler mit-spielen zu lassen, daß er, wenn man ihn nur läßt, ebenso Ideen entwickeln kann wie sie selbst, daß es sich oft „lohnt“, ihn ernst zu nehmen.

Zu Beginn der Realisierung solcher Spielstunden hatten wir nicht selten das Problem der Vagabundierer, der Kinder, die von einer Tätigkeit zur nächsten hüpften, ohne die begonnene zu einem gewissen Abschluß zu bringen, die Unerledigtes zurückließen, einfach vom gemeinsamen Spiel aufstanden, die Lust verloren, weil sie nicht zu gewinnen Aussicht hatten oder weil ihre eigenen Einfälle von der Kleingruppe nicht akzeptiert wurden. Solche Ereignisse mußten immer wieder in der Großgruppe thematisiert werden, wobei die eingangs erwähnte Rolle des Verstehenden, des Freundes vom Lehrer gefordert ist.

„Beim Spielen soll es den Kindern möglich sein, ihre Bedürfnisse und Gefühle einzubringen, auch solche, die in anderen, alltäglichen sozialen Situationen unterdrückt werden müssen, weil sie unangepaßt und ungewöhnlich oder gar tabuisiert sind. Beim Spielen dürfen positive und negative Gefühle, Zuwendungsreaktionen und Aggressionen, Abenteuerlust und Ängste ausgelebt werden. – Kinder sollen beim Spielen selbst über ihre Aktivitäten bestimmen können. Sie wählen und entscheiden, womit und mit wem sie wie lange spielen wollen. Sie können Einfluß auf die Gestaltung von Spielen nehmen oder auch die Teilnahme an bestimmten Spielen ablehnen. – Die Kinder brauchen Absprachen, Gewohnheiten und Regeln im Umgang miteinander, damit Interaktionen vorhersehbar und planbar werden. Solche Regeln sollen aber möglichst mit den Kindern zusammen gesetzt und nicht von den Erwachsenen allein vorgegeben werden. Sie dürfen nicht rigide gehandhabt werden, sondern sollen immer wieder neu reflektiert und geändert werden, wenn sie nicht mehr zweckmäßig erscheinen.“ [13]

[13] Siehe E. Calliess: Spielen und Spieldidaktik. In: D. Haarmann (Hrsg.): Lernen und Lehren in der Grundschule, Braunschweig 1977, S. 203; vgl. hier auch zur Gestaltung und Organisation der sachlichen Umweltgegebenheiten, zu sozialen Interaktionsbedingungen und zur Rolle des Pädagogen.

Ein Schüler, der sich nicht grundsätzlich angenommen weiß, ist nicht frei, seine negativen Gefühle zu verbalisieren, sein Beleidigtsein, seinen Zorn, die ihn zum Verlassen seiner Gruppe veranlaßt haben. Die Ermunterung zu Offenheit und Aufrichtigkeit greift nur, wenn sie nicht ein strategisch bewußt gesetztes Mittel ist, wenn Wahrhaftigkeit und der Versuch des Kindes, die eigenen Schwierigkeiten zu erkennen, nicht im nachhinein sanktioniert werden. Der Interaktionspartner – er mag unvollkommen handeln, ängstlich sein, zögern, Apathie zeigen, mit lernhemmenden Gefühlen nicht fertig werden – bedarf der Anerkennung durch den Lehrer (Facilitator) und gewinnt dadurch Vertrauen und zunehmende Sicherheit in die eigenen Entwicklungsmöglichkeiten; beim Lernenden wird so durch bedingungsfreie positive Zuwendung ein uneingeschränktes Vertrauen in die eigene Erfahrung eintreten[14]. Es darf für das Kind kein unkalkulierbares Risiko sein, es selbst zu sein; es dürfen keine Bedrohungen auftreten, die zur Veränderung seines Selbstbildes beitragen, seine Unsicherheit steigern oder das Gefühl, ein Versager zu sein. Carl Rogers spricht von Wertschätzung und Akzeptieren als einer grundlegenden Einstellung der fördernden Lehrerpersönlichkeit[15].

Mit Kindern lernen – mit Kindern leben

Sporadische Nutzung einer Leseecke für freies Lesen, Spielen, Bauen stand bisher im Vordergrund. Im folgenden sollen einige Situationen beschrieben werden, in denen sich zeigt, wie sich durch eine veränderte Lernlandschaft das gesamte Zusammen-Lernen und Zusammen-Leben einer Klasse verändern kann, dies gerade auch bei lehrplanbezogenen Aktivitäten und zunächst durchaus noch in einem traditionellen Unterrichtskontext.

„Restzeit"

Auch wenn man am Konzept des frontalen Unterrichts im Klassenzimmer festhält, bietet eine Leseecke erhebliche Erleichterungen. Wenn sie geeignete Medien bereithält, kann die vom Lehrer oft gefürchtete „Restzeit" einer Stunde sinnvoll zur weiteren Vertiefung durch Nachschlagen nach einer sehr intensiven Phase konzentrierten Arbeitens genutzt werden. Wer hätte nicht das Problem des rasch und sorgfältig arbeitenden Schülers, der nach Mehr verlangt, im Normal-

14 Vgl. C. R. Rogers: Lernen in Freiheit, München 1974, S.111.
15 Ebd., S.110-113 bzw. Teil II: „Eine Atmosphäre der Freiheit schaffen" und Teil III: „Voraussetzungen des Lernens"; ders.: Entwicklung der Persönlichkeit, Stuttgart 1976, S.280.

fall aber nur mit Zusatzaufgaben am selben Medium weiterbeschäftigt werden kann. Ein Schüler ist „fertig“ – gehen wir wirklich noch immer davon aus, daß Lernen ein abzuschließender Prozeß sei, daß man je damit fertig werden könne? Wer eine Aufgabenfolge zu Ende gebracht hat, erhält im besten Fall die Möglichkeit, ein nach Aufgabenstellung und -schwierigkeit differenziertes Arbeitsblatt oder ähnliches zu bearbeiten. Lehrer machen häufig die Erfahrung, daß gerade hochmotivierte Schüler nach einer Phase intensiven Arbeitens in diesem Augenblick, der für sie den Beginn der „Restzeit“ der Stunde darstellt, keine Lust mehr haben und objektiv nicht mehr gut arbeiten *können*.

Pausenzeit

Der traditionellen Nutzung zuzurechnen ist das Aufhalten der Kinder im Klassenzimmer während der kleinen und großen Pausen. Das Spielen in kleinen Pausen fügt sich ebenso nahtlos in den Unterrichtsvormittag ein wie die beschriebene Nutzung am Ende der Stunde. Der Schulordnung entsprechend sollen Schüler während der 15- oder 20-Minuten-Pause des Vormittags nur auf Anordnung des Schulleiters im Klassenzimmer bleiben dürfen; durch ein vielfältiges Beschäftigungsangebot während verregneter großer Pausen hat sich auch in unserer Klasse das Rennen, Toben, Streiten und Brüllen stark vermindert [16].

Auch solche Pausensituationen gibt es: Ein Schüler äußert an seinem Geburtstag den Wunsch, in der großen Pause im Klassenzimmer

16 Siehe H. Eisenschmid: Unsere Klasse – ein Raum für Kinder. In: Die Grundschule, 10 (1978), Heft 1, S. 32–34.

bleiben zu dürfen, ein Schüler, der sich zu Beginn seines Schülerlebens „mit Händen und Füßen“ zu wehren suchte gegen die Trennung von der Mutter und die Einweisung in eine für ihn bedrohliche, Angst erzeugende Institution. Der Wunsch dieses Jungen zeigt, daß man sich in dieser Lernumwelt wohlfühlen kann, daß es schön, befriedigend, beruhigend sein kann, allein auf dem Teppich zu liegen, daß es andere Möglichkeiten der Lustgewinnung gibt als zu kämpfen, zu brüllen, zu stören. Er wollte allein in der Leseecke sein: Hat er durch diesen Wunsch nach Alleinsein sich selbst ebenso wie mich als Lehrer auf die Probe gestellt, ohne es intellektuell zu antizipieren? Auf unser vereinbartes Klopfzeichen hin öffnete er die Tür, ließ uns ein, legte sich wortlos wieder auf den Teppich, deckte sich mit der immer im Schrank liegenden grauen Militärdecke zu und griff erneut, im Bewußtsein seiner außergewöhnlichen Situation zwar, aber wissend, daß er in ihr gewachsen war, zu seinem Bilderbuch mit wenig Text. Irgendwann in den nächsten Minuten nahm er Blickkontakt zu mir auf und vergewisserte sich so, daß es nicht den Zwang gab, aufzustehen. Er blieb und war sehr intensiv an der Diskussion daran beteiligt, wie am geschicktesten vorzugehen sei, die Fotos aller Kinder der Klasse, die wir nun endlich zusammen hatten, auf ein Plakat zu kleben. Eine normale große Pause in allen Schulen, deren Klassenräume nicht verschlossen werden; für diesen Schüler und für sein Leben in der Klasse sicherlich ein bedeutsamer Tag.

Unterrichtsanfang – Unterrichtsende

Es gibt Schulen, die ohne das Abschließen der Klassenzimmertüren auskommen; ein Desiderat wäre, daß in der Regelschule nicht nur innerhalb der Klassenräume das Prinzip der Offenheit herrschte: Schüler könnten sich zum Beispiel vor dem eigentlichen Unterrichtsbeginn im Klassenzimmer aufhalten, spielend, sich unterhaltend, lesend. Nicht nur das Ende eines Unterrichtsvormittags würde anders aussehen, an dem Schüler nicht mehr laut, drängelnd, hastig, aggressiv aus der Klassenzimmertür stürzen, dem schrecklichen Zwang endlich entronnen – ein Bild, angesichts dessen der Lehrer sich der Frage nach dem Sinn verordneten sozialen Lernens nicht entziehen sollte. Auch gerade der Unterrichtsbeginn in der Grundschule würde entkrampft, Gespräche, die allzu häufig aufgrund von „Sachzwängen“ unterbunden werden müssen, könnten schon zuvor stattfinden, Mitteilungsbedürfnisse der Schüler müßten nicht abgeblockt und auf später verwiesen werden. Der Lehrer würde in der Zeit vor dem Unterrichtsbeginn ebenso selbstverständlich wie die Schüler in ein nicht mehr leeres Klassenzimmer kommen. – Immer wieder ist es sinnvoll, „informelle“ Viertelstunden bei besonderer Bedürfnislage der Schüler einzuplanen, speziell dafür „anzusetzen". Es sei hier auf den zentralen Bereich der Gesprächserziehung verwiesen, auf die Notwendigkeit der Förderung der Sprachhandlungsfähigkeit von Kindern. In unserem Schulalltag gibt es durchaus Situationen für mündliches Sprachhandeln mit Ernstcharakter; Lehrer sollten sie sehen lernen und durch die Einbeziehung ernstgenommener Kinderbedürfnisse einen Unterricht reduzieren, der Spontaneität abblockt.

Lehrerlose Klasse

Zu den Vorteilen umgestalteter Klassenräume sind auch Krankheitsstellvertretungen zu zählen. Wird es unvorhergesehen notwendig, zwei Klassen wegen Ausfalls einer Lehrkraft parallel zu beaufsichtigen und zu beschäftigen, dann besteht die Möglichkeit, mit der eigenen Klasse kurzfristig eine freie Arbeitsstunde zu vereinbaren und so Zeit für die lehrerlose Klasse aufzubringen. Wenn dies bei geöffneten Klassenzimmertüren geschieht (was nicht nur in einem solchen Fall aus formaljuristischen Gründen geschehen sollte!), ist für kurze Zeit ein Lehrer mit 60 Schülern sicherlich weniger überfordert, als dies in einer Vertretungssituation ohne die in einer räumlichen Umgestaltung liegenden Differenzierungsmöglichkeiten der Fall sein würde. Ebenso können in einer solchen Mangelsituation Gruppen von Schülern, die an selbständigeres Arbeiten gewöhnt sind, im Klassenzimmer verbleiben und begonnene Arbeiten fortführen; die Art der Tätigkeit sollte sich am Grad der Selbständigkeit ausrichten.

Gesprächskreise

Im Gegensatz zu veranstaltetem sozialem Lernen fördert die Leseecke Situationen, die den Erwerb von Handlungsfähigkeit, kommunikativer Kompetenz und anderem zu einem Prozeß mit Ernstcharakter werden lassen. Diese Seite des Förderungscharakters einer solchen Zone kam in der vorangegangenen Darstellung immer wieder zum Ausdruck. Die neue Zone erwies sich als hilfreich für Gesprächskreise jeglicher Art (Probleme der Klasse bzw. Versuch von Konfliktlösungen; Erzählkreise zu Wochenbeginn; Vorlesestunden; gemeinsames Nachdenken anhand von Bildmaterialien oder ähnlichem, die in der Mitte des Sitzkreises auf dem Teppich ausgelegt werden können). Aus Anlaß einer großen Unruhe im Stuhlkreis reflektierten wir eines Tages den Unterschied im Schwierigkeitsgrad, Klassengespräche in der normalen Sitzordnung, im Stuhlkreis oder auf dem Teppich sitzend zu führen. Die Kinder votierten dafür, immer dann, wenn Gespräche in Gang kommen sollen, in die Leseecke zu gehen und begründeten diesen Wunsch ganz konkret mit den in dieser Zone gemachten Erfahrungen: Automatisch sei man leiser, spreche nicht so laut, wohl, weil man näher beisammen sei; dies empfanden die Kinder als wohltuend. In ihren Begründungen kam zum Ausdruck, daß es schön sei, sich an einen Mitschüler anzulehnen oder sein Kuscheltier im Arm zu haben: „Du mußt das einmal ausprobieren, Frau Maier, man kann besser aufpassen dabei!", sagte ein kleines Mädchen ganz selbstverständlich. Der kleinen Sanja war nicht ganz klar, warum wir ein Gespräch über das am Vormittag gelaufene Gespräch überhaupt führen mußten, denn eigentlich sei es in der Leseecke nicht besonders schwierig, zu warten und nicht dazwischenzubrüllen: „Man könnt das ja so machen, wenn einer was sagt, daß dann die anderen zuhören und erst wissen wollen, was der sagt. Das ist doch, daß die dann gespannt sind, und wenn man gespannt ist, ist man leise, und man kann zuhören."[17] Übereinstimmend waren wir alle der Meinung, daß es in der Lesezone sehr viel leichter für uns sei, gespannt zu sein.

Es ist evident, daß das Feld der sozialen Wahrnehmung hier angesprochen ist, daß Kinder schon nach wenigen Wochen des Umgangs mit einer neuen Zone die sammelnde Wirkung und das von ihr ausstrahlende Beruhigende durchaus zu registrieren und auch zu verbalisieren in der Lage sind. Sätze wie der folgende von Olaf (Anfang November 78) beweisen die zunehmende Fähigkeit der Reflexion der eigenen Lage und Befindlichkeit: „Wir könnten jetzt eigentlich alle in die Leseecke gehen und etwas zusammen machen. Die Klasse ist heute so laut." Wenn Schüler die Möglichkeit haben, selbst nach Lösungen in ihrer nächsten Umgebung zu suchen, wenn ihnen Realisierungen grundsätzlich offen stehen, dann nehmen sie in wachsendem Maß diese Möglichkeiten auch wahr und bleiben nicht bei dem unbefriedigenden: „Die Tischgruppe 2 stört mich beim Rechnen!" stehen.

„Schulleben aktuell"

Die vielzitierte Mündigkeit von Schülern beginnt bei sehr kleinen, inhaltlich häufig unscheinbaren Phasen des Zugelassenseins von Äußerungen: des Unbehagens ebenso wie des Wohlbefindens, der Interesselosigkeit ebenso wie konstruktiver Verbesserungsvorschläge. Wo ein Kind nicht sanktionsfrei zum Ausdruck bringen kann, daß es keine Lust mehr hat, wo der Lehrer nicht aus seiner Denkschablone herausfindet: „Er zerstört mein ‚schönes Rollenspiel'"[18], da „hilft" auch keine neue Lernumgebung. Der Störung liegt häufig keine böse Absicht zugrunde. Gerade im Grundschulalter sind sogenannte Störungen meist Mitteilungsbedürfnisse, die, für das Kind oft uneinsichtig, in einer bestimmten Zeitspanne nicht zugelassen sind, die aber den-

17 Siehe Tonbandprotokoll eines Gesprächs vom 17.10.1978.

18 Siehe P.-F. Hallberg: Er zerstört mein „schönes Rollenspiel". In: betrifft: erziehung 12/1978, S. 64–67.

noch mit anderen geteilt werden möchten. Kurzzeitiges, akzeptierendes Eingehen und Thematisieren solcher „geheimer" Themen, das Verlassen also des offiziellen Themas können solche „Störungen" im Vorfeld abfangen: „... die Störungsanfälligkeit unterrichtlicher Kommunikation (ist) in hohem Maße abhängig von den kommunikativen Möglichkeiten der Schüler im Unterricht"[19]. Das Eingehen auf Schülerprobleme muß unabdingbar mit einer großen Ernsthaftigkeit verbunden sein, das heißt es darf sich um kein Quasi-Eingehen handeln, etwa als Strategie zur Konfliktvermeidung. Gerade an solchen „Fällen" müßten Lehrer ihre eigene soziale Wahrnehmungsfähigkeit trainieren, um nicht in die Gefahr zu verfallen, Fragen zu stellen, ohne jedoch das eigene Konzept des Fortschreitens im Unterricht auch nur für wenige Minuten aus den Augen verlieren zu wollen. Lehrer und Klasse müssen sich bereit finden, für kurze Zeit den „eigentlichen" Unterricht zu verlassen. In meinem Unterricht hat es sich bewährt, für solche eingeschobenen Phasen die allgemeine Lernzone realiter zu verlassen, etwa kurz für einen Sitzkreis die Leseecke aufzusuchen, um durch das Überwechseln in eine andere Zone den kurzfristigen Themenwechsel deutlich zu machen.

Therapeutische Zone

Die zuvor genannte mögliche Funktion der Leseecke hängt eng zusammen mit einer Erleichterung, die Schüler und Lehrer gemeinsam schätzen gelernt haben: Die Leseecke als therapeutische Zone. Angesichts vielfältiger Störfaktoren bezüglich der psychischen wie physischen Gesundheit des Grundschulkindes wird die Humanisierung und Pädagogisierung der Schule neu in den Blick genommen. Angesichts teilweise immer noch zu hoher Klassenfrequenzen und unzureichender medialer Ausstattung der Grundschule, trotz kaum realisierten individualisierenden Lernens, trotz der Stoffüberfrachtung von Curricula und der „Kopflastigkeit" der Lernprozesse soll der Lehrer die Schule zu einem Lebensraum machen, in dem er selbst nicht nur Wissensvermittler und Belehrender ist, sondern Erzieher, dem es „gelingt, im Klassenzimmer eine Atmosphäre des Vertrauens, der Rücksichtnahme und der Verstehensbereitschaft zu schaffen"[20]. Schule nicht als streßerzeugendes, sondern als therapeutisches Milieu – welcher Lehrer würde es sich nicht wünschen! Angesichts seiner kleinen Möglichkeiten sieht er sich, unter dem Diktat von Stoffdruck und überwiegend kognitiven Lernzielen, jedoch häufig nur in der Lage, ein bestenfalls guter Organisator von Lernprozessen zu sein.

19 Ebd., S. 66.
20 Siehe Bildungsplan für die Grundschulen, Amtsblatt des Kultusministeriums Baden-Württemberg, Lehrplanhefte Reihe A Nr. 1 vom 10.6.1977, S. 13.

Die Grundschule muß sich die Frage stellen lassen, wie sie mit Kindern umgeht, die sich gerade heute oder nur in dieser Unterrichtsstunde nicht wohl fühlen. Wie oft schicken wir den kleinen Erstkläßler mit aufgeschlagenem Knie nach Hause, weil wir annehmen, bei der Mutter zu Hause werde er sich schnell wieder besser fühlen? Wie oft sind unsere Grundschüler von einem kurzzeitigen Unwohlsein, einer kurzen Phase der Übelkeit befallen, in der wir Lehrer keine andere Möglichkeit sehen, als das Kind nach Hause zu schicken, sofern nicht beide Elternteile außerhalb des Hauses ihrer Arbeit nachgehen? Schüler, die physisch nicht „fit" sind, können wir in der Schule nicht gebrauchen – was sollen wir mit ihnen, wenn sie herumhängen, unlustig sind, wenn wir gar damit rechnen müssen, daß sie die Mitschüler mit ihrer Quängeligkeit anstecken? Leben und Lernen in engem unauflöslichem Zusammenhang zu sehen, sollte doch auf der sehr konkreten Ebene kindlicher Bedürfnisse auch heißen, daß wir ihre kleinen Schmerzen nicht einfach eliminieren, ignorieren, sondern daß wir sie in Rechnung stellen, ohne gleich mit unseren Erwachsenenmaßstäben (die Leistung, stets fit zu sein) zu messen.

Bei einem Besuch englischer Primary Schools war der Anblick eines Jungen, der offenbar sorgsam auf eine Campingliege gebettet worden war und friedlich in einem Buch blätterte, zunächst recht verblüffend. Die Headmistress erläuterte, daß es sich um einen stark verhaltensauffälligen Schüler handelte, den „schlimmsten" der ganzen Schule, der hie und da besondere Aufmerksamkeit und Zuwendung brauche, auch eine gewisse Ruhigstellung durch Absonderung von den Mitschülern; immer, wenn es für ihn in besonderem Maße schwierig werde, dürfe er auf der Liege vor dem Zimmer der Schulleiterin sich ausruhen. Der Flur, in dem diese Szene sich abspielte, darf allerdings nicht mit einem konventionellen kahlen Flur unserer Schulhäuser in Verbindung gebracht werden: Es handelte sich um einen Bereich, der von Schülern bei den verschiedensten Aktivitäten genutzt wird, von dem aus eine kleine Treppe in offene Klassenräume führt, in dem Regale und Teile der Schulbücherei zu finden sind. Der Junge war auf diese Weise isoliert und doch voll in das fortlaufende schulische Leben integriert – er lag recht friedlich da, offensichtlich froh, der Notwendigkeit enthoben zu sein zu stören, auf sich aufmerksam zu machen, jemandes Zuwendung zu erhalten.

Auch in meinem Unterricht hat sich die Möglichkeit der zeitweiligen Isolation eines Kindes in der Lese-/Spielzone als Therapie vor allem in solchen Fällen bewährt, in denen das Kind unter seiner momentanen Befindlichkeit leidet, in der es selbst nicht die Möglichkeit hat, sich herauszuholen. Selbstverständlich für solche Maßnahmen, die entweder vom Lehrer oder von den Schülern ausgehen, muß es sein, sie als Erleichterung und Hilfe zu empfinden, keineswegs aber als Strafe oder Ausschluß von der Klassengemeinschaft. Eine Viertelstunde Bauen, Lesen, Ausruhen in Absonderung von den Tätigkeiten der Klasse schafft dem betroffenen Schüler Möglichkeiten des Aufbaus neuer Motivation und eines „Neuanfangs" innerhalb eines für ihn besonders schwierigen Schulvormittags. Die Erfahrungen aus meinem Unterricht zeigen, daß Kinder nicht ermahnt werden müssen, um dann schmollend aus ihrer Ecke hervorzukommen und widerwillig an den Aktivitäten der Klasse teilzunehmen, sondern daß sie plötzlich wieder mitten drin sind, sich voll zugehörig fühlen: Es geht ihnen besser, sie wollen wieder mit-tun.

Differenzierendes und individualisierendes Lernen

In einem Unterricht, der allen Schülern zur gleichen Zeit die gleichen Inhalte im gleichen Tempo vermitteln will, sind Situationen der oben beschriebenen Art kaum denkbar. Wird jedoch die Forderung von Bildungsplänen ernst genommen, Lernfreude zu fördern, Erfolgszuversicht zu vermitteln, zu selbständigem Arbeiten anzuregen, zur Übernahme von Verantwortung hinzuführen[21], dann müssen, neben anderen, Konzepte individuellen Lernens verwirklicht werden; es muß im Unterrichtsvormittag zum Beispiel Lernzeit freigegeben werden, um persönlichen Interessen nachgehen zu können, um von der Organisationsstruktur des Unterrichts her den Lehrer in die Lage zu versetzen, nach je spezifischen Erfordernissen individuell zu fördern.

Außer den bereits genannten Nutzungsmöglichkeiten kommt die Lesezone vorwiegend in freien Arbeitsstunden Deutsch zum Einsatz. Zusammen mit strukturierten Materialien wie beispielsweise dem „Blättermarkt" (vgl. den Beitrag von Hildegard Kasper / Ingrid Maier: Die kleine Klassenmediothek in der Grundschule, S.199) sind den Kindern Möglichkeiten gegeben, über Arbeitsplatz, Sozialform, Arbeitstempo und Inhalte (innerhalb vereinbarter Grenzen) selbst zu entscheiden. Aus den folgenden acht Möglichkeiten wählen die Schüler in einer freien Arbeitsstunde Deutsch mindestens zwei aus (Einteilung von Lernzeit; Ausnahme: Fortführung längerfristiger Arbeiten):

Leseecke	Rechtschreibprogramm
Blättermarkt	Schreibmaschine
Bilddiktate	Texte verfassen
Lesespiele	Lernstudio

21 Ebd., S.10.

Selbstverständlich wurden diese Differenzierungsmöglichkeiten sukzessive eingeführt, Regeln für die Benutzung im Unterricht mit den Kindern erarbeitet und auf das Erreichen einer gewissen Sicherheit im Umgang geachtet, bevor eine neue Wahlmöglichkeit zur Verfügung gestellt wurde. Die Reihenfolge der Auflistung entspricht der Chronologie des Einsatzes (bzw. der Entstehung) im Unterricht während eines Schulhalbjahrs.

Wie beim Spielen und Bauen, so zeigte sich auch beim Schmökern, Blättern und Lesen in der Lesezone vor allem bei wenig motivierten Kindern oder schwächeren Lesern zunächst geringe Ausdauer und das Hüpfen von Buch zu Buch (Vagabundierer). Um den Schülern noch andere Hilfestellungen zu geben als Ermunterung oder auch Ermahnung durch den Lehrer (so läßt sich Interesse nicht erzeugen), wurde gemeinsam vereinbart, für ein Buch, an dem man bleiben wollte, ein Buchzeichen zu fertigen: einen Pappstreifen, auf dem der Titel des Buchs, der Name des Lesers sowie die Seitenzahl vermerkt werden, bei der man zuletzt stehen geblieben ist (vgl. Abbildung S. 155). Auf diese Weise ist für Mitschüler sofort ersichtlich, ob die Möglichkeit besteht, gerade dieses Buch auszuwählen. Ein Buch ist für andere Schüler erst wieder „freigegeben", wenn das Buchzeichen einen Vermerk trägt, der signalisiert, daß es zu Ende gelesen wurde. Für das Kind, das über einen gewissen Zeitraum an einem Buch lesend arbeitet, bedeutet es nach der in diesem Unterricht gemachten Erfahrung eine große Hilfe, die Seitenzahlen zu vermerken und auf diese Weise sich immer wieder selbst zu verstärken. Einige Schüler hatten es zu Beginn des Schuljahrs nicht für möglich gehalten, jemals ein Buch zu Ende lesen zu können – auch hatten sie nicht den Wunsch danach gehabt. In einer Welt der Superlative und der in Zahlen meßbaren Leistung sollte auch die Freude an quantitativ Meßbarem nicht unzulässig sein: „Ich lese jetzt schon das zweite Geschichtenbuch und bin auf Seite 43!" Ein weiterer Schritt wird im Laufe des zweiten Schuljahrs der Umgang mit Karteikarten sein müssen, der durch die Blockausleihe in der Stadtbücherei vorbereitet wird.

Soll eine Leseecke funktionstüchtig bleiben, muß sie eine bestimmte Anordnung des Lesematerials aufweisen. Bei der Übernahme eines zweiten Schuljahrs, in dem noch nicht alle Schüler technisch lesen konnten, schien es nicht sinnvoll, Regale zu beschriften. Eine einfache, wenig Kosten verursachende Systematik wurde durch das Anbringen farbiger Klebepunkte hergestellt, deren Legende an der Pinwand innerhalb der Lesezone ausgehängt wurde. Gemeinsam teilten wir das vorhandene Lesematerial ein: Bilderbücher, Geschichtenbücher, Lesebücher, Sprachbücher, Sachkundebücher, Märchenbücher, Kinderlexika. Regalfächer, Bücher und Klebepunkte wurden einander

zugeordnet. Diese Systematik erleichtert gerade jungen Grundschulkindern das Auffinden und Wiedereinordnen bestimmter Bücher und Bucharten; Schülern mit großzügigen Ordnungsvorstellungen werden durch die Anordnung Hilfen beim Zurücklegen eines Buchs gegeben. Da alle Bücher des gesamten Buchbestands mit den entsprechenden Klebepunkten versehen sind, macht das Aufrechterhalten von Ordnung und das Auffinden gewünschter Bücher in der Klassenbibliothek keine Mühe; die Schüler gehen mit der Systematik konsequent um. Bedeutsam ist in diesem Zusammenhang eine Anordnung, die die Aufsicht auf das Deckblatt und den Titel ermöglicht; die übliche Aufstellung von Büchern, bei der nur der Buchrücken zu sehen ist, erschwert das sorgsame Einordnen und scheint älteren Grundschulkindern eher angemessen.

Außer der Wahl einer Aktivität im Rahmen freier Arbeitsstunden Deutsch bewährt sich die Leseecke bei der Aufteilung der Klasse in Gruppen nach dem Kriterium der Leistung. Je nach organisatorischen Erfordernissen und sachstrukturellem Entwicklungsstand der Schüler ist kurzzeitige Förderung einer Teilgruppe durch intensive Lehrerzuwendung möglich. Es kann sich hier beispielsweise um Stützunterricht handeln, den eine Lesegruppe erhält (Diffamierungen schon durch die Wortwahl sind zu vermeiden), während die fortgeschrittenen Leser sich in der Lesezone aufhalten. Gerade für diese Gruppe muß noch Material entwickelt werden, das in größerem Maß individualisierendes Arbeiten ermöglicht. Denkbar sind hier Arbeitsanweisungen / Ideenkarten, die Verständnis- und Inhaltsfragen stellen, Problemlösungen provozieren, zu verschiedenen Gestaltungsmöglichkeiten anregen und anderes mehr.

Der Aufbau und die differenzierte Nutzung einer Leseecke stellen Möglichkeiten dar, herkömmlichen Unterricht aufzubrechen und erste Ansätze freieren Arbeitens in traditionellen Unterricht zu integrieren. Die Erfahrungen aus dem beschriebenen zweiten Schuljahr zeigen aber auch in großer Deutlichkeit, daß ein Stehenbleiben nach erfolgtem Aufbau nicht ausreicht, daß weitere Differenzierungsinstrumente entwickelt werden müssen, daß das Angebot an Materialien attraktiv sein muß, wenn Kinder frei von Zwang eine sinnvolle Auswahl innerhalb vorhandener Arbeitsmöglichkeiten treffen sollen. Auch Schüler sollten dazu ermuntert werden, Material für die Leseecke zu beschaffen; dies kann in projektorientiertem Unterricht geschehen etwa durch die Herstellung eines Buchs mit Geschichten und Bildern von Kindern für Kinder, durch das Erstellen eines Buchs zum Sachunterricht (Beispiel: Tierlexikon), durch Beiträge der Klasse zum Umweltschutz (Sammeln von Flaschen, Altpapier usw.). Auf diese Weise sind Wünsche nach einem Mehr, nach Neuanschaffungen wenigstens teilweise zu befriedigen; gleichzeitig wird einer gedankenlos-selbstverständlichen Konsumhaltung vorgebeugt. Es braucht nicht begründet zu werden, weshalb Schüler beispielsweise im Sachunterricht engagierter arbeiten, wenn in diese Arbeit auch Nachschlagewerke und andere Bücher einbezogen werden können, die die Klasse beschafft hat, für die man sich gemeinsam verantwortlich fühlt. Der Identifikationsgrad mit Arbeitsmaterialien wächst, Lernmotivation wird erhöht, Leistung verbessert. Dies vor allem in Bereichen, in denen Kinder die Möglichkeit haben, sanktionsfrei ihr eigenes Anspruchsniveau festzulegen. Das Voranschreiten wird mehr und mehr an den eigenen Eingangsvoraussetzungen gemessen, weniger in Vergleich und damit Konkurrenz zu den Mitschülern gesehen.

Obwohl Auswirkungen der beschriebenen Veränderungen vom Lehrer selbst kaum objektiv eingeschätzt werden können und ihm dabei auch von der Erziehungswissenschaft wenig praktische Hilfen angeboten werden, soll der Versuch gemacht werden, im Blick auf das Lern- und Sozialverhalten der Schüler einige Tendenzen zu skizzieren:

- Die Schüler können im Gespräch besser aufeinander eingehen und über längere Zeitspannen hinweg ohne Lehrersteuerung miteinander sprechen;
- es ist ein Wir-Gefühl entstanden;
- Eltern berichten, daß Schulängste so gut wie verschwunden sind, dies gerade auch bei schulschwachen Kindern;
- Motivationssteigerungen werden auch von Kollegen festgestellt (beispielsweise Weiterarbeit an längerfristigen schriftlichen Arbeiten bei gleichzeitiger Möglichkeit von Bauen / Spielen);
- leistungsstärkere Schüler sind mehr ausgelastet als zuvor;
- Besucher sprechen davon, daß man sich beim Betreten des Klassenraums sicher fühle, sofort integriert werde und den Eindruck habe, daß keinem „ein Bein gestellt“ werde;
- bei allen Schülern scheint die Tendenz zu größerer Selbständigkeit und Entscheidungsfreiheit sowie zu einer größeren Eigenzuversichtlichkeit erkennbar.

Veränderungen in der Lernumwelt des Kindes bringen allein noch kein positiveres Schulklima oder prosozialeres Verhalten hervor. „Pädagogische und didaktische Einstellungen und Umorientierungen müssen parallel gehen, werden aber gleichzeitig in ihrer Umsetzung in Praxis durch räumliche Stützfaktoren wesentlich erleichtert“ (siehe Hildegard Kasper: Der Raum als Lernfaktor, S. 31). Der Lehrer muß bereit sein zu didaktisch-methodischen Umorientierungen (Sozialformen, Differenzierung, Abkehr vom nur-lehrerorientierten Klassenunterricht); er muß sich selbst als Zentrum allen Geschehens innerhalb des Klassenzimmers wenigstens partiell zurücknehmen, sonst besteht die Gefahr, daß eine Leseecke zwar eingerichtet wird, aber mehr zum Aushängeschild als zum tatsächlichen Aufweis eines „progressiven“ Unterrichts degradiert wird. Wenn der Lehrer nicht bereit ist, die Konsequenzen, die die Umgestaltung eines Raums bezüglich Lehrstil und pädagogischer Einstellung fordert, anzunehmen, dann müssen mit großer Zwangsläufigkeit Symptome der Verödung einer neuen Zone auftreten, dann wird die Veränderung des Raums für das Ganze des Unterrichts funktionslos, neutral oder schlimmer: Bei relativ kleinen Klassenzimmern wird eine Lesezone Platz wegnehmen, der anderweitig dringend benötigt würde.

Eltern, Hausmeister, Kollegen – Veränderung schafft Probleme

Unsere Leseecke steht. Damit der Aufbau und die Nutzung gelingen konnten, mußten über die Klasse hinaus Bezugsgruppen einbezogen werden.

„Das Beispiel von Lehrern, die in ihren Klassenzimmern neue Einrichtungsarrangements verwirklichen und erst im nachhinein bemerken, daß die Anordnung des Mobiliars dem Reinigungspersonal die Arbeit erschwert, vermag zu verdeutlichen, welche Probleme sich aus der mangelnden Bewußtmachung der Gesamtzusammenhänge einer Schule ergeben: Zwischen der Gruppe der Lehrenden und derjenigen des Dienstleistungspersonals herrscht ein Zustand der Spannung, der schließlich nur Nachteile für die Kinder erbringen kann. Es muß große Sorgfalt darauf verwendet werden, daß Lehrer das Vertrauen von Hausmeister und Reinigungspersonal gewinnen, daß sie diese Gruppe für ein Projekt begeistern und bei ihr einen Grad der Identifikation mit diesem Vorhaben erreichen, noch bevor irgendeine Veränderung stattfindet. Dieses Vorgehen schafft nicht nur die notwendige Voraussetzung für Zusammenarbeit, sondern macht Hausmeister und Putzfrauen zu wertvollen Public-Relations-Experten gerade in bezug auf jene Gruppe, mit der sie soziale Kontakte unterhalten: die Eltern.“[22]

Jeder Lehrer weiß, welch einflußreiche Gruppe die *Eltern*schaft seiner Klasse bzw. der gesamten Schule darstellt. Eltern sind in Bereichen, in denen sie sich kompetent fühlen, leicht zu aktivieren, wenn man ihnen die Linie der eigenen pädagogischen Bemühung verständlich klarlegt. Dies sollte nicht nur in Klassenpflegschaftsabenden geschehen, sondern vor allem auch im Einzelgespräch, bezogen auf das jeweilige Kind dieser Eltern. Hier liegt eine häufig ungenutzte Chance, Eltern etwas vom Stil und der Atmosphäre spüren zu lassen, die der Klassenlehrer intendiert. Kinder freuen sich, wenn sie Kontakt zwischen „ihrem“ Lehrer und den Eltern ganz konkret erleben. Es ist sicher nicht nur eine Frage des Alters dieser Kinder, solche Kontakte zu wünschen, sondern dies muß unter dem Gesichtspunkt der Loyalität und des grundsätzlichen Akzeptiertseins auch gerade der eigenen Schwierigkeiten gesehen werden. Vielleicht liegt eine der Hauptursachen von Schulangst auch darin, daß Schüler sich einem Bündnis von Erwachsenen gegenübersehen, dem sie machtlos ausgeliefert sind, das ständig im Recht ist, ständig wertet.

In den ersten drei Wochen nach Vorhandensein der Leseecke erhielten wir von den Eltern als sichtbaren Ausdruck ihrer Bereitwilligkeit zu Hilfe und Unterstützung nicht nur Bücher und Spiele, eine Schreibmaschine und vier Schuhlöffel, sondern auch Staublappen und einen Staubsauger, um in eigener Verantwortung ohne Inanspruchnahme der Putzfrauen unseren Teppich sauber halten zu können.

22 Siehe M. Lear, a.a.O., S.119.

Zwei Gründe sind zu nennen, die mich veranlaßten, das Reinigen der Leseecke innerhalb der Klasse selbst zu organisieren: Solange an einer Schule nicht Konsens darüber besteht, daß Raumteiler, Bücherregale, Teppich, Faltwände, Kleidertruhen, Experimentiertische und ähnliches integraler Bestandteil von Klassenräumen für Grundschüler sind, ist es ein strategisch ungünstiges Vorgehen, wenn Hausmeistern bzw. Putzfrauen eine Erschwerung ihrer Arbeit selbstverständlich zugemutet wird. Zunächst wird es sicherlich zur Verminderung von Widerständen – oder gar deren Abfangen im Vorfeld – günstiger sein, die Folgeprobleme einer neuen Zone zu antizipieren und die mit ihr verbundene Zusatzarbeit selbst zu bewältigen. Allerdings ist die Furcht vieler Kollegen vor der Allmacht des Hausmeisters und der Größe seines Einflußbereichs nur verständlich, wenn der Lehrer sich der Unterstützung durch die Schulleitung nicht gewiß sein kann. Sind Schwierigkeiten von seiten des Reinigungspersonals zu erwarten, muß in einem Gespräch das geplante Vorhaben noch vor der ersten Veränderung diskutiert werden. Die wichtigste Komponente im Veränderungsprozeß ist das Gespräch, das Verständlichmachen der eigenen Vorstellungen, das werbende Einbeziehen der Qualifikationen des Hausmeisters.

Der zweite Grund, der für das Reinigen der Leseecke ohne Inanspruchnahme der Putzfrauen sprach, war eine Erwartung, die sich im vergangenen Schulhalbjahr voll erfüllte: Die Kinder fühlen sich mehr und mehr für „ihre" Zone verantwortlich. Es ist nicht mehr notwendig, daß von mir Hinweise zum Aufräumen, Ordnen, Saugen oder Staubwischen gegeben werden müssen. Immer wieder teilen Kinder

mit, daß sie statt zu lesen nun für eine Viertelstunde aufräumen; sie plazieren Bücher nach ihren Kriterien der besten Aufstellung, nehmen sie gar, wenn die Leseecke unbenutzt ist, aus den Regalen, um diese abzustauben und die Bücher neu auszulegen. Es ist schön zu sehen, mit welcher Behutsamkeit auch gerade solche Schüler diese Arbeit tun, die sonst nicht sehr achtsam und vorsichtig Dinge und Menschen anfassen. Erfreulicherweise handelt es sich bei den aufräumungswilligen Kindern nicht nur um fleißige Mädchen oder leseschwache Jungen! Bewußt haben wir nicht wie bei anderen Klassendiensten einen festen „Reinigungsstab" für die Lesezone eingerichtet, da sonst die Identifikation aller nicht hätte erreicht werden können. Dies aber war meine Absicht gewesen: Selbständigkeit zu provozieren und den leeren Begriff der Verantwortung mit konkretem Inhalt zu füllen.

Marc Lear[23] geht von einer idealeren Situation aus, als sie der deutsche Lehrer im Normalfall an einer Schule vorfindet, wenn er von der Gruppe der Lehrenden als einem bewußtseinsmäßigen Ganzen spricht, das – im besten Fall – nach Veränderung strebt[24]. Bei Veränderungen innerhalb des Beziehungsgefüges Schule müssen alle an ihrer Struktur direkt oder indirekt Beteiligten miteinbezogen werden. Dies sollte nicht nur im Hinblick auf Hausmeister und Reinigungspersonal geschehen, sondern in der Antizipation möglicher Reaktionen auch das eigene *Kollegium* mit bedenken. Eine den Kollegen als Lehrer-Person akzeptierende Haltung, die ihn mit seinen je spezifischen Fähigkeiten und Möglichkeiten sieht, scheint mir eine der wichtigsten Voraussetzungen dafür zu sein, daß nicht schon vor einem Gespräch jene Konkurrenzhaltung auftritt, die so oft scheinbar gesetzmäßige Begleiterscheinung von Innovationen an Schulen ist. Kein Kollege kann gezwungen werden, von Veränderungen in anderen Klassen Kenntnis zu nehmen, sofern sie ihn nicht unmittelbar selbst tangieren. Behutsamkeit vor allem auch in der Darstellung des innerhalb des eigenen Klassenraums sich abspielenden Geschehens ist eine wichtige Voraussetzung dafür, daß es überhaupt zu einem Gespräch kommen kann, das nicht sofort mit der Festschreibung der verschiedenen, kontroversen Positionen beginnt. Keinesfalls können Regeln aufgestellt werden, in welcher Weise man innerhalb eines Kollegiums „am besten" miteinander umgeht, um Konflikte zu vermeiden. Der Kollege, der durch sein Vorgehen oder durch die Art seiner Darstellung eine Gefahr für die Identität seiner Kollegen bedeutet, wird Widerspruch und Ableh-

23 Vgl. ebd., S.119.

24 Vgl. die größere Autonomie englischer Kollegien und ihres Headmasters bezüglich der Aufstellung von Curricula, auch die erheblich größere Identifikation aller am Schulleben Beteiligten mit „ihrer" Schule.

lehnung erfahren, die mit rationalen Argumenten nicht angegangen werden können.

„Es liegt im Wesen unserer Arbeit als Lehrer, daß wir uns in hohem Maße mit unserem Auftrag identifizieren und sehr verwundbar sind gegenüber Kritik. Wenn ein Veränderungsvorschlag des Schulleiters von Lehrern als implizite Mißbilligung oder Verurteilung ihrer Arbeit aufgefaßt wird, dann werden Furcht, Schuldgefühle, Ängstlichkeit und geschwächtes Selbstbewußtsein die Grundmauern sein für das Gebäude eines veränderten Unterrichtssystems. Es ist unwahrscheinlich, daß sie ein Bauwerk zu tragen vermögen, das in irgendeiner Weise wertbeständig und von Dauer sein wird. Im Gegenteil wird solche Kritik – weit davon entfernt, die Schule in ihrer Arbeit zu stärken – die gesunde Funktionstüchtigkeit jeder Institution in Frage stellen.“ [25]

Wenn ein Lehrer oder eine Lehrergruppe die Veränderungen innerhalb ihrer Klasse(n) als Anstoß zu weiterreichenden Innovationen an der ganzen Schule verstehen, dann können diese langfristig nur in Gang gesetzt werden, wenn sie selbst zuerst offen sind gegenüber Kritik und Zweifeln, wenn es ihnen durch Behutsamkeit und Einfühlungsvermögen gelingt, Probleme überhaupt zum Gegenstand von Diskussionen werden zu lassen. Auch pädagogische Konferenzen vermögen nicht viel zu bewirken, wenn sie verordnet statt gewünscht sind.

Resignation statt Innovation?

Schule sieht wie Schule aus – die in ihr Arbeitenden und an ihr Beteiligten haben sich daran gewöhnt. Schule, so scheint es, ist kaum veränderbar. Alle Betroffenen, so scheint es wiederum, wissen auch dies. Die „Gründe“ liegen auf der Hand und heißen: Leistungsanforderungen und Stoffdruck, mangelnde pädagogische Freiheit des einzelnen Lehrers angesichts uneinsichtiger Schulleitungen und Schulverwaltungsbehörden, Besserwisserei der Erziehungswissenschaft ohne Bereitstellung konkreter Hilfestellungen für den in den Anforderungen des Schulalltags ertrinkenden Lehrer. „Kümmert sie sich (die Erziehungswissenschaft, der Verf.) hinreichend darum, wie aus diesem Übermaß von Kritik und Desillusionierung auch wieder Alltag aufgebaut, zum Beispiel tägliches Schulehalten wieder ermöglicht werden kann? ... Ein Mittragen der täglichen Notwendigkeit von Erziehung und die Rekonstruktion des Erziehungsalltags ist gegenüber der Kritik weit zurückgeblieben“ [26].

25 Siehe M. Lear, a.a.O., S.121.
26 Siehe A. Flitner: Eine Wissenschaft für die Praxis? In: Zeitschrift für Pädagogik 2/1978, S.189.

Der vorliegende Bericht versteht sich als Versuch einer Reflexion des eigenen Schulalltags. Er will kein Rezept liefern und soll keine Strategie der Umgestaltung von Klassenzimmern darstellen. Sein Anliegen ist es, generell zum Nachdenken darüber anzuregen, an welcher Stelle der eigenen Unterrichtswirklichkeit Veränderungen möglich werden könnten, welche Zieldimension damit angesprochen würde. Die Zahl der Erfahrungsberichte aus dem Schulalltag ist noch nicht groß. Lehrerstudenten und junge Lehrer werden überrumpelt von der Kargheit des Unterrichtsalltags in vielen Schulen oder aber von der Überfülle progressiver Ideen an Modell-, Versuchs- und Ausbildungsschulen. Beide Extreme lassen sie gleichermaßen hilflos. Vielleicht können diese Aufzeichnungen Anstöße zu kleinen Umorientierungen geben und deutlich machen, daß der Rückzug auf Alibi-Positionen die Fortführung der begonnenen Grundschulreform hindert. Ganz klar muß bei Umgestaltungen jeglicher Art gesehen werden, daß in hohem Maß der Lehrer selbst gefordert ist, daß es Konflikte auszutragen gilt, daß die sachliche Argumentation eine solide Basis haben muß, daß Folgeprobleme auftauchen, die nicht antizipiert wurden, daß Phasen der Unlust und der Gereiztheit den Sinn der Unternehmung in Frage zu stellen scheinen, daß die Rückmeldung in Form von Schülerleistungen nicht einlinig und zeitlich kausal erfolgt – es geht auch um den Aufbau einer Strategie der Angstbewältigung. Der Lehrer muß sich bewußt sein, daß es sich jeweils nur um Unfertiges handeln kann, daß aufgrund veränderter Bedingungen Anpassungen an je spezifische Erfordernisse notwendig werden. Die Einstellung des Lehrers scheint zentraler Angelpunkt zu sein. Ist er nicht zu pädagogischen Umorientierungen bereit, definiert er seine Identität als Lehrer eng, dann helfen weder Medien noch eine Leseecke noch eine anregungsreiche Lernumgebung, dann sieht Schule dennoch immer wie Schule aus – und ist es auch.

Umgekehrt ist das Vorhandensein räumlicher Stützfaktoren, etwa die Einrichtung funktionsdifferenzierter Zonen innerhalb eines Klassenraums, hilfreich und für individualisierendes Lernen unabdingbar. Lehrerinitiativen unter konkreter Mithilfe der Eltern, Umgestaltung von Klassenzimmern aus Mitteln von Schulfesten, Bazaren und ähnlichem stellen ebenso wichtige Beiträge dar wie der Eigenbau einfacher Regale bzw. die modellhafte Planung auf der Grundlage von Zuschüssen außerhalb von Schulträgern. Der bildungspolitischen Dimension der Arbeit in der Grundschule wegen darf es jedoch nicht beim Eigenbau oder beim „Klassenzimmer vom Sperrmüll" bleiben. Lehrer müssen alle ihnen zur Verfügung stehenden Möglichkeiten ausschöpfen, um bessere, differenziertere Ausstattungen von Klassenräumen gerade für die Primarstufe zu erreichen. Diese muß von der Basis, vom

Experten für Lehren und Lernen artikuliert werden. Verbesserte Standards der Ausstattung von Grundschulen müssen als Voraussetzungen für Konkretionen der Leitgedanken zur Arbeit in der Grundschule immer neu von Schulträgern gefordert werden. Klassenzimmerumgestaltungen in eigener Verantwortung bis hin zum finanzierten Projekt besitzen in dieser Ziellinie wertvollen Anregungscharakter: Das Bewußtsein der Öffentlichkeit muß sensibilisiert werden für die Erfordernisse und Belange dieser für alle Kinder gemeinsamen Schulstufe.

Es sollte hier der Versuch gemacht werden, Interdependenzen von Klassenraum und Unterrichtsatmosphäre im Rahmen eigener Erfahrungen aufzuzeigen. Die Darstellbarkeit von schulischem Alltag, von Unterrichtsklima und eigenem pädagogischen Standort wurde im Rahmen eines solchen Praxisberichts immer neu zum Problem. Schriftliche Kinderäußerungen sollen deshalb am Ende dieser Überlegungen stehen.

Ich habe die Leseecke
und die Spielecke sehr gern
weil man darin spielen kann
und lesen kann. Ich habe
auch die Lernstudios gern weil
man darin lernen kann.
Mir gefällt vor allem das
ganze Klassenzimmer gut.
Weil man dort gute Freunde
hat. Am besten gefällt mir
die Lehrerin. Weil sie so
nett ist. Mir gefällt der
Blättermarkt gut, weil da
so viele Blätter drin sind.

13.2. 1979
Mir gefällt der Blättermarkt
weil er so viele Nummern hat.
1, 2, 3, 4, 5, 6, 7, 8, 9, 10, 11, 12, 13, 14, 15.
Und mir gefällt noch das
Rechtschreibprogramm weil es so viele
verdrehte Geschichten hat und ich habe
schon die Seite 1, 2, 3 und die Seite 4 fertig.
Mir gefällt die Leseecke weil ich mir
dauernd ein Buch raussuchen kann.

Was mir in der Klasse gefällt:
Die Lesseecke, weil wir in der Lesseecke
lesen können. Der Blättermarkt
wegen den tollen Blättern. Die Flanelltafel
wegen den bunten Streifen. Die Tafel, weil
man so gut malen kann. Die Bilddik=
tate wegen den tollen Wörtern. Die Puzzles
wegen den tollen Bildern.

Die Spielecke, weil man darin so toll
spielen kann.

Die Lernstudios, weil es ein Förderkurs
ist. Die Cassetten und Schallplatten
wegen den Geschichten.

Mir gefällt die ganze Klasse. Weil
sie so schön ist. Weil keine andere
Klasse ist so wie unsere Klasse.
Wahrscheinlich bleiben wir
die einzigen, wo 2 Lernstudios
haben! Mir gefällt, daß wir
schon ein Buch basteln können
und daß wir schon
Schreibmaschine schreiben können!

Hildegard Kasper
Ingrid Maier

Lernstudios zur Einzelförderung

Lernen als sozialer und individueller Prozeß

Daß Lernen als sozialer und individueller Prozeß begriffen werden muß, braucht nicht erst bewiesen zu werden. Unterrichtstheoretischem Denken und unterrichtspraktischem Handeln scheint jedoch die Tendenz eigen zu sein, Spannungen zwischen Polen schwer aushalten oder vermitteln zu können. Im gegenwärtigen Grundschulunterricht spielt individuelles Lernen eine untergeordnete Rolle; es überwiegt eindeutig das Lernen im Klassenverband oder in Kleingruppen. Differenzierungsansätze erreichen selten die weitreichendste Form einer konsequenten Individualisierung. Wird in differenzierenden Unterricht Einzelarbeit einbezogen, so geschieht dies meist in zeitlich begrenzten sowie inhaltlich und methodisch vorstrukturierten Phasen (vor allem der Übung und Anwendung), die über kurz oder lang wieder in den Hauptstrang des gemeinsamen Unterrichts der Klasse einmünden.

Von erziehungswissenschaftlicher Seite ist die Notwendigkeit der Berücksichtigung individueller Lernbedingungen von Grundschülern unter verschiedenen Fragestellungen betont worden, zum Beispiel unter dem Aspekt von Bedingungen kognitiver Entwicklungsverläufe und sachstruktureller Entwicklungsniveaus, der Lern- und Leistungsmotivation, der Beeinträchtigung schulischer Lernfähigkeit und von Sozialisationskonflikten, wie sie etwa beim Übergang von partikularistischen Erziehungspraktiken in Kleinfamilien zu universalistischen Erziehungsstilen der Schule auftreten. Das grundsätzliche pädagogische Problem der Bedeutung der Individualität und individueller Handlungsfähigkeit im Verhältnis zum Bezogensein des Einzelnen auf Partner und Gruppen ist in der deutschen schulpädagogischen Diskussion noch kaum geklärt und vermutlich durch Ergebnisse der Sozialisationsforschung zugedeckt worden. Ebenen der Handlungsfähigkeit wie Ich-Identität, Eigeninitiative, Verfügungsfreiheit, personale Verantwortung haben im schulischen Bereich wenig Spielraum und kaum geeignete Übungsfelder. Lillian Webers Ausführungen – in Weiterführung von Erkenntnissen aus der Schule Jean Piagets und mit Bezug auf die englische Grundschulsituation – könnten eine herausfordernde Gegenposition zur gegenwärtigen deutschen Grundschulpädagogik bilden:

„Der Aktivitätsdrang (des Kindes, die Verf.), der assimilatorische und akkumulatorische Prozeß, ist immer individuell geprägt. Ein Kind kommt als einzigartiges Individuum zur Welt, die Entwicklung vollzieht sich *in* diesem Individuum. Seine Welt der inneren Bedürfnisse und Bedeutungen ist persönlich, sie wird von Geburt an in menschlichen Beziehungen gelebt und getragen von Menschen, deren Welt ebenfalls individuelle Züge trägt. Das Kind besitzt einmalige und spezifische Erfahrungssegmente und einmalige und spezifische Erwartungen. Wenn es Menschen mit ihrerseits unterschiedlichen Erfahrungen und Erwartungen begegnet, bringt es seine individuelle Perspektive in diese Beziehungen ein. Seine Entwicklung ist individuell und unstetig in Struktur und Verlaufstempo. In ihrer individuellen Eigenart wird sie durch persönliche Interessen noch verstärkt. Da man in England dies alles voraussetzte, ging es nicht mehr um das Bemühen, Individualität hervorzubringen, sondern Individualität anzuerkennen. Die Individualität des Lernens – als Prozeß und Ergebnis – liegt jeder Diskussion über pädagogische Theorie und Praxis zugrunde."[1]

Die deutsche Grundschule hat seit ihrer Gründung durch das Reichsgrundschulgesetz im Jahre 1920 das für alle gleiche und gemeinsame Lernen stark betont. Nach einem Jahrzehnt der Reformbemühungen und der Umorientierung ist die Ausgewogenheit der im Auftrag der Grundschule implizierten Aufgabenstellung neu zu überdenken.

Modelle individualisierenden Lernens

Die in Geschichte und Gegenwart entwickelten Modelle individualisierenden Lernens beziehen sich auf unterschiedliche Unterrichtsstrukturen mit divergierenden Intentionen:

- Zielerreichendes Lernen für alle: Als psychologische und allgemeine anthropologische Annahme liegt zugrunde, daß nahezu alle Schüler die gesteckten Lernziele erreichen können, wenn Unterricht anregend, variabel und dem Individuum angepaßt gestaltet wird, wenn zum Beispiel genügend Lernzeit zugebilligt oder unterschiedlich strukturierte Medien angeboten werden.
- Selbstorganisation des Lernens mit Hilfe von Mediensystemen: Hier werden Lernmaterialien zur Organisation längerfristiger und meist problemorientierter Lernprozesse für Schüler bereitgestellt, die im Medienverbund in unterschiedlichem Maß steuern oder freisetzen, Motivation und Arbeitstechniken bereits voraussetzen oder selber mit aufbauen, auf Phasen sozialen Lernens und der Kommunikation bezogen oder autark sein können.
- Autonomisierung des Lernens: Der Lernende soll nach diesem Ansatz schrittweise Planung, Durchführung und Bewertung von Lernprozessen selbst in die Hand nehmen. Dafür steht ihm ein Potential objektivierter Lernanregungen und die Beratung durch Mitschüler und Lehrer zur Verfügung[2].

Diese Lernstrukturen sind bei uns – in konsequenter Form – fast ausschließlich im Sekundar- und Tertiärbereich anzutreffen. Grundschulbezogene Modelle und Untersuchungen müssen deshalb vorwie-

1 Siehe L. Weber: The English Infant School and Informal Education, Englewood Cliffs 1971, S.173f. Übersetzung: H. Kasper.

2 Vgl. M. Bönsch: Funktionen und Formen individualisierender Lernmaterialien. In: ders. (Hrsg.): Funktionen und Formen von Lernmaterialien, Ravensburg 1976, S.15–29.

Jegliche Reste individueller Kreativität ...

... werden in der Schule liebevoll gepflegt

Aus: betrifft: erziehung 3/75

gend mit Beispielen aus dem europäischen und nordamerikanischen Ausland belegt werden.

Unterrichtsorganisatorisch hängen Modelle der Individualisierung häufig mit der Auflösung von Jahrgangsklassen, das heißt stufenloser Unterrichtsorganisation (non graded schools) oder jahrgangsübergreifender Gruppierung (multi-age grouping, vertical grouping, family grouping) sowie in ihrem didaktischen Ansatz mit Programmierung, Lernmaschineneinsatz und mit einer auf Organisation und Beratung umorientierten Lehrerrolle zusammen. Als Beispiel sei auf die Oakleaf Elementary School in Verbindung mit dem Learning Research and Development Center der Universität Pittsburgh (USA) verwiesen:

„Auffälligstes Merkmal hier ist das große Lehrmaterialcenter in der Mitte des Schulgebäudes, um das sich die Klassenräume gruppieren. Hier lagern die sorgfältig ausgearbeiteten, auf Blättern festgehaltenen und geordneten Programmschritte für die Fächer: Lesen, Mathematik, Science und Rechtschreiben; der gesamte Stoff dieser Fächer ist also für den Bereich der Grundschule ... in Programmschritte und angezielte Verhaltensweisen gebracht worden. Der Schüler holt sich selbst nach jedem neuen Lernschritt ein neues Blatt. Der Lehrer ist dabei nicht einfach Zuteiler, sondern er diagnostiziert die Fähigkeiten und die Schwächen des Schülers, schreibt darauf die Eingangsaufgaben, um den Schüler an das Programm heranzubringen, analysiert den Fortschritt des Schülers, gibt Hinweise und Erklärungen wo nötig, ermutigt, stellt durch mündliche Fragen den Stand der Arbeit fest, schreibt die nächste Anweisung aufgrund des folgenden Arbeitsblatts, gibt den Test, analysiert seine Ergebnisse." [3]

Diesem Beispiel liegt der Ansatz eines lernzielorientierten, programmierten Unterrichts zugrunde. Der Beitrag zur Individualisierung bezieht sich im wesentlichen auf Bereitstellung programmierter Lernmaterialien, die in individuellem Lerntempo durchgearbeitet werden sowie auf individuelle Inanspruchnahme zusätzlicher Lehrerberatung. Über Konzept und Praxis solcher Beispiele liegen neben deskriptiven Berichten Ergebnisse aus empirischen Untersuchungen vor, die vorwiegend aus den sechziger Jahren stammen[4]. Die Untersuchungen belegen positive Lerneffekte in bezug auf alle Schüler in den systematisch geplanten Kursen der Bereiche Lesen, Mathematik und Rechtschreiben, sofern die verwendeten Materialien entsprechende didaktische Qualität aufweisen. Setzt man didaktische Qualität der Medien (zum Beispiel nach Kriterien der linearen oder verzweigten Programmierung) voraus, so kann der Schüler nach individuellem Lerntempo im Kurs voranschreiten; der langsame Schüler kann zum gleichen qualitativen Lernergebnis gelangen wie der schnellere Mitschüler.

Kritik an solchen Individualisierungsmodellen ist vielfach geäußert worden. Rigide Züge zeigen sich vor allem in der Ausklammerung von Bezügen zu für Lernende bedeutsamen Inhalten und in der Ausschaltung sozialer Kontakte. Aus dem „reinen" Individualisierungskonzept lassen sich jedoch Teilelemente für kombinatorische Differenzierungsmodelle gewinnen, die Einseitigkeiten vermeiden und unterschiedlichen Zielbereichen und Schülergruppen gerecht werden. Solche komplexen Differenzierungsmodelle müssen neben geschlossenen, programmierten Teilen offene und problemorientierte Elemente enthalten, die im Hinblick auf Unterrichtsorganisation Einzel-Lernen und Gruppen-Lernen alternierend vorsehen. Konzeptionen individualisierenden Lernens lassen sich nicht ohne die Komponente des sozialen Lernens vertreten. Diese Komponente muß jedoch in unterschiedlichen Phasen und Bereichen des Lernens unterschiedlich gewichtet werden bis hin zur zeitweiligen völligen Ausschaltung durch Isolierung des Schülers von Gruppen und Lernpartnern in Einzel-Lernsituationen. Geht man von einem dem Programmierungskonzept diametral entgegengesetzt erscheinenden Ansatz aus, von offenem Unterricht (beispielsweise in Form von Projekten oder Freier Arbeit), so zeigt

3 Siehe A. Wenzel: Schwerpunkte der Grundschularbeit – Ein internationaler Vergleich. In: ders. (Hrsg.): Grundschulpädagogik, Bad Heilbrunn 1970, S. 207 f.

4 Vgl. K.H. Flechsig: Unterrichts- und Schulorganisation. In: H. Roth (Hrsg.): Begabung und Lernen, Stuttgart 1969, S. 452–460.

sich bei genauerer Betrachtung, daß auch in diese Konzeption Kompetenzen eingehen, die in individuellen Lernprozessen ihre Grundlage haben und in der Einzel-Lernsituation (mit individualisierenden Medien und individueller Beratung) optimal erlernt werden können. An Schulen, die eine längere Tradition offenen Lernens aufbauten und nicht nur kurzphasig Modeströmungen aufgriffen, kann das Zusammenspiel unterschiedlicher Lernmuster studiert und didaktische Monokultur widerlegt werden[5].

Der geignete äußere Rahmen für Einzel-Lernen ist der Einzeltisch mit Abstand und Sichtschutz zum Nachbarn. Bestehen im Klassenzimmer nicht genügend abgeschirmte Bereiche (Einzeltische, Nischen, Raumteiler), so bauen Kinder solche „Nischen" häufig selbst durch Aufstellen von Büchern oder Zeichenblöcken, durch das Aufsuchen

freier Tische entlang der Fensterfront oder in Ecken des Klassenraums. Meist wird ein solcher Rückzug als Schutzmaßnahme gegen Abschreiben oder als Verweigerung sozialen Kontakts gedeutet. Genauso plausibel ist die Deutung als Flucht vor dem Exhibitionscharakter und

[5] Vgl. R.W. Forward: Teaching Together. Reihe: Themes in Education, Nr. 27, Exeter 1971. Ders.: Vom traditionellen zum offenen Unterricht – Der Weg der Blue Coat Pilton School. In: H. Kasper/A. Piechorowski (Hrsg.): Offener Unterricht an Grundschulen – Berichte englischer Lehrer, Ulm 1978, S. 91–103.

dem visuellen Ausgeliefertsein in den üblichen ungegliederten Lernräumen und als Konzentrationshilfe bei intensiver Auseinandersetzung mit einer Sache. – Für ältere Schüler und für Erwachsene sehen neuere Bibliotheken und Mediotheken zum Teil abgeschirmte Einzel-Lernplätze in Lernkabinen (Carrels) vor[6]. Wie sich für Grundschüler analoge Lösungen mit einfachen Mitteln in Klassenräumen realisieren lassen, wie sie sich in individualisierenden Unterricht integrieren lassen und von Kindern angenommen werden, soll im folgenden beispielhaft aufgewiesen werden.

Einzel-Lernplätze in der Grundschule – Erste Erfahrungen aus einem Projekt

Eine Idee nimmt Gestalt an

Wir wußten: Das Gehäuse ist nicht alles – Lerninhalte und Lernprozesse, Medien, Lehrereinstellung, Interaktionen sind für individuelle Förderung wichtig. Und doch gab der Entwurf kleiner Kabinen entscheidende Impulse.

Projekt: Einzel-Lernplätze[7]

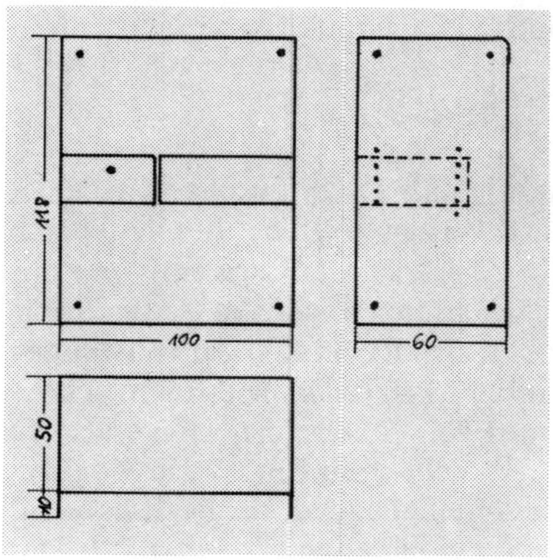

Ausführung:
Abschirmung 19 mm Spanplatten, roh, mit Furnierkanten.
Kabinen können beliebig seitlich oder gegeneinander montiert werden.
Tisch: weiße Kunststoffplatte mit Gerätefach (abschließbar) und Materialfach (offen).
Tischfach in der Höhe verstellbar.
Preis: 250,– DM[8].

6 Vgl. G. Elsner: Die Nutzung der Schulbibliothek/Mediothek. In: Institut für Schulbau der Universität Stuttgart: Untersuchungen zur gebauten Schulumwelt, Villingen 1977, S. 97–130.
7 Teil des Projekts „Vom Klassenzimmer zur Lernumgebung" der Pädagogischen Hochschule Reutlingen; Finanzielle Unterstützung durch die Stiftung für Bildung und Behindertenförderung GmbH, Stuttgart.
8 Herstellung: P. Kunzelmann, 7407 Rottenburg 21.

Die Kinder der Klasse 2b fanden zwei dieser Kabinen nach den Weihnachtsferien in ihrem Klassenzimmer vor: Sie standen im rückwärtigen Teil des Raums im Anschluß an die Leseecke, ausgestattet mit zwei Kassettenrecordern, sechs Kopfhörern, einem Diabetrachter und einem Kassetten-Programm.

Eingliederung in die Klasse

Die Kinder waren darüber informiert, daß leseschwache Mitschüler durch einen Trainingskurs gefördert werden sollten; dies entsprach auch der Elterninformation. Doch wird sofort die Frage laut, was mit den Kabinen darüber hinaus noch anzufangen sei. An erster Stelle wird von den Kindern die Möglichkeit des Rückzugs, der freiwilligen Absonderung von der Klasse genannt. Aktivitäten wie lesen, schreiben, malen sind plötzlich, in bezug auf den neuen Lernort, wesentlich attraktiver als zuvor. Immer wieder sprechen die Kinder die Möglichkeit des Sichzurückziehens und Wiedereingliederns in die Klasse an: „Ich brauch bloß aufzustehen, dann kann ich euch alle sehen!“ In der Tat ist in den ersten Tagen ein wichtiger Faktor für alle, daß man wirklich unsichtbar und optisch abgeschirmt sitzen kann. Es braucht nicht erwähnt zu werden, daß Tätigkeiten wie „Geschichten und Musik von Kassetten hören, Dias anschauen“ bei Vorschlägen zum Einsatz der Kabinen genannt werden. Bloß: Haben wir Kassetten? Woher nehmen wir Dias? Welche?

Ein für die Kinder bedeutsamer Vorgang ist der einer adäquaten Namengebung. Gemeinsam wird vereinbart, innerhalb einer Woche Vorschläge zu sammeln. Schon in dieser ersten Begegnung mit den Kabinen werden Vorschläge gemacht, die ihrer Besonderheit wegen hier kurz dargestellt werden. „Kleines Klassenzimmer" und „Holzhaus" sowie „Telefonhäuschen" und „Lesekapsel" gehören zu den spontansten Benennungen und scheinen das Bedürfnis der Kinder zu signalisieren, innerhalb gebauter Räume Kleinräume zu sehen, ihnen Hüttencharakter zu verleihen und darin Geborgenheit zu suchen. In eine andere Richtung weisen Begriffe wie „Hotelklassenzimmer", „Lesehotel" und „Schloßkabine": Die Kargheit von Klassenzimmern der Normalsituation ist angesprochen, etwas unglaublich Luxuriöses muß integriert werden; für alle Kinder dieser Altersstufe ist ein Schloß Präfiguration geheimer Wünsche und Sehnsüchte, bedeutet Überfluß und Reichtum. Für die Kinder dieser Klasse weist die Verbindung mit „Hotel" wohl in dieselbe Richtung. Wenn Kinder solche Wunschvorstellungen mit Schulischem in Verbindung bringen, sind günstige Voraussetzungen für die Eingliederung in die Klasse vorhanden.

Um den Schülern die Möglichkeit zu geben, die Kabinen immer stärker als Teil ihrer Schulwirklichkeit zu be-greifen und zu erleben, sollen die rohen Spanplatten in einer Anstreichaktion gestaltet werden. Dies scheint gerade für eine Schülergruppe bedeutsam zu sein, die in der kurzen Zeit der Existenz dieser Kabinen in unserem Klassenraum noch wenig Gelegenheit hatte, sie zu nutzen: die leistungsstärkeren Schüler, die nicht in die Arbeit am Intensivprogramm zur Förderung der Lesetechnik einbezogen werden. Paradigmatisch sei ein Junge zitiert, der bei den ersten Vorschlägen zur Namengebung den Begriff „Leseknast" einbrachte. Er kann für jene Gruppe Kinder genannt werden, die plötzlich, gänzlich unvorbereitet, sich in die alltägliche Situation schwächerer Kinder versetzt und aus-gesetzt sehen, nämlich zurückstehen zu müssen, still zu sein, abzuwarten, weil andere Kinder „vorne" sind. Viele Kinder beschäftigen sich in dieser ersten Stunde mit dem Wie eines Lesetrainings für die Lese-Stütz-Gruppe; die sogenannten „guten" Schüler fühlen sich ausgeschlossen, sind verwirrt und still. Der Begriff „Leseknast" vermag die Konfusion zu erhellen: Die Mitschüler erkennen klar, daß das Sitzen in einer der Kabinen durch diese Bezeichnung zum „Strafvollzug" gemacht werden soll und demonstrieren lautstark und engagiert dagegen. Es ist allen bewußt, daß es um den begehrtesten Lernplatz geht und daß ein zunächst nicht realisierbarer Wunsch durch Herabsetzung des Wunschziels leichter auszuhalten ist.

Es ist selbstverständlich, daß im Verlauf der Arbeit mit diesen Kabinen gemeinsam nach Möglichkeiten der Nutzung für alle Schülergruppen gesucht wird. Denkbar ist beispielsweise das Erstellen von Hörspielen, das Besprechen von Kassetten mit Erläuterungen zu Dias, das Fabulieren von Geschichten in Partnerarbeit, mündliche Vorbereitungen zum Verfassen von Texten, das Ausarbeiten leichter Diktate für schwächere Schüler und die Speicherung auf Kassette (Helfersystem). Wenn Schüler grundsätzlich erfahren, daß sie eigene Vorstellungen in den Unterricht einbringen können, daß diese umgesetzt werden, dann kann sich ihre didaktische Kompetenz an einem neuen faszinierenden Element der Lernumgebung schulen.

Der ausgeschriebene Namenwettbewerb weist nach einer Woche folgende Vorschläge auf, die hier in alphabetischer Reihenfolge wiedergegeben werden:

Einzelarbeitsstudio	Lesekabine
Hörstudio	Lesekapsel
Holzhaus	Leseknast
Hotelklassenzimmer	Lesekurskabine
Kassettenparadies	Leselernbüro
Kassettenstudio	Leselernparadies
Kleines Klassenzimmer	Leseparadies
Kurskabine	Lesestudio
Lernkabine	Musikstudio
Lernparadies	Schloßkabine
Lernstudio	Schreibbüro
Lesebüro	Schreibkabine
Lesehotel	Schreibstudio

Mit einer Stimme Vorsprung wird in geheimer schriftlicher Abstimmung für *Lernstudio* votiert, gefolgt von „Lernparadies“, „Holzhaus“ und „Lernkabine“. Gemeinsam wird festgelegt, daß Lernstudio 1, nur von der Leseecke aus zugänglich und sehr geschützt stehend, vorwiegend der Arbeit mit dem Leseprogramm vorbehalten bleiben soll, während Lernstudio 2, leicht von der allgemeinen Lernzone aus erreichbar und zusätzlich mit einem Diabetrachter ausgestattet, als mehrfach zu nutzender Einzel- oder Kleingruppenarbeitsplatz verwendet werden soll. In der Literatur wird in diesem Zusammenhang von „multimedialem Lernplatz“[9] gesprochen. Einzelarbeitsplätze zur individuellen Lernförderung sollten sicher Kassettenrecorder, Kopfhörer, Diabetrachter und Schreibmaschine aufweisen, jedoch sollten vielseitige Nutzungsmöglichkeiten aufgrund von Schülerinitiativen im Vordergrund stehen, der multi-„mediale“ Aspekt nur die Anregungsfunktion herausstellen und eine multi-„funktionale“ Einbeziehung in das Unterrichtsgeschehen unterstützen. Wenn beispielsweise ein Schü-

9 Vgl. K.H. Flechsig u.a.: Erstfassung eines Katalogs didaktischer Modelle, Göttingen 1978, S. 218–243.

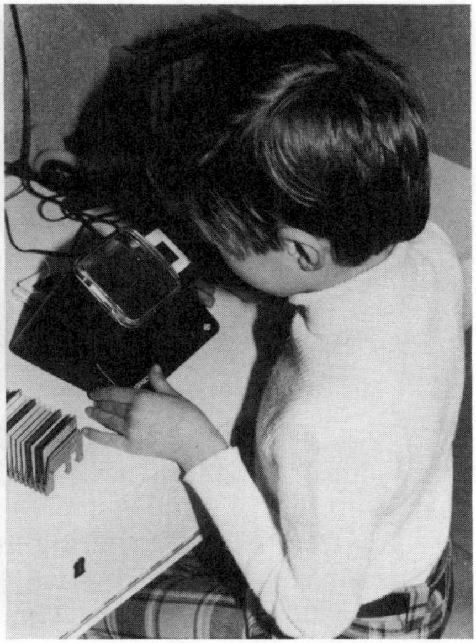

ler vier Unterrichtsstunden im Lernstudio 2 verbringt und für die Klasse nur wenige Minuten im Laufe eines Schulvormittags sichtbar wird, dann müssen auch solche Bedürfnisse respektiert werden, die zweifellos wenig mit dem multimedialen Aspekt zu tun haben, sondern auf vielschichtigere Ursachen zurückzuführen sind.

Daß Kinder über sehr lange Zeitspannen hinweg ein Lernstudio belegen, ist verhältnismäßig selten. Gewöhnlich nehmen sie die Möglichkeit freiwilliger Isolation nur kurzzeitig wahr und wünschen nach dieser Phase selbst wieder die Integration in die Klassengruppe. In diesem Zusammenhang ist es unabdingbar, daß mit den Schülern Regeln erstellt werden, die Streitereien und den Kampf um die begehrten Plätze mindern oder gar ausschalten. In dieser Klasse haben sich zwei Ampeln bewährt: Die auf der nächsten Seite abgebildete wurde nach wenigen Tagen aus Requisiten zum Eisenbahnspielen mitgebracht, die zweite auf erstaunlich einfache, aber funktionstüchtige Weise von einem Kind gebastelt. Mit strenger Konsequenz werden die Ampeln auf Rot oder Grün gedreht, die sichtbare Mittelung von allen respektiert. Zur täglichen Arbeitszeit der durch das Lesetraining geförderten Schüler kann bis jetzt festgestellt werden, daß die Dauer grundsätzlich freigestellt bleiben sollte, daß man schon nach fünf oder zehn Minuten die Möglichkeit haben muß abzubrechen, daß jedoch auch länger daran gearbeitet werden darf. Schüler und Lehrer müssen gemeinsam je nach Situation entscheiden. Der erhebliche Aufwand an Konzentration sowie die Belastung „unter Kopfhörern“ ist nicht zu

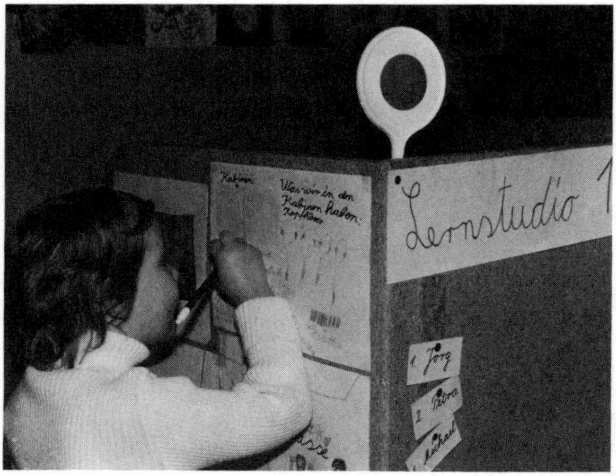

unterschätzen. Für konzentrationsschwache Kinder ist eine tägliche Arbeitszeit von ungefähr 15 Minuten angemessen. Bei längerem Arbeiten kann eine Situation eintreten, in der ein Schüler nach 40 Minuten sagt: „Es macht heut arg Spaß, aber unter den Ohren wird mir langsam so heiß!"

Es muß die Frage gestellt werden, ob in Klassenräumen traditioneller Größe von etwa 70 qm genug Raum für Einzelarbeitsplätze vorhanden ist. Das hier beschriebene Klassenzimmer ist 64 qm groß, die Lernstudios wurden in eine bereits vorhandene Leseecke integriert. In jedem Raum ergibt sich durch Umstellen der Möbel die Möglichkeit, mindestens ein Lernstudio einzurichten; geeignet hierfür wäre eine Ecke des Zimmers, entweder mit Blick zur Wand (Zusatzleuchte) oder aus dem Fenster. Wichtig ist nach den hier gemachten Erfahrungen eine möglichst gute Abschirmung und ein geschützter Zugang. Raumteiler können leicht selbst hergestellt werden, zum Beispiel mit zwei Waschmitteltrommeln, Zement, zwei stabilen Holzleisten und einer Spanplatte. Auf diese Weise fühlt das arbeitende Kind sich geborgen. Für die Klasse ist diese Abgrenzung eine ideale Pinfläche zum Anschlagen von Neuigkeiten, Mitteilungen und Briefen. Wenn an der Schule zusätzliche Gruppenräume vorhanden sind, können Lernstudios der noch besseren Abschirmung wegen ausgelagert werden. Der Lehrer muß sich dann mit erhöhter Sorgfalt um die dort arbeitenden Kinder kümmern, um das Gefühl des Ausgeschlossenseins im Vorfeld abzufangen; die Förderintention wäre sonst unterlaufen.

Leistungsschwache Kinder erfahren schon nach wenigen Wochen Arbeit in den Lernstudios einen erheblichen Prestigezuwachs innerhalb der Klasse durch die Steigerung bestimmter Kompetenzen: Sie vollziehen einen Rollentausch, werden von Belehrten zu Experten, erklären Mitschülern und erwachsenen Besuchern technische Details wie zum Beispiel den Umgang mit dem Kassettenrecorder, das Sich-Einschalten in ein Programm durch Aneinanderkoppeln der Kopfhörer. Insgesamt scheinen sie selbstbewußter geworden zu sein.

Was schreiben Kinder auf, zur Umgestaltung des Klassenzimmers und in diesem Zusammenhang auch zu den Lernstudios befragt?

Carmen: *Mir gefällt die ganze Klasse. Weil keine andere Klasse ist so wie unsere Klasse. Wahrscheinlich bleiben wir die einzigen wo zwei Lernstudios haben.*

Ottmar: *Mir gefällt das Lernstudio. Warum. Weil man darin viel machen kann. Weil dadrin einer nicht gestört ist. Weil dadrin einer allein ist. Man kann auch darin Dias angucken. Wir haben aber zwei Lernstudios.*

Andreas: *Mir gefallen auch die Lernstudios. Weil man da mit Kopfhörern hören kann.*

Sanja: *Was mir in der Klasse gefällt:* (unter anderem) ... *Die Lernstudios, weil es ein Förderkurs ist. Die Kassetten und Schallplatten wegen den Geschichten.*

Silke: *Mir gefällt auch das neue Studio weil es schöne Sachen hat. Zum Beispiel die Kopfhörer oder die Kassettenrecorder und weil die Kinder in der Kabine so gut lernen.*

Zur didaktischen Konzeption

In zweifacher Hinsicht können Lernstudios individualisierende Fördermaßnahmen unterstützen:

- Im Hinblick auf die Realisierung des durch den Lehrplan definierten gemeinsamen Fundamentums für alle Schüler und
- im Hinblick auf Vertiefung und Erweiterung des Grundcurriculums.

Unter der ersten Zielperspektive handelt es sich vor allem um individualisierenden Stützunterricht für schulschwache Kinder. Im zweiten Schuljahr dürfte allgemein der erfolgreiche Abschluß des Leselernprozesses in den Mittelpunkt der Stützmaßnahmen treten. Unter der zweiten Zielperspektive geht es um die Bearbeitung weiterführender Wahlangebote oder individueller Interessengebiete. Alle Kinder einer Klasse sollten solche vertiefende oder erweiternde Lernchancen nutzen können. Zudem ergeben sich Fördermöglichkeiten für schnelle Lerner und für Kinder mit speziellen erhöhten Lernfähigkeiten.

In der Projektklasse wird als erstes Stützprogramm ein „Intensivtraining zur Lesetechnik“[10] eingesetzt. Das Trainingsprogramm ist nach phonetischen Gesichtspunkten aufgebaut, auf Kassetten und Arbeitsblättern gespeichert[11]. Lautbildungs-, Markier- und Leseübun-

10 Vgl. Möckel/Klein/Laupheimer: Intensivtraining in der Lesetechnik, Ravensburg 1977.
11 Vgl. Lehrerbegleitheft zum „Intensivtraining in der Lesetechnik“, Ravensburg 1977.

gen kann der Schüler selbständig durchführen; nur bei bestimmten Übungen ist Lehrerhilfe erforderlich. Variable Trainingsphasen, zum Teil synchron zum Klassenunterricht durchführbar, Möglichkeiten eines verkürzten oder mehrfachen Durchlaufs sowie der Einfügung von Zusatzmaterialien ergeben eine vorzügliche Grundlage für individualisierenden Stützunterricht. In den weiteren Ausbau der Studios können folgende Stützmaßnahmen einbezogen werden:

- Therapeutische Sprechübungen zur Verbesserung der Artikulation und zur Korrektur von Sprechfehlern leichter Art (bei Sprachstörungen sollte ein Sprachheilpädagoge hinzugezogen werden);
- phonetisch unterstützte Rechtschreibübungen.

Wahl- oder Zusatzangebote lassen sich besonders gut über Lernstudios und entsprechende Zusatzmedien konzipieren bei Themen des Deutsch-, Sach-, Religions- und Musikunterrichts. Voraussetzung ist eine klassen- bzw. stufenspezifische Info-/Mediothek, die unter anderem bereitstellt: Schulfunksendungen, Hörszenen, Reportagen, Sprachhandlungssituationen, Märchen, Kinderliteratur, Bild-/Fotoreihen (möglichst mit Arbeitsaufträgen), verschiedene Arten von Musik. Die AV-Mediensammlung sollte zunehmend auch durch Lehrer und Schüler selbstgefertigte Medien umfassen, zum Beispiel Geschichten, von Kindern gelesen oder erzählt, selbsgestaltete Hörspiele, musikalische Darbietungen, Aufnahmen von Klassen- oder Gruppengesprächen, Interviews[12].

Bisherige Erfahrungen zeigen, daß Phasen des Einzel-Lernens im Studio ohne Schwierigkeiten mit Phasen des gemeinsamen Lernens in der Klasse oder in Gruppen kombiniert werden können. Durch Na-

12 Vgl. G. Beck: Arbeitsplatz mit Kassettenrecordern in einem schülerorientierten Unterricht. In: Mediengebrauch in der Grundschule. Beiträge zur Reform der Grundschule. Bd. 32/33, Frankfurt 1977, S. 135–141.

mensschildchen an der Außenwand der Studios wird die Reihenfolge der Schüler angezeigt, die während bestimmter Stunden im zielorientierten Stützkurs individuell weiterarbeiten (Unterrichtsstruktur: Zielerreichendes Lernen); die Ampel steht auf Rot. Bei grünem Licht können Schüler in Stunden Freier Arbeit oder in Phasen selbstgesteuerten Lernens sich absprechen, einschlägige Medien selbst organisieren und die Einzelplätze nach Bedarf und Möglichkeit aufsuchen (Unterrichtsstruktur: Selbstorganisation des Lernens / Autonomisierung des Lernens). Da die Kassettenrecorder nicht fest installiert sind, läßt sich mühelos, wenn erforderlich oder gewünscht, die Einzel- in eine Gruppenlernsituation überführen: Der Recorder wird zu einem Gruppentisch geholt, die Kinder schalten sich mit Kopfhörern (Mehrfachanschlüsse sind vorhanden) in das Programm ein (zum Beispiel Hören einer Geschichte).

Für weitere didaktische Entwicklungsarbeit eröffnen sich neue Möglichkeiten. So könnte beispielsweise das bei uns noch kaum bekannte didaktische Modell des Keller-Plans[13] für Grundschularbeit genutzt werden. Das Modell wird von den Prinzipien „zielerreichenden Lernens", „durch Tutoren begleiteten Lernens" (Helferprinzip) und des „Lernens mit Texten" bestimmt. Typisch ist der Wechsel von Alleinlernen mit didaktisch aufbereiteten Texten und Beratung durch Tutoren / Helfer. In Grundschulklassen könnten Tutoren aus dem gleichen Jahrgang, aber auch aus höheren Klassen rekrutiert werden (Patenschaften). Diese aus der Reformpädagogik und aus wenig gegliederten Landschulen bekannte, doch weithin vergessene Praxis könnte mit neuen Inhalten und neuen methodischen Möglichkeiten sinnvoll wiederbelebt werden. Hohe Spezialisierung der Einzel-Lernplätze in bezug auf Medien und Aktivitäten ist für die Grundschule nicht angebracht. Vielfältige Medien im Hinblick auf unterschiedliche Funktionen (multi-medial / multi-funktional) erlauben am ehesten variable Kombinationen mit anderen Lernformen.

13 Vgl. F.S. Keller / J.G. Sherman (Hrsg.): The Keller Plan Handbook, Menlo Park, C., 1974; K.H. Flechsig u.a.: Erstfassung eines Katalogs didaktischer Modelle, Göttingen 1978.

Fördern statt Fordern [14]

Die Ungelöstheit des Förderauftrags der Grundschule zeigt sich in der gegenwärtigen Grundschulsituation besonders deutlich an Extremgruppen der Schülerschaft: an schulschwachen, lern- und leistungsgestörten sowie verhaltensschwierigen Schülern einerseits, die die Grundschule als überfordernde und bedrohende Institution erfahren, deshalb in ihrer gesamten Persönlichkeitsentwicklung gefährdet sind [15], und an besonders befähigten Schülern andererseits, die die Grundschule lediglich als Durchgangs- und Verteilungsstelle passieren, Förderung ihrer spezifischen Fähigkeiten jedoch vorwiegend durch die Familie oder andere außerschulische Instanzen erfahren. Die Probleme der ersten Gruppe werden häufig durch Aussonderung, das heißt Überweisung an Sonderinstitutionen (institutionell desintegrierte Förderung) gelöst; die Probleme der zweiten Gruppe sind noch kaum ins Bewußtsein gerückt. Schüler werden im allgemeinen zu „didaktischen Normalsubjekten".

Veranlaßt durch das Defizit der Grundschule an organisatorischen, medialen und curricularen Fördermöglichkeiten wurden in den vergangenen Jahren Untersuchungen durchgeführt und Forderungen aufgestellt. So versuchte etwa W. Topsch im Anschluß an eine Untersuchung von Schülern, die in eine Sonderschule für Lernbehinderte überwiesen wurden, Indikatoren für das Versagensrisiko innerhalb der Grundschule zu skizzieren [16]. Als grundlegende Bedingung erfolgreicher Förderung wird ein flexibles Differenzierungssystem unter Vermeidung jeglicher Diskriminierung herausgestellt. Die Untersuchungen belegen die Vielschichtigkeit und Relativität des Begriffs „Lernbehinderung" und weisen auf eine auf Aussonderung schwacher Schüler gerichtete Bewußtseinsdisposition der Lehrerschaft hin. Es wird deutlich, wie teilweise leichtfertig irreparable Sonderschuleinweisungen (Alles-oder-nichts-Entscheidungen mit Endgültigkeitscharakter) unter dem Deckmantel der Förderung getroffen werden, während es sich realiter um Diskriminierung und um lebensnahe Benachteiligung handelt.

Mißt man dem Gedanken der Förderung vorrangige Bedeutung zu, dann ist das unverbundene Nebeneinander von Grund- und Lernbehindertenschule zu überwinden und die Integration von Behinderten auf der Grundlage individueller Förderung eine unabdingbare Folgerung [17].

14 Vgl. I. Maier: Fördern statt Fordern? Bausteine zum erzieherischen Auftrag der Grundschule. Unveröffentlichte Diplomarbeit, Tübingen/Reutlingen 1978.

15 Vgl. A. Reinartz / A. Sander (Hrsg.): Schulschwache Kinder in der Grundschule, Bd. 1 und 2, Reihe: Beiträge zur Reform der Grundschule, Frankfurt 1977/1978.

16 W. Topsch: Grundschulversagen und Lernbehinderung, Essen 1976.

17 Vgl. Deutscher Bildungsrat: Zur pädagogischen Förderung behinderter und von Behinderung bedrohter Kinder und Jugendlicher, Stuttgart 1974.

Auch Kinder, die weit über dem Durchschnitt liegende Leistungsfähigkeiten bzw. Begabungen besitzen, haben durch ihr Anders-Sein und ihr Abweichen von einer Durchschnittsnorm Probleme in und mit der Grundschule und deren standardisiertem Lernangebot. E. Schwartz hatte bereits 1969 darauf hingewiesen, daß diese Problematik in der deutschen schulpädagogischen Diskussion vernachlässigt worden ist.

„Diese erhöhte Lernfähigkeit und der aus ihr erwachsende Anspruch auf weiterreichendes Lernangebot ist in der öffentlichen Diskussion wie in der wissenschaftlichen Forschung weniger beachtet worden als die eingeschränkte Lernfähigkeit und die sich aus ihr ergebende besondere Bildungsbedürftigkeit." [18]

Die Erklärung für diesen blinden Fleck im öffentlichen Bewußtsein und für die Lücke in der erziehungswissenschaftlichen Forschung dürfte allerdings komplexer sein, als daß nur „stillschweigend akzeptiert" werde, „... daß man im Kindesalter noch nichts versäumen könne, weil eine erhöhte Lernfähigkeit noch nicht erkennbar sei" [19]. Es muß dazuhin eine Blindheit für die besonderen psychologischen Probleme dieser Kinder einerseits und die gesellschaftliche Notwendigkeit der Förderung hoher Begabungen andererseits angenommen werden. Die Unterentwickeltheit des Problembewußtseins spiegelt sich bereits in der Unschärfe und Unsicherheit der Terminologie [20].

Der Begriff der Hochbegabung ist in der deutschen schulpädagogischen Terminologie noch problematischer und ungeklärter als der der Begabung. L. Kemmler war in einer empirischen Studie bereits 1967 zu der Aussage gelangt, daß schon im Grundschulalter Kinder mit hochdifferenzierten Sonder- und Spitzenbegabungen erkennbar seien und hatte die Forderung erhoben, diese Schüler in den Gebieten ihrer Begabungsspitzen zu fördern [21]. Die von E. Schwartz formulierten Fragen

- nach dem quantitativen Umfang und der qualitativen Ausprägung erhöhter Lernfähigkeit im Grundschulalter,
- nach der Einlösung des daraus resultierenden Anspruchs auf weiterreichende Lernmöglichkeiten in einer sehr bildsamen Phase der Entwicklung,
- nach den Folgen der Nicht-Einlösung

blieben unbeantwortet.

Demgegenüber lassen sich im englischen Raum eine Vielzahl von Untersuchungen aus der Grundlagenforschung sowie explizit schul-

18 E. Schwartz: Die Grundschule – Funktion und Reform, Braunschweig 1969, S. 83.
19 Ebd., S. 83.
20 E. Schwartz sprach von „Plusabweichungen", von „Kindern mit erhöhter Lernfähigkeit" und „erhöhten Bildungsansprüchen", ebd., S. 82–89.
21 Vgl. L. Kemmler: Erfolg und Versagen in der Grundschule, Empirische Untersuchungen, Göttingen 1967, S. 180.

pädagogisch ausgerichtete Titel vor- und gesellschaftliche Initiativen zur Förderung nachweisen. Als „gifted children“ werden nach dem Sprachgebrauch der „National Association for Gifted Children“ die begabtesten zwei Prozent jeder Altersgruppe bezeichnet[22]. Damit ist nur eine Annahme zum quantitaven Umfang gemacht. Sehr schwer sind Indikatoren und Methoden einer qualitativen Identifizierung zu gewinnen (zum Beispiel Erfassung allgemeiner Intelligenz, spezieller Begabungen, Kreativität. Die meisten neueren Forschungsansätze gehen von einer komplexen Interaktion verschiedener Dimensionen aus und ergänzen sie durch situative Einflußfaktoren und Persönlichkeitsmerkmale.

Im internationalen Vergleich ergeben sich – mit einer gewissen Affinität zu gesellschaftlichen und politischen Orientierungen – in der Akzentuierung und Kombination unterschiedliche Grundmuster der Förderung hochbegabter Schüler:

- Selektive Förderungsmuster, das heißt Förderung einer Schülergruppe in speziellen Schulen, Klassen, Kursen[23].
- Förderung durch Akzeleration, das heißt durch beschleunigtes Durchlaufen der Institution Schule wie zum Beispiel: vorzeitiger Schuleintritt, Überspringen von Klassen oder Vorwegnahme von Curriculumteilen, die bei regulärem Durchlaufen erst für spätere Phasen vorgesehen sind[24].
- Förderung durch Zusatzangebote (enrichment), das heißt Vertiefung oder Ausweitung des obligatorischen Grundcurriculums in methodisch und zeitorganisatorisch vielfältigen Spielformen[25].

Die Forschungsergebnisse bezüglich der Fördereffekte sind insgesamt nicht schlüssig und führen in die psychologisch und schulpädagogisch verzweigte Diskussion über Auswirkungen von Differenzierungsformen hinein. Zwei Kernpunkte der pädagogischen Problematik sollen kurz umrissen werden: Zum einen muß ein bisher wenig beachteter Aspekt der kompensatorischen Erziehung ins Blickfeld gerückt werden. Da seither hochbegabte Kinder im Grundschulalter schulisch weitgehend unentdeckt und ungefördert bleiben, dürften gerade jene Kinder Nachteile haben, die aus anregungsarmen, sozial schwachen Familien stammen. Für sie wird der Förderauftrag weder von der Schule noch von der Familie übernommen. Sozio-ökonomische De-

22 Vgl. M. Leibholz: Das Kind, das zu schnell begreift. In: Frankfurter Allgemeine, 23.8.1975.
23 Vgl. M.L. Goldberg / A.H. Passow: The Effects of Ability Grouping, 1962, deutsche Übersetzung in: A. Rang / W. Schulz (Hrsg.): Die differenzierte Gesamtschule, München 1969.
24 Vgl. H.J. Klausmeier: Effects of accelerating bright older elementary pupils from second to fourth grade. In: Journal of Educational Psychology, 53, 1962.
25 Vgl. M.F. Freehill: Gifted Children: Their Psychology and education, New York 1961.

privation wirkt sich vermutlich bei Hochbegabten noch gravierender aus als bei mittleren und schwächeren Schülern. Zum anderen muß die besondere Bedürfnislage dieser Schülergruppe als pädagogischer Problembereich gesehen werden. Bei den angenommenen großen interindividuellen Unterschieden zeigen sich offensichtlich auch gemeinsame Bedürfnisse, deren Nicht-Beachtung Identitätsprobleme, Verhaltensschwierigkeiten und Beeinträchtigungen der Lernmöglichkeiten hervorrufen können. In einer der interessantesten Studien der letzten Jahre[26] werden unter anderem folgende Grundbedürfnisse aus einer Vielzahl von Erzieheraussagen extrahiert: Kontakte mit gleichaltrigen durchschnittlich begabten Kindern, ebenso aber auch Kontakte mit Kindern vergleichbarer Fähigkeiten zu haben; mit Herausforderungen konfrontiert zu werden, die auch Mißerfolgserlebnisse und Grenzerfahrungen mit sich bringen; an sehr differenzierte Aufgabenstellungen eher zurückhaltend herangeführt als gelenkt zu werden; elementare Lernstufen rasch durchlaufen zu können; selbstgewählte Richtungen des Lernens verfolgen zu können; Kontakte mit Lehrern, die ähnliche Spezialbegabungen besitzen, zu haben; reichhaltige Möglichkeiten und vielfältige Ermutigungen zur Entfaltung von speziellen Hochbegabungen zu erfahren.

Die zentrale pädagogisch-didaktische Schlußfolgerung beinhaltet die Notwendigkeit zur Ausweitung individualisierender Lehr- und Lernmethoden. Das Grundschulcurriculum soll ein vielfältiges Aktivitätenangebot machen („cafeteria curriculum“[27]), wahlfreie Elemente enthalten, von qualifizierten Lehrern durchgeführt und durch zusätzliche Spezialkräfte unterstützt werden.

Von beiden hier angesprochenen Schülergruppen aus wird der Grundschule eine vielfältige Praxis der Differenzierung und Individualisierung nahegelegt. Individualisierendes Lernen in Lernstudios könnte ein interessanter Teilbeitrag zur Einlösung des zugrunde liegenden Förderauftrags sein.

26 Vgl. E. Ogilvie: Gifted Children in Primary Schools, London 1973.
27 Ebd., S. 70.

Hildegard Kasper
Ingrid Maier

Die kleine Klassenmediothek in der Grundschule

1. Zur Mediensituation an Grundschulen

Die Lehrerperspektive

Welcher Lehrer, der nach einem strapazierenden Schulvormittag den Unterricht von morgen vorbereitet, hat nicht entlastende Visionen, Visionen einer Schule, die ihm bereitstellt oder zuliefert, was er sich mühsam und zeitraubend zusammenträgt oder selbst entwickelt: Differenzierte Übungsblätter für den Mathematikunterricht, den er als Fachlehrer in Klasse 3 in der ersten Stunde zu erteilen hat; Fördermaterial für die Gruppe B der eigenen Klasse im Fach Deutsch in der zweiten Stunde; Zusatzmaterial zum Mathematiklehrgang der Gesamtklasse in der dritten Stunde; Experimentiermaterial und Versuchsanweisungen zum Thema X im Sachunterricht nach der großen Pause; Bilder als Sprechanlässe für die fünfte Stunde mit Gruppe A. Dies ist nur ein einziger von sechs Unterrrichtsvormittagen – bei mehr als 30 Schulwochen eine erdrückende Medienlast: Matrizen fertigen und abziehen, Lehrbücher vergleichen und daraus auswählen, Filme, Dias, Folien sichten und didaktisch organisieren, Geräte transportieren ... Der Weg des geringeren Widerstands, die Arbeit mit dem Lehrbuch im Klassensatz, mit dem gemeinsamen Arbeitsblatt, mit dem einheitlichen Medium für alle, garantiert sehr wahrscheinlich einen mittelmäßig-guten Unterricht. Er ist oft nicht nur ein subjektiv verständlicher Fluchtweg, sondern häufig eine Konsequenz dürftiger Medienausstattungen und engbegrenzter Lehrmitteletats.

Forderungen nach Individualisierung und Differenzierung, nach handlungs- und schülerorientiertem Unterricht, nach projektorientiertem Lernen lassen sich so nicht realisieren. Der planende Lehrer, der um diese Forderungen weiß und sich hinter sie stellt, wünscht sich nun keineswegs den vollgepackten Medienkoffer, den er ins Haus gestellt bekommt und dem er fertige Teile entnehmen kann. Er wünscht sich wohl auch nur in Phasen der völligen physischen und psychischen Erschöpfung eine perfekte Unterrichtstechnologie, die die gesamte Lernsteuerung übernimmt. In seinen Visionen wünscht er sich vielmehr den raschen Überblick und Zugriff auf Bausteine und Ressourcen, die nicht, ihm oft gar nicht bekannt, an verschiedenen Orten gelagert werden, sondern offen und gut organisiert in seiner Reichweite liegen, so daß ihm selbst und seinen Schülern in einer aktuellen Situation auch noch kurzfristig ein Zugriff möglich ist.

Auch aus der Perspektive des Lehrers wird sofort ersichtlich, daß Probleme der Medienorganisation an mediendidaktische Voraussetzungen geknüpft sind: Welche unterrichtlichen Funktionen sollen Medien übernehmen oder unterstützen? Nach welchen Kriterien soll der Abnehmer aus der Fülle des Angebots – wie sie sich zum Beispiel auf den großen Lehrmittelmessen Didacta und Interschul und in den Lehrmittelkatalogen der Verlage präsentiert – auswählen? Nach welchen Prinzipien sollen neue Medien entwickelt werden?

Mediendidaktische Überlegungen

Großflächig betrachtet lassen sich zwei grundlegend verschiedene mediendidaktische Ansätze unterscheiden[1]:

- Ein *unterrichtstechnologisches Konzept,* in dem Medien als vorfabrizierte Träger von Lehrfunktionen auftreten und für zielerreichendes Lernen instrumentell eingesetzt werden können. Dieser mediendidaktische Ansatz weist hohe Affinität zu geschlossenen, lernzielorientierten Curricula auf. Teilfunktionen von Medien können nach diesem Konzept sein: Instruktionen und Informationen geben; Lernhilfen im Sinne zusätzlicher Erklärungen, erweiternden Übungsmaterials, vereinfachender Erläuterungen und ähnlichem bieten; zu früheren Lernphasen zurückführen, wenn Lehrgangslükken auftreten; Verständnisschwierigkeiten durch Wiederholungen, Veranschaulichungen und anderes beseitigen; in einzelnen Phasen und bestimmten Situationen den Unterricht bis zur Lernerfolgskontrolle völlig übernehmen, um den Lehrer für individuelle Beratung freizusetzen.
- Ein *kommunikations- und handlungsorientiertes Konzept,* in dem Medien als offene Ressourcen zur Verfügung stehen, um individuelles, autonomes und soziales Lernen anzuregen. Dieser Ansatz korrespondiert mit Konzeptionen offener, schülerorientierter Curricula. Teilfunktionen von Medien können nach diesem Konzept sein: Lernmotivationen schaffen; aktive und vielseitige Auseinandersetzungen mit Lerngegenständen initiieren; kreative und spielerische Aktivitäten stimulieren; individuelle Interessen fördern; Eigenerfahrungen (kognitive, soziale und affektive) artikulieren; neue Kombinationen und Lösungen unterstützen; den medialen Charakter offenlegen; zur Selbstproduktion von Medien auffordern.

Die Aufgabenbestimmung der Grundschule nach neuen Grundschullehrplänen und amtlichen Richtlinien macht es erforderlich, daß beide

1 Grundschulbezogene mediendidaktische Ansätze, siehe G. Beck u.a.: Mediendidaktische Forderungen. In: D. Haarmann / E. Schwartz (Hrsg.): Mediengebrauch in der Grundschule, Probleme – Modelle – Beispiele, Reihe: Beiträge zur Reform der Grundschule, Bd. 32/33, Frankfurt 1977, S. 85–91; G. Kolb: Medien und informeller Unterricht. In: F. Nuber (Hrsg.): Informeller Unterricht. Modell für die Grundschule. München-Wien-Baltimore 1977; F. Maurer: Lehren und Lernen mit Medien. In: Halbfas / Maurer / Popp (Hrsg.): Neuorientierung des Primarbereichs. Bd. 5, Stuttgart 1976; E. Schwartz (Hrsg.): Unterrichtsmittel für Grundschüler – Ein Medienhandbuch der Primarstufe, Frankfurt 1974.

Ansätze und die damit abgedeckten Funktionen zum Zuge kommen. Schulische Funktionen lassen sich nur in polarer Spannung (Lernen – Spielen, Belehrung – Erfahrung, Qualifikation – Selbstbestimmung) als Ergebnis von „gemischten" Lehr-Lern-Prozessen definieren. Im Mediensortiment der Grundschulen muß sich diese Mischung ebenfalls ausdrücken. Dies bedeutet, daß neben stoff- und lernzielorientierten, didaktisch vorstrukturierten Medien auch ambivalente Rohmaterialien, problemorientrierte Bruchstücke, Spielelemente und ähnliches ihren Platz in der Schule haben müssen. Auch unter dem Handlungsdruck des schulischen Alltags und aufgrund einseitiger Leistungsanforderungen darf die Spannung nicht zum einen oder anderen Pol hin aufgelöst werden.

Medienausstattungen – Anspruch und Wirklichkeit

In den meisten Bundesländern gibt es keine verbindlichen Zusammenstellungen von Mindestausstattungen für Grundschulen[2]. Die Medienausstattungen dürften deshalb von Schule zu Schule stark variieren. Es ließe sich an ihnen leicht die Diskrepanz zwischen Theorie und Praxis nachweisen. Der proklamierten Bedeutung von Medien für moderne Lehr- und Lernverfahren im Grundschulunterricht und dem Anspruch von Modell-Ausstattungsprogrammen[3] steht die Ärmlichkeit vieler Lehrmittelzimmer und die saubergefegte Kahlheit der Lernräume gegenüber. Private Sammlungen vieler Grundschulkinder dürften den Anregungswert dieser schulischen Materialienkabinette und Lernumgebungen häufig übertreffen (Bücher, Baukästen, Spiele, Werkzeuge, Werkmaterialien und anderes). In dieser Situation kommen gerade jene Kinder zu kurz, die den schulischen Mangel zu Hause nicht kompensieren können – eine groteske Lage nach langen Diskussionen über kompensatorische Erziehung.

Für neu an eine Schule versetzte Kollegen oder Krankheitsstellvertreter ist die Mediensituation besonders gravierend: Die meist anzutreffende Desorganisation von Lehrmitteln hindert sie in ihrer Arbeit mehr als die an der Schule schon länger tätigen Kollegen, die sich mit der unzureichenden Ausstattung auf ihre Weise arrangiert haben. Der Klassenzimmerschrank weist eine unstrukturierte Fülle von Material auf, das sich bei genauerer Prüfung als jahrzehntealte Ablagerung entpuppt, als Medienmüll in Form zerfledderter Lesebücher, auszurangierender Lesekästen, unvollständiger Plättchensammlungen oder Steckkästen, die ehemals zum Rechenunterricht verwendet wurden. Der

2 Vgl. jedoch Empfehlung für die Ausstattung von Grundschulen, Runderlaß des Kultusministeriums von Nordrhein-Westfalen vom 21. März 1973.

3 Vgl. Arbeitskreis Grundschule / Arbeitsgruppe Marburg: Marbuger Modell für die Ausstattung von Grundschulen, Marburg o.J.

Handapparat solcher Schränke fördert noch heute Lehrerhandbücher zutage, wie sie allenfalls in den sechziger Jahren verwendbar waren. Nach Entfernung solchen Medien„sumpfes“ – was bleibt? Der hier angesprochene fiktive Kollege macht sich auf die Suche nach Informationen: Über die Ausstattung der Lehr- und Lernmittelzimmer, über den Aufbewahrungsort von Kinderlexika, von Bildgeschichten, von Lernspielen, von Zusatzmaterialien zu einem fördernden Leseunterricht, von Strategiespielen als Ergänzung zum Mathematikunterricht und anderes mehr. Wenn die angesprochenen, hier exemplarisch ausgewählten Materialien überhaupt vorhanden sind, dann häufig in den verschlossenen Schränken von Kollegen, die solche Lehr- und Lernmittel wie einen persönlichen Besitz vereinnahmt haben.

Eine Selbstverständlichkeit an jeder Grundschule sollte heute die Erfassung aller für diese Schulstufe relevanten Verlage darstellen. Sofern Lehrer nicht auf eine private Kartei im häuslichen Arbeitszimmer zurückgreifen können, ist ihnen an einer beträchtlichen Zahl von Grundschulen eine meist nur einmal begonnene, jedoch nicht auf dem laufenden gehaltene diffuse Sammlung von Verlagsprospekten zugänglich. Die alphabetische Registratur sowie in einigen Fällen die Zusammenfassung nach Sachgebieten (zum Beispiel Sonderprospekte zum Sachunterricht) ist notwendige Voraussetzung der Entscheidung für Anschaffungen und Vermeidung von Fehlinvestitionen. Die Entscheidungskriterien scheinen häufig unreflektiert und zufällig. Sicher finden Konferenzen mit den Tagesordnungspunkten „Lehr- und Lernmittel“ statt, jedoch sieht sich der mit vollem Deputat beschäftigte Lehrer meist überfordert, Neuanschaffungen zum Erstlesen ebenso kompetent zu beurteilen wie zum Beispiel neue didaktische Literatur zur Kunsterziehung. So erfolgen die Anschaffungen einer Schule oft nicht im Hinblick auf eine gemeinsam vereinbarte Zielperspektive, und es läßt sich kein Prioritätenstrang herausfiltern. Auch die heute noch übliche Praxis, Kartenmaterial, Wandbilder, Arbeitstafeln und ähnliches von Vertretern quasi „unter der geöffneten Klassenzimmertür“ zu kaufen, ohne Vergleichsangebote eingeholt zu haben oder die Qualität solcher Lehrmittel mit Kollegen zu besprechen, ist in diesem Zusammenhang zu sehen.

Desorientierung innerhalb des Medienbestands kann nur vermieden werden, wenn die Lehrerschaft einer Schule sich über die Grundzüge ihrer Medienpolitik Klarheit verschafft hat. Voraussetzung hierfür ist die Herstellung von Konsens über Grundfragen der Unterrichtsorganisation, über die wenigstens teilweise Einigung über den Einsatz von Medien im Unterricht: Ein lehrergesteuerter Frontalunterricht zum Beispiel fordert in stärkerem Maß den Einsatz des Schulbuchs im Klassensatz, während bei schülergesteuertem, offenerem Unterricht die Beschaffung von Schulbüchern in kleinerer Stückzahl und größerer Breite sinnvoll wird. Es ist ersichtlich, daß innerhalb eines Kollegiums gerade eine Einigung bezüglich dieser Fragestellung kaum erreichbar scheint; ein Anfang könnte etwa so aussehen, daß beim Mathematiklehrgang mehr von einem lehrerzentrierten Unterricht ausgegangen wird, während der Deutschunterricht vorrangig unter dem Differenzierungsanspruch gesehen wird oder der Sachunterricht im Blick auf entdeckendes, selbstgesteuertes Lernen. Ein solcher Konsens in Teilbereichen wird seinen Niederschlag finden in der Medienbeschaffung. Ein Unterricht, der das Prinzip der Individualisierung ernst nimmt, benötigt nicht für alle Schüler zur gleichen Stunde dasselbe Wörterbuch oder 30 identische Sachunterrichtsbücher.

Das primäre Problem der Medienbeschaffung ist für Lehrer die Entscheidung für ein bestimmtes Arbeitsmittel für die Hand des Schülers. Um sachlich fundierte Entscheidungen treffen zu können, muß davon ausgegangen werden, daß jede Schule ein quasi vollständiges Reservoir an Lernmitteln zur Verfügung hält, soweit es sich um Schulbücher handelt. Wenn beispielsweise über ein neues Erstlesewerk entschieden werden muß, sollten alle auf dem Markt erhältlichen Werke wenigstens zur Ansicht bestellt werden, besser noch in mindestens einem Exemplar in der Lehrerbücherei zur Einsicht offen liegen, um in der Phase der Entscheidung eine breite Streuung zur Verfügung zu haben. Die Aufgabe der Komplettierung während des ganzen Schuljahrs kann von einer an der Schule eingearbeiteten Sekretärin getätigt werden oder sollte nach Fächern oder Sachbereichen getrennt von dafür zuständigen Kollegen verpflichtend übernommen werden. Die Erfahrung zeigt, daß der Prozeß der Entscheidung für ein bestimmtes Unterrichtswerk nicht von allen Kollegen mitvollzogen werden kann, daß nach der Beschaffung oft Unmut herrscht, daß „man selbst“ anders entschieden hätte. Nicht nur ein Denkmodell, sondern durchaus realisierter Weg ist die Entscheidung für ein bestimmtes Verlagsprodukt durch ein Lehrerteam. Kollegen, die Experten sind in einem Fach, entscheiden gemeinsam über die Anschaffung; die von diesen Kollegen getroffene Auswahl sollte bindend sein. Wenn eine Lehrergruppe für die Bereitstellung aktueller Informationen verantwortlich ist, wenn jeder Kollege in eine solche „Mediengruppe“ eingebunden ist, wird der Medienbestand einer Schule verbessert werden können, die Entscheidungsfähigkeit des einzelnen Lehrers in seinem Team wird wachsen.

2. Zentrale und dezentrale Modelle der Medienorganisation in der Grundschule

Die hier angestellten Überlegungen zur Medienorganisation beziehen sich schwerpunktmäßig auf die kleinste Basis und Bezugsgruppe einer Schule, die Medienausstattung der Lernräume für Jahrgangsklassen (kleine Klassenmediotheken). Dabei wird berücksichtigt, daß dieser Bezugspunkt nur in größeren Verbindungen sinnvoll betrachtet werden kann, nämlich im Zusammenhang mit

– Medienausstattungen von Parallel- oder Nachbarklassen (Stufenmediotheken),
– schulzentralen Einrichtungen wie Schulbibliotheken, Lehrmittelsammlungen und Schulmediotheken,
– schulübergreifenden, regionalen Einrichtungen wie Kreis- und Landesbildstellen, öffentlichen Bibliotheken, Rundfunk- und Fernsehanstalten, Museen und Archiven.

Alle diese Verbindungen sind in den letzten Jahrzehnten intensiviert worden. Die engere Zuordnung von Klassenräumen zu schulzentralen Lehrmittelsammlungen findet in vielen neuen Schulen ihre bauliche Entsprechung in der ins Zentrum von Lernraumkomplexen rückenden Lage von Medien-Stationen; das Zusammenrücken von Parallel- und Nachbarklassen läßt sich baulich an Zwischentüren von Lernraum zu Lernraum und gemeinsam genutzten Gruppen- oder Lehrmittelräumen nachweisen.

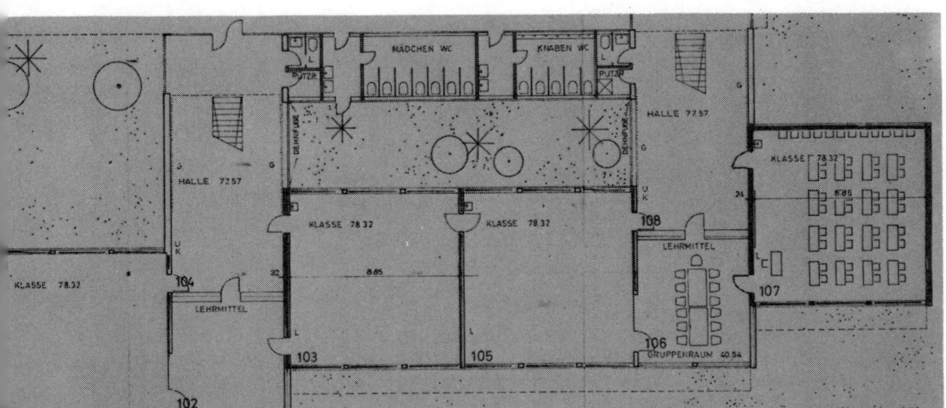

Grundriß der Eduard-Spranger-Schule Reutlingen, Baujahr 1963.
Vier Klassenräume und zwei Gruppenräume mit Verbindungstüren durch den ganzen Trakt. Diese Baustruktur bietet Kooperationsmöglichkeiten unter anderem im Hinblick auf gemeinsame Raum- und Mediennutzung.

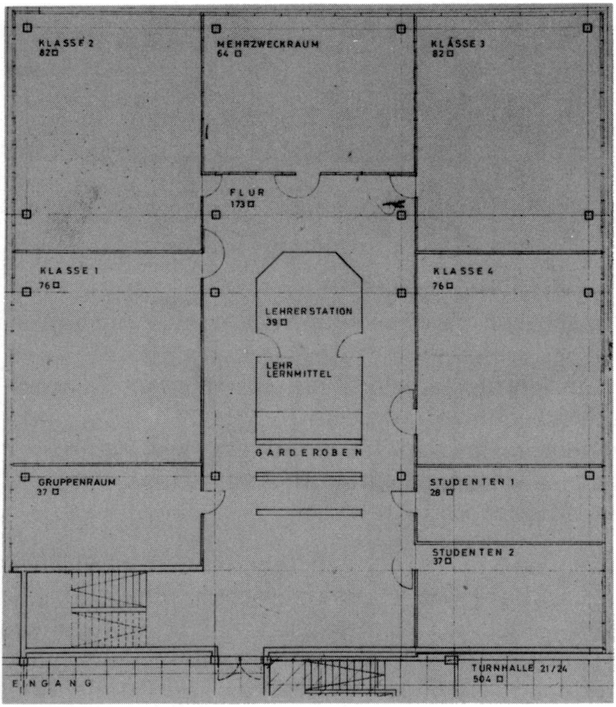

Grundriß der Hohbuch-Grundschule Reutlingen, Baujahr 1974. Vier Klassenräume, ein Mehrzweckraum und drei Kleinräume sind clusterförmig um Lehrer- und Lehr-Lernmittel-Station gruppiert. Diese Baustruktur bedingt kurze Wegstrecken und ermöglicht damit raschen Zugang zu Medien, möglicherweise in der aktuellen Bedarfssituation.

Zukunftsperspektiven

Bessere Ausstattung, Erschließung und Nutzung sowohl schulzentraler wie regionaler Mediendienste sind für Grundschulen wichtige Zukunftsaufgaben, wenn die Zielsetzungen neuer Grundschullehrpläne in die Praxis des Schulalltags umgesetzt werden sollen.

Im Normalfall findet man an Grundschulen Lehr-Lernmittel-Geräte-Sammlungen als Leihstellen (häufig mit festen Benutzungszeiten) vor. Schulzentrale Buchbestände stehen meist als Handbibliotheken für Lehrer im Lehrerzimmer. *Schulmediotheken*[4] als Informations- und Leihzentren (Zusammenfassung von Bibliothek, Lehr-Lernmittel- und Gerätedepots) und als offene Arbeits-, Lern- und Freizeitorte sind

4 Zu Mediotheksmodellen vgl. u.a.: Die Schulmediothek, Kurzinformation 4, Heft 48 der Schriften des Schulbauinstituts der Länder, Berlin 1973. K.W. Döring: Vom Lehrmittelzimmer zum schulinternen Medienzentrum / Mediothek. In: Aula, 6/1972; H. Dörr: Die Mediothek in der Grundschule. In: J. Neumann (Hrsg.): Der Deutschunterricht in der Grundschule, Bd. 2, Freiburg 1977, S. 96–106; H.v. Faber / O. Hertkorn (Hrsg.): Mediothek – Anspruch und Wirklichkeit, München 1976; K. Kallbach: Die Mediothek, Stiefkind der Schule. In: GEW-Informationen, Jugendliteratur, Medien, 6/1977; K. Pötter: Schulmediotheken, Einsatz und Organisation von Medien in der Schule. Braunschweig 1978; H. Weber: Die kleine Mediothek (Modell). In: GEW-Informationen, Jugendliteratur, Medien, 5/1977; P. Zimmermann: Von der Schülerbücherei zur Schulmediothek. In: GEW-Informationen, Jugendliteratur, Medien, 5/1977.

bisher im Primarbereich nur in wenigen Ausnahmefällen realisiert worden[5]. Bei realistischer Einschätzung gegenwärtiger bildungs- und finanzpolitischer Bedingungen ist nicht davon auszugehen, daß Mediotheksmodelle an Grundschulen kurz oder mittelfristig weite Verbreitung finden, obwohl sie eines der Kernstücke einer institutionellen Grundschulreform darstellen.

„Wenn es uns wichtig ist, daß Schüler lernen, Interessen zu erkennen und selbständig wahrzunehmen, Initiativen zu entwickeln, dann wird dieses Übungsfeld für die Planung und Realisierung von Lernstrategien dringend gebraucht. Dann brauchen Schüler zum Beispiel auch die Möglichkeit, nicht nur in wechselnden Gruppen eigener Wahl zu lernen, sondern auch die Freiheit, sich gegen jegliche Kooperation zu entscheiden und manches wirklich allein an einem abgeschirmten Arbeitsplatz zu tun. Auch dies ist ein Beitrag zur vielstrapazierten Chancengleichheit: Die Mehrzahl der Kinder lebt nicht in den Wohnverhältnissen einer Wohnoberschicht. Die Mehrzahl der Kinder hat außerhalb der Schule nie die Gelegenheit zu lernen, allein, auf sich zurückgezogen, ein Problem zu lösen. Das sollte es in der Schule lernen ... Ich denke, eine solche Mediothek muß in der Grundschule für je 100 Schüler jeweils 20 Einzelarbeitsplätze enthalten, darüberhinaus auch wieder für je 100 Schüler zwei Gruppenkabinen, akustisch ausreichend abgeschirmt, in denen diskutiert werden kann, in denen man sich aber auch Filme ansehen kann, Schallplatten hören usw." [6]

Mediothek im Schulzentrum Pliezhausen. Schüler eines dritten Schuljahrs im Rahmen einer Unterrichtseinheit zum Thema „Werbung". Werbespots auf den Monitoren.

5 Vgl. zum Beispiel die Mediothek der Grund- und Sonderschule 7036 Schönaich oder des Schulzentrums in 7401 Pliezhausen.

6 Siehe P. Heyer: Differenzierung des Grundschulunterrichts durch Arbeitsmittel. In: Bechert/Heermann (Hrsg.): Chancengleichheit durch Förderung, Weinheim 1972, S.137–148.

Die Forderungen P. Heyers zu Beginn dieses Jahrzehnts sind an der Schwelle der achtziger Jahre immer noch unerreichbare Utopie. Auch die wenigen Ausnahmefälle erhöhen ihren Realitätsgehalt kaum. Modellhafte Beispiele mit Sonderbedingungen sollten bei Lehrern jedoch nicht Resignation bewirken, sondern reduzierte, pragmatisch zu entwickelnde Zwischenlösungen anregen.

Pragmatische Zwischenlösungen

Aus einer englischen Grundschule wird berichtet:

„An unserer Schule ist ein ehemaliger Garderobenraum zu einer zentralen Mediothek umgebaut worden. In der Schulmediothek stehen nicht nur Bücher bereit, sondern auch Filme, Kassetten, Schallplatten, Karten, Atlanten, Bibeleditionen, Enzyklopädien und eine Anzahl von Medienpaketen zu Einzelthemen (zum Beispiel Bauen, Elektrizität, Gummi, Holland, Plastik usw.). Einige dieser Pakete enthalten Verlagsprodukte, andere wurden an der Schule selber entwickelt. Die letzteren enthalten Tonbänder und Arbeitsanweisungen und bilden einen selbstinstruierenden Medienverbund. Die Pakete sind nicht immer didaktisch strukturiert; es sind zum Teil einfach genormte Kartons, in die Zeitungsausschnitte, Hektogramme, Werbematerial und Teile älterer Bücher eingelegt werden. Diese Pakete können von Schülern und Lehrern als Einstieg in thematische Arbeit verwendet werden. – Die meisten Schulbücher werden nur in vier bis sechs Exemplaren, dafür in mehreren unterschiedlichen Ausgaben beschafft, damit leistungsheterogene Gruppen ihren Voraussetzungen entsprechend (zum Beispiel der Lesefähigkeit) angemessene Bücher verwenden können. – Alle Materialien der Mediothek werden katalogisiert. In einem Schlagwortkatalog finden die Schüler Hinweise zu häufig auftretenden Themen und Begriffen. Der Katalog besteht aus einfachen Karteikarten mit Signaturen nach dem modifizierten Dewey-System. Jedes Element der Mediothek ist durchnumeriert. Kinder und Lehrer können sich in diesem Ordnungssystem ohne langes Suchen zurechtfinden. Über die schulinterne Mediensammlung hinaus werden Materialien aus Bibliotheken, Filmstellen und Museen entliehen. – Für die Organisation der Medien können keine allgemein verbindlichen Regeln aufgestellt werden. Die Erfahrung zeigt, daß effektive Systeme experimentell entwickelt werden müssen.“[7]

Solche experimentell entwickelten Lösungen können auf dem traditionell organisierten Medienbestand von Grundschulen aufbauen und bereits kurzfristig eine wesentlich breitere „Medienbank“ und neue Nutzungsmöglichkeiten ohne zusätzlichen personellen Aufwand erzielen.

Lehrmittelzimmer sind gewöhnlich düstere Orte, die selten als Anregungsarsenal oder Ideenbank verstanden, sondern ihrer Unübersichtlichkeit wegen gemieden werden. Die Ausgabe der Lehrmittel, deren Quantität nicht von allen Kollegen überblickt wird, erfolgt zu festgelegten Zeiten, sofern es sich um einen Raum handelt, der (wegen der

[7] Siehe M. Lear: Was ist Projektunterricht? Aus der Praxis der Exeter Road Junior School Exmouth. In: Kasper/Piechorowski (Hrsg.): Offener Unterricht an Grundschulen, Ulm 1978, S. 67.

Kostbarkeit seines Inhalts?) unter Verschluß gehalten wird. Soll das Lehrmittelzimmer zu einer zentralen Mediothek einer Grundschule werden, ist die erste Voraussetzung die Ermöglichung des permanenten Zugangs, die Öffnung zumindest für die Lehrerschaft. Nicht die Ausgabe durch den Lehrmittelverwalter, sondern die eigenverantwortliche Entnahme durch den Entleiher scheint sinnvoll. Voraussetzung hierfür ist wieder ein funktionierendes Katalogsystem, das einfach und überschaubar sein muß. Es ist denkbar und wird gelegentlich praktiziert, daß außer dem Karten- und Bildmaterial jedes Lehrmittel in offenen Regalwänden bzw. als Raumteiler verwendeten beidseitig zugänglichen Regalen ausgelegt / aufgestellt ist. Wenn für jede Klasse am Eingang dieses Medienzentrums eine ausreichende, von der Reichhaltigkeit der Medien abhängige Anzahl von Kärtchen aushängt, die jeweils anstelle des entnommenen Mediums abgelegt werden (Befestigung beispielsweise mittels Haft- oder Magnetstreifen), dann ist die Übersicht über die entliehenen Medien gewährleistet und keine zeitintensive Schreibarbeit erforderlich. Voraussetzung hierfür ist die Bereitschaft zur Einhaltung gemeinsam vereinbarter Regeln, ist eine Identifikation mit der Schule, die über das Geschehen im eigenen Klassenraum hinausreicht und Verantwortungsübernahme provoziert. Themenkisten zum Sachunterricht (vgl. Seite 221f.) gemeinsam zu benutzen, sollte ebenso zur Gewohnheit und Selbstverständlichkeit werden wie das Offenlegen und Zur-Verfügung-Stellen von Unterrichtsvorbereitungen (beispielsweise in Form von Matrizen für Schülerarbeitsblätter). Im Kollegium selbst muß jedoch zuvor Konsens über diese Absicht hergestellt werden, da sonst solche Themenboxen verwildern, das heißt „angezapft“ aber nicht aufgefüllt werden; der Trend zur Abkapselung im eigenen Klassenraum, mit den „eigenen“ Medien und persönlichen Unterrichtsvorbereitungen wird nach solcher Pervertierung der Erstellungsabsicht verstärkt auftreten.

Welche Möglichkeiten realisiert werden können, muß von Schule zu Schule individuell entschieden werden, zum Beispiel:

Einrichtung von Grundschulbibliotheken:
- zentrale Schulbibliothek als Arbeits- und Lernort für Lehrer und Schüler aufbauen,
- spontane Nutzung während des Unterrichts ermöglichen,
- Lese- und Arbeitsplätze einrichten,
- System und Kataloge für ältere Grundschüler lesbar machen,
- über Neuanschaffungen „werbewirksam“ informieren.

Umorganisation von Lehr- und Lernmittelräumen:
- für Lehrer und Schüler jederzeit zugänglich machen,
- einfaches System selbständiger Ausleihe und Rückgabe einführen,

- Arbeitsplätze einrichten,
- Unterrichtsbank aufbauen (Matrizen-, Folien-, Kopiervorlagensammlung)[8],
- räumliche Verbindung bzw. Zusammenlegung von Bibliothek und Medien-Geräte-Sammlungen planen und stufenweise realisieren.

Vorrang dezentraler Ansätze

Für die Grundschule müssen neben zentralen Formen der Medienorganisation verstärkt dezentrale Formen entwickelt werden. Je jünger die Schüler sind, desto mehr sollten sie unmittelbar in ihrem Stammbereich Zugang zu den ihrer Lernsituation entsprechenden Medien finden. Vor allem ein schüler- und situationsorientierter Anfangsunterricht bedarf eines rasch zugänglichen, überschaubaren Medien- und Materialangebots im engeren räumlichen Anschauungs- und Handlungsfeld. Im Fortgang der Grundschulzeit können dann schrittweise räumlich entferntere und komplexere Mediendepots und Lernorte zusätzlich erschlossen werden. Zweifellos ist das Problem, welche Medien zentral und welche dezentral organisiert werden sollen, nicht nur vom Alter der Schüler und den jeweiligen pädagogischen und didaktischen Absichten einzelner Lernsituationen her zu beantworten. Benutzungshäufigkeit, Kosten und Wartung sind zusätzliche Gesichtspunkte. Was laufend gebraucht wird, muß selbstverständlich griffbereit sein, was seltener benutzt wird, kann herbeitransportiert, ausgetauscht, ausgeliehen werden, wenngleich die Häufigkeit bzw. Seltenheit der Benutzung keine natürliche Größe ist, sondern oft von der raschen und unbürokratischen Verfügbarkeit abhängt.

Welche Elemente soll die kleine Klassenmediothek aufweisen und welche Funktionen können sie jeweils unterstützen? Es können hier nur exemplarische Beispiele und strukturelle Aspekte skizziert werden; materiale Vollständigkeit im Detail ist nicht einmal annähernd möglich.

[8] Vgl. Heft 12 der Zeitschrift Die Grundschule: „Unterrichtsbank – eine neue Lehr- und Lernhilfe" und die Hefte „Praxis Grundschule" – Materialien für den Unterricht, Braunschweig 1978 ff.

3. Elemente der kleinen Klassenmediothek

Auf zwei Ebenen sollte angesetzt und von dorther der Versuch einer Annäherung unternommen werden:

Gegenwärtiger Ist-Zustand: Existenz von Einzelklassen in abgetrennten Klassenräumen, die kaum Kontakt miteinander pflegen, keine Räume oder Raumzonen gemeinsam benutzen, ihre Hoheitsgebiete abschirmen und zum Teil auch rivalisieren;

Wünschenswerte Zielebene: Grundschulklassen, die auf Stufenebene und darüber hinaus kooperieren, wobei die einfachste Form der Kooperation die gemeinsame Nutzung von Räumen, Raumzonen und Medien sein könnte.

Es erscheint realistisch, Kooperation nicht einfach vorauszusetzen, das heißt zunächst für jede Grundschulklasse einen gesonderten Grundmedienbestand aufzubauen. Langfristig gesehen ist dies keine ökonomische Form der Medienbeschaffung.

„Das traditionelle System der Ausstattung jedes Raumes mit gleichen Arbeitsbüchern und Materialien ist bei einem differenzierten Vorgehen völlig unbrauchbar, es ist überhaupt keine ökonomische Art des Medieneinsatzes. Für die Medienorganisation bieten sich mehrere Lösungen an; die jeweilige Grundlage ist eine gemeinsame Benutzung von Büchern und Materialien. Wenn die Klassen räumlich benachbart sind und über einen gemeinsamen Raum verfügen, können dort die nicht dauernd gebrauchten Materialien deponiert werden. Mit der Einrichtung eines für mehrere Klassen gemeinsamen Medienbereichs im Korridor hat man bei uns gute Erfahrungen gemacht. Wo diese Lösung räumlich nicht möglich ist, kann man dennoch in den benachbarten Räumen jeweils spezialisierte Materialzonen einrichten ...“ [9]

Bereits im frühen Stadium des Aufbaus von kleinen Klassenmediotheken muß deshalb der qualitative und quantitative Aspekt des klasseneigenen Grundmedienbestands definiert und eine Abgrenzung zur Stufenmediothek vorgenommen werden.

Auf der Grundlage von Projekterfahrungen werden für kleine Klassenmediotheken folgende Elemente vorgeschlagen:

9 Siehe M. Lear, a.a.O., S. 67.

Elemente	*Funktionen*
1. Klassenbibliothek	
– Kinderlexika und -enzyklopädien – Thematische Sach- und Geschichtenbücher – Sachunterrichtsbücher – Kinderliteratur – Bilderbücher, Bildbände, Bildmappen	– Anregung der Lesemotivation – Förderung individueller Leseinteressen – Selbständige Informationsgewinnung – Anregung kreativer Eigenarbeit – Schaffung von Sprech- und Schreibanlässen – Kompensation von Defiziten
2. Reservoir strukturierter Lernmaterialien	
– Arbeitsblätter („Blättermarkt“) – Programme, Lehrgänge – Arbeitskarten, -karteien (assignments) – Folien zur Tageslichtprojektion – Objekte (z.B. Logische Blöcke, Waagen und Gewichte, Meßbecher u.a.)	– Angebot von Wahlmöglichkeiten – Unterstützung zielorientierten Lernens – Individualisierung und Differenzierung – Freisetzung des Lehrers für Beratung
3. Thematische Informationseinheiten	
– Sammelmappen, -akteien – Themenkisten, -schachteln – Thematischer Handapparat	– Schaffung von Anregungskonstellationen – Beteiligung der Schüler an Unterrichtsplanung und Medienbereitstellung
4. Ideen-Bank	
– Ideenkarten für Freie Arbeit – Ausstellungstisch, -turm, -wand – Anschlagsäule, -brett	– Auslösung offener Lernanstöße – Verstärkung explorativen Verhaltens – Einleitung von Kommunikation – Unterstützung selbstgesteuerten Lernens
5. Spiele und Spielrequisiten	
– Materialien für Rollenspiele – Materialien für regelgebundene Spiele / Gesellschaftsspiele – Lernspiele – Materialien zum Bauen / Konstruieren	– Förderung imaginativen und kreativen Verhaltens – Soziales Lernen – Konfliktbewältigung – Regelbewußtsein – Kooperatives versus kompetitives Verhalten – Training diverser Fertigkeiten, Erwerb von Strategien – Materialerprobung und Gestaltung
6. Technische Geräte und Medien	
– Tageslichtprojektor (und Folien) – Kassettenrecorder / Kopfhörer / Mikrophon (und Bestand bespielter und unbespielter Kassetten) – Diabetrachter bzw. -projektor – Schreibmaschine – Druck- und Setzkästen (ggf. Schuldruckerei)	– Veranschaulichung – Selbständige Informationserschließung – Sicherheit im Umgang mit technischen Medien – Kritische Rezeption von Medien – Selbstproduktion von Medien

Elemente	*Funktionen*
7. Werkzeuge und Werkmaterialien [10]	
– Werkzeug- und Gerätekästen – Schubfächer / Boxen mit Werkstoffen und Rohmaterialien – Arbeitsplatten, -tische / Werkbank mit Schraubstock – Technische Baukästen	– Werkzeug- und Materialerfahrungen gewinnen – Erfolgserfahrungen im konkreten Tun vermitteln – Motorisches und sensorisches Lernen unterstützen – Form-Funktionszusammenhänge selbständig entdecken
8. Übergänge zur Stufenmediothek	
– Werkzeuge und Geräte für Werken und Gestalten – „Leseklinik“ – Medien für den Sachunterricht / angewandte Mathematik – Musikinstrumente – Geräte für Sport / Rhythmik	– Gemeinsame Benutzung von Geräten und Medien durch Parallelklassen oder Klassenstufen (z.B. Klasse 1/2, 3/4) – Organisatorische und möglicherweise didaktische Kooperation

Die aufgeführten Elemente müssen Raumzonen zugeordnet und dort in Regalen, Schränken, Schüben, Truhen, Behältern, auf Tischen und ähnlichem in ein auch für Schüler durchschaubares und praktikables Ordnungssystem gebracht werden. In nahezu allen Grundschulklassenzimmern herrscht ein chronischer Mangel an Aufbewahrungsmöglichkeiten und wenig Systematik. Der Weg des gemeinsamen, sukzessiven Findens von Ordnungsstrukturen ist für die „Gründergeneration“ von Lernumgebungen sicher sinnvoll. Erfahrungen zeigen jedoch, daß Kinder grundsätzliche Alternativen zur Ausstattung und Organisation schulischer Lernräume nicht von sich aus finden können, daß ihre Ideen entweder ins Phantastische gehen oder Bekanntes reproduzieren. Viele Lehrer überwinden – auf sich allein gestellt – zudem die Anfangsbarrieren nicht. Es muß deshalb angestrebt werden, daß Lehrer und ihre Klassen Grundausstattungen und Grundstrukturen bereits vorfinden, die sie dann situationsentsprechend variieren und ergänzen können, nicht jedoch jeweils völlig neu erfinden und aufbauen müssen. Eigenbau von Klassenzimmereinrichtungen und Selbstproduktion von Medien fangen dann nicht immer wieder am Nullpunkt an, sondern können mit einem aus Theorie und Erfahrung gewonnenen Fundus bereits rechnen. Die Überlieferung erprobter Strukturen kann beispielsweise an Montessori-Schulen oder englischen Primary Schools überzeugend studiert werden.

10 Dieses Element kann nur zu einem Teil in die kleine Klassenmediothek einbezogen werden. Vgl. Feld 8.

Klassenbibliotheken haben – meist in Leseecken einbezogen – bereits größte Verbreitung gefunden. Es bedarf wohl keiner besonderen Begründung, weshalb zur Grundausstattung jeder Grundschulklasse eine Bibliothek mit Nachschlagewerken, Sachbüchern, Kinderliteratur, Bilderbüchern und anderem gehört. Für viele Kinder kann diese Handbibliothek eine fehlende oder unterrepräsentierte literarisch-schriftliche Sprachwelt im Elternhaus kompensieren, sie Bücher entdecken und den Umgang mit ihnen erlernen lassen. Erfahrungsberichte zeigen, wie im Rahmen differenzierenden Unterrichts, Freier Arbeit oder innerhalb von Projektunterricht die Klassenbibliothek in den Unterricht einbezogen werden kann. Der Auf- und Ausbau solcher Bibliotheken kann auf verschiedenen Wegen erfolgen: durch Eigenfinanzierung und Bestückung durch die Klasse selbst, durch Finanzierung der Buchanschaffungen aus dem Schuletat, durch Ausleihe bei öffentlichen Bibliotheken, durch Herstellung eigener Geschichten-, Sach- und Bilderbücher.

Von Anfang an sollte eine einfache Bibliothekssystematik eingeführt werden (Symbole, Farben), die den Schülern rasche Orientierung, selbständigen Umgang und Selbstverwaltung ermöglicht. Schüler (und auch Eltern) sollten den Ausbau der Klassenbibliothek über den Grundbestand hinaus zu ihrer eigenen Sache machen, indem sie Bücherwünsche anmelden, sich in Buchhandlungen und Bibliotheken informieren, finanzielle Möglichkeiten zur Buchanschaffung (zum Beispiel über einen Bazar) erschließen, Bücher von Klasse zu Klasse austauschen, neue Bücher vorstellen und besprechen, Buchausstellungen machen (zum Beispiel vor Weihnachten).

„Sich lesend verlieren können ...“

Peter Härtlings Rede zum 7. Weltkongreß der International Reading Association „Das Kind und das Buch" sollte bei Lehrern nicht in Vergessenheit geraten: „Lesen lernt hier oder anderswo nahezu jeder. Den Umgang mit Büchern lernt er ungleich seltener, meistens zufällig. ... Die Bücher, die man ... dem Erstkläßler in den Ranzen stopft, sind nur zum Lernen da. Mit ihrer Hilfe lernt er lesen, rechnen. Lieben kann er sie nicht."[11] Klassenbibliotheken, frei gegebene Lese- und Schmökerzeit in einem leistungsfreien, entspannten Rahmen könnten dazu beitragen, daß Kinder Spaß an Büchern gewinnen und sich auch lesend verlieren können.

Reservoir strukturierter Lernmaterialien: Jede Grundschulklasse benutzt eine Vielzahl strukturierter Medien und Materialien; für den Mathematikunterricht beispielsweise Logische Blöcke, Formenspiele, Mehrsystemblöcke; für den Lese- und Rechtschreibbereich spezielle Arbeitshefte und -blätter; für den Sachunterricht Arbeitsanweisungen und Versuchsmaterialien. Didaktisch strukturierte Medien enthalten eindeutige Intentionen und Handlungsanweisungen. Sie können Lehrfunktionen übernehmen von der Einführung bis zur Lernkontrolle. Sowohl bei geschlossenen wie bei offenen Unterrichtsformen werden für lehrplangebundene Lehrgänge und Einheiten über die gemeinsam von der Klasse benutzten Lernmittel hinaus Zusatzmaterialien benötigt, etwa inhaltliche / methodische Varianten zu einem Sach- oder Problemgebiet oder zusätzliche Übungsmaterialien im Blick auf den sachstrukturellen Entwicklungsstand einzelner Schüler oder Schülergruppen. Beim Übergang von einem lehrerzentrierten zu einem schülerzentrierten Unterricht werden diese Medien den Schülern schrittweise zugänglich gemacht werden müssen. Die Aufbewahrung in offenen Regalfächern, Büroablagen, Karteikästen, Hängeregistraturen, Stofftaschen, Drahtgittern / Lochplatten mit Einhängekörben oder in Büchertrögen liegt nahe. Es ist völlig unverständlich, daß Erkenntnisse und Erfahrungen der modernen Büro- und Organisationstechnik bislang kaum Eingang in die Klassenzimmer gefunden haben, daß dort meist nur improvisierter Notbehelf anzutreffen ist. Übersichtlich präsentierte Medien sollten den Schülern eine längere Arbeitsperspektive eröffnen, ihnen eine gestaffelte Serie bzw. ein Wahlangebot an Arbeitsmöglichkeiten aufzeigen. So lernen bereits Grundschüler, Entscheidungen über Reihenfolge und Art ihres Lernpensums selbst zu treffen; sie machen die Erfahrung einer wachsenden Unabhängigkeit von Lehrerzuteilungen. Der Lehrer wird in solchen Phasen für Schülerbeobachtung und -beratung freigestellt.

[11] Siehe P. Härtling: Das Kind und das Buch. In: Die Grundschule, 1978, Heft 7, S. 290–292.

An einem Medium soll verdeutlicht werden, wie Schüler schrittweise in den Umgang mit strukturierten Materialien eingeführt werden können und wie der Übergang zu einem schülergesteuerten Unterricht angegangen werden kann.

Der didaktische Ort des im folgenden beschriebenen „Blättermarkts" eines zweiten Schuljahrs (vgl. den Beitrag von Ingrid Maier: Muß Schule wie Schule sein? S. 147) sind Stunden Freier Arbeit, zunächst auf den Bereich des Deutschunterrichts eingegrenzt. Da der Aufbau einer Materialiensammlung für individualisierende Arbeit für den einzelnen Lehrer sehr arbeitsintensiv ist, muß er zunächst Prioritäten in der Medienherstellung setzen, das heißt konkret, sich zunächst auf einen Lernbereich zu beschränken. In gemeinsamer Übereinkunft mit den Schülern werden Stunden des Faches Deutsch, in denen Schüler die Art der Tätigkeit, ihr Arbeitstempo, den Arbeitsplatz sowie den Wechsel der Sozialformen innerhalb festgelegter Grenzen selbst bestimmen können, ohne mit Zurechtweisungen oder versteckten Mahnungen des Lehrers rechnen zu müssen, „Freie Arbeitsstunden Deutsch" genannt [12].

Der Blättermarkt ist eine Möglichkeit, die in diesen Stunden neben anderen ausgewählt werden kann:

- Blättermarkt
- Leseecke (vgl. S. 137 ff.)
- Bilddiktate
- Lesespiele
- Rechtschreibprogramm
- Schreibmaschine
- Texte verfassen
- Lernstudio (vgl. S. 169 ff.)

Gemeinsam mit den Kindern wird erarbeitet, daß innerhalb einer solchen Stunde, die zwei- bis dreimal pro Woche stattfindet, mindestens zwei verschiedene Tätigkeiten ausgeführt werden sollten, um Mitschülern ebenso wie sich selbst die Möglichkeit der Realisierung verschiedener Arbeitswünsche zu geben; Stempelkasten und Schreibmaschine sind jeweils nur einmal vorhanden, Lesespiele (aus den Beständen der Kinder) sind nicht zahlreich.

Voraussetzung dafür, Arbeit in die Entscheidung und in die Verantwortung von Kindern zu geben, ist einmal ein übersichtliches Angebot der Arbeitsmöglichkeiten, zum anderen Beratung durch den Lehrer und einfache Formen der Selbstkontrolle. Die Idee eines differenzierten Arbeitsblätterreservoirs wird in einer Situation geboren, in der Klasse wie Lehrer in einem kahlen Zimmer ohne Medien arbeiten sollen. Die Notwendigkeit der Individualisierung des Lernens ist evident: Breiteste Leistungsstreuung zu Beginn des zweiten Schuljahrs, Verhaltensauffälligkeiten, gravierende Motivationsdefizite. Angebote an die Schüler, die ihre Probleme berücksichtigen, eröffnen in solcher Situation dem Lehrer die zuvor nicht gehabte Möglichkeit, Kinder kennenzulernen, ihre Motivationsstrukturen genauer zu erfassen, ihr Arbeitsverhalten im Hinblick auf bestimmte Sachgebiete zu studieren und aufgrund dieser Kenntnis gezielt helfen zu können.

Ein stabiler Karton und zwei Vorhangschienen ergeben den äußeren Rahmen für eine Aktei, in die Leitz-Hängemappen aus dem privaten Arbeitszimmer eingelegt werden.

12 Vgl. hierzu: B. Scheel: Offener Grundschulunterricht, Weinheim und Basel 1978; E.M. Bert/J. Guhlke: Nun differenziert mal schön, Frankfurt 1977.

An einer frei zugänglichen Pinfläche werden alle in der Aktei befindlichen Arbeitsblätter ausgehängt, um auf „Neuerscheinungen" aufmerksam zu machen, die Auswahl zu erleichtern sowie ein Gedränge am Blättermarkt selbst zu vermeiden. Gemeinsam wird ein Wettbewerb veranstaltet, um einen originellen Namen für diese Neuerung in der Klasse zu finden. Michaels Vorschlag findet die größte Zustimmung, der „Blättermarkt" wird zu einer Attraktion. Das Angebot besteht aus Übungsmaterial zur Rechtschreibung, aus Knobelspielen, Kreuzworträtseln, Schreibübungen; aus Zusatzmaterial zu Stundenthemen (zum Beispiel Alphabet, Silbentrennung), aus Anregungen zum Schreiben kleiner Geschichten und Partnerdiktate; aus optischen Diskriminationsübungen für schwache Leser, einfachen Lückentexten zu einem Thema, Reimwörtern.

Bei dieser Auflistung stellt sich die Frage der Quantität. Erfahrungen aus einem halben Schuljahr legen den Schluß nahe, pro Fach nicht mehr als etwa 15 Angebote zur Verfügung zu haben. Ebenso empfiehlt es sich, neu in den Blättermarkt aufgenommene Blätter, die jeweils in einem großzügig bemessenen Klassensatz eingelegt werden (schwache Schüler bearbeiten Aufgaben bevorzugt zwei- oder dreifach), nicht fortlaufend weiterzunumerieren, sondern, wenn einmal eine quantitativ befriedigende Ausbaustufe erreicht ist, mit neuen Arbeitsaufgaben zu warten, bis irgendwo ein Mappe frei wird, das heißt alle oder aber die meisten Schüler das Blatt in der betreffenden Mappe bearbeitet haben. Der neu eingelegte Arbeitsauftrag erhält dann statt der fiktiven Nummer 49 die Nummer 6, die beiden Ausstellungsblätter an der Pinwand werden ausgetauscht. Auf diese Weise kann einer unter Umständen unbegründeten Aversion gegenüber „alten" Arbeitsblättern entgegengewirkt werden; hier muß jedoch gesehen werden, daß die didaktische Kompetenz des Lehrers durch die Auswahl der Schüler kontrolliert wird. Bei solchem Arbeiten entfällt der Druck der normalen Unterrichtssituation, in der Schüler vielleicht unlustig arbeiten, immer aber ohne die Möglichkeit, die Arbeit zu verweigern.

Eine nicht geplante Variante des Angebots ergibt sich durch eine Mangelsituation: Kinder fertigen Arbeitsblätter für Kinder. Konzepte werden vom Lehrer auf ihre Brauchbarkeit und ihre grafische Gestaltung hin geprüft, sodann vom Schüler auf Matrize übertragen. Im Deutschbereich handelt es sich vorwiegend

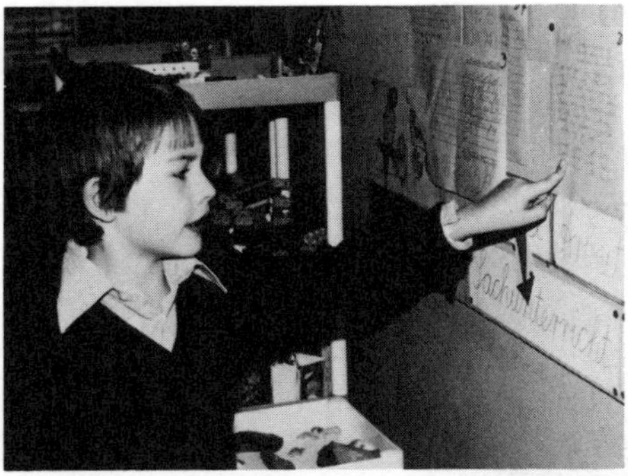

Orientierung und Auswahl
an der Pinwand –
Wer die Wahl hat, hat die Qual.

Finden der Hängemappe
in der Aktei –
Bürotechnik auch für Grundschüler?

Unsicherheit und kleines Zögern –
Sich-Entscheiden
muß gelernt werden.

Ankreuzen in der Namensliste –
behutsam, sorgfältig, konzentriert.

um Schönschreibübungen, Buchstabenspiele, Wortzusammensetzungen und ähnliches. Diese von den Mitschülern gefertigten Arbeitsaufgaben erfreuen sich großer Beliebtheit (didaktische Kompetenz der Schüler!). Über den Deutschbereich hinaus fertigen die Kinder Mathematikarbeitsblätter, die einerseits eine ausgezeichnete Nachbereitung darstellen, andererseits beispielsweise Schülern mit schwachen Leistungen im sprachlichen Bereich die Möglichkeit eines Prestigeausgleichs geben, indem sie Aufgabenblätter in einem anderen Fach erstellen. Es muß an dieser Stelle betont werden, daß nicht nur, wie zunächst zu vermuten ist, „gute" Schüler solche Arbeitsaufgaben anfertigen und vervielfältigen, sondern daß gerade auch leistungs- und konzentrationsschwächere Kinder sich an Aufgaben machen, bei denen sie eigene Schwächen aufarbeiten können. Flatterhaftes, unkonzentriertes Schreiben auf Matrize kann nicht annulliert werden durch Radiergummi oder Tintenkiller!

Wie bei der Arbeit an „Bilddiktaten" und beim „Texte verfassen", so ist auch beim Blättermarkt die sofortige Korrektur und verstärkende Rückmeldung eine Notwendigkeit. Wo Selbstkorrektur aufgrund des Aufbaus eines Arbeitsblattes nicht sinnvoll ist, wird sofort in der Stunde versucht, dem Kind Rückmeldung zu geben, das heißt Schüler und Lehrer sehen gemeinsam eine Arbeit an. Da die Kinder an verschiedensten Aufgaben arbeiten und nicht alle zur gleichen Zeit den Lehrer brauchen, ist dieser entlastet und kann sich, meist sehr ausführlich, Zeit für das einzelne Kind nehmen, individuelle Schwierigkeiten diagnostizieren und therapeutische Maßnahmen mit ihm besprechen. Für den Fall, daß eine sofortige Zuwendung nicht erfolgen kann, wird die Arbeit in eine Ablage auf dem Lehrerschreibtisch gelegt und vom Lehrer noch am selben Tag durchgesehen, um die Rückmeldung nicht zu verzögern. Das mit einem vereinbarten Zeichen versehene Blatt wird im Leitz-Ordner abgeheftet; zuvor jedoch wird auf einer auf jede Mappe des Blättermarkts aufgeklebten hektographierten Namensliste der eigene Name angekreuzt, um jederzeit feststellen zu können, daß man dieses Arbeitsblatt schon gemacht hat. So hat auch der Lehrer ständigen Überblick, beispielsweise bei einem Rechtschreibproblem gezielt nachsehen zu können, ob dieser Schüler eine für ihn geeignete Übung schon bearbeitet hat. Das Aushängen einer Klassenliste wird nicht für sinnvoll gehalten, da eine solche Öffentlichkeit ein nicht beabsichtigtes Konkurrenzverhalten fördert und schwächere oder langsamer arbeitende Kinder wieder der Fremdsteuerung unterwirft. Eher sind hier Karteikarten des Lehrers denkbar, auf denen er Fortschritte bzw. Schwierigkeiten jedes Schülers festhält.

Abschließend läßt sich feststellen, daß Kinder durch den Umgang mit solch differenzierenden Materialien nicht nur inhaltlich gefördert werden und mit Freude und Intensität arbeiten (freiwillige Zusatzhausaufgaben oder Bearbeitung über das Wochenende sind nicht selten), sondern Verantwortlichkeit für Medien im konkreten Umgang mit ihnen lernen. Das Einhaltenmüssen gemeinsam vereinbarter Regeln wird hier besonders augenfällig, da die Struktur und Ordnung erhalten bleiben muß, wenn der Blättermarkt funktionstüchtig bleiben soll. Für viele Kinder stellt der Ablauf einen eigenen Lernprozeß dar.

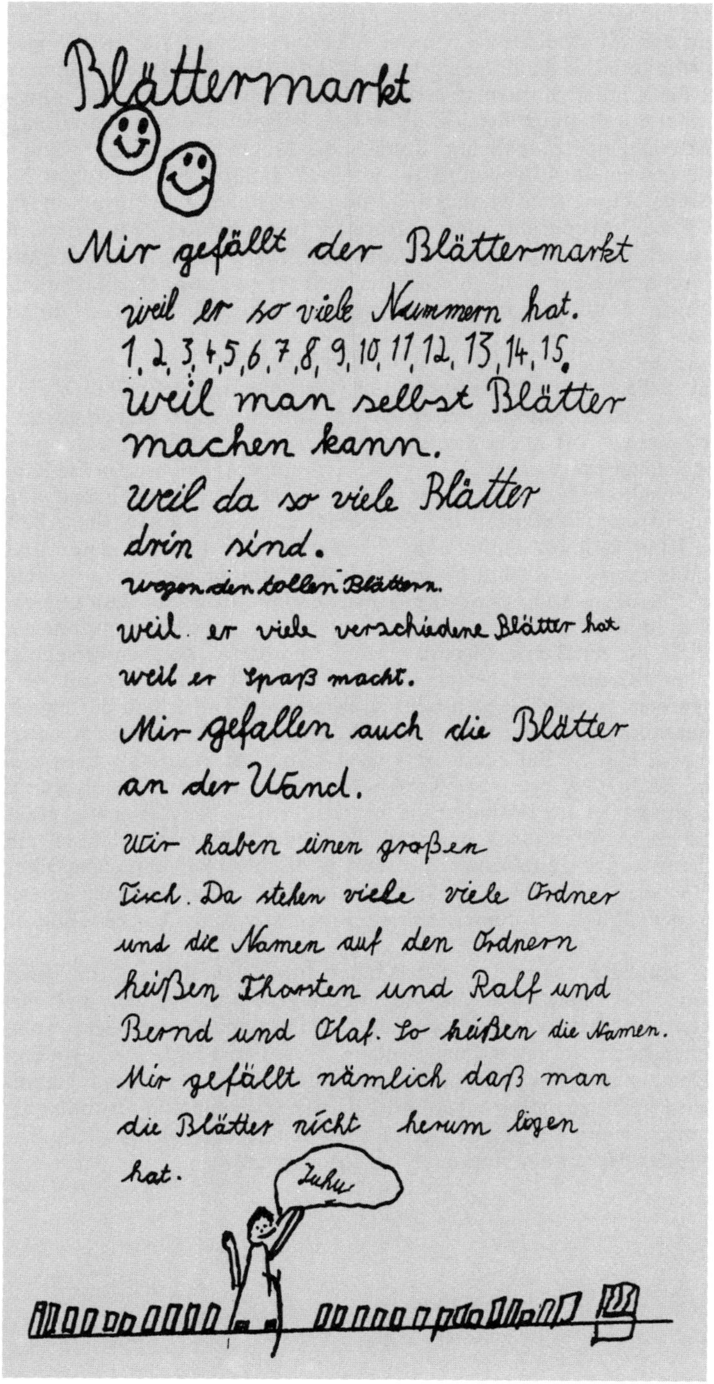

Blättermarkt

Mir gefällt der Blättermarkt
weil er so viele Nummern hat.
1. 2. 3. 4. 5. 6. 7. 8. 9. 10. 11. 12. 13. 14. 15.
weil man selbst Blätter
machen kann.
weil da so viele Blätter
drin sind.
wegen den tollen Blättern.
weil er viele verschiedene Blätter hat
weil er Spaß macht.
Mir gefallen auch die Blätter
an der Wand.
Wir haben einen großen
Tisch. Da stehen viele viele Ordner
und die Namen auf den Ordnern
heißen Thorsten und Ralf und
Bernd und Olaf. So heißen die Namen.
Mir gefällt nämlich daß man
die Blätter nicht herum ligen
hat.

Juhu

Thematische Informationseinheiten können vor allem im Sachunterricht, im Religionsunterricht und in fächerübergreifenden Projekten eine Rolle spielen. Wenn Schülern die anstehenden Unterrichtsthemen und -vorhaben im voraus bekannt sind, können sie sich genauso wie der Lehrer an der Sammlung einschlägiger Bilder, Texte, Gegenstände beteiligen, die als „wilde Sammlung“ in eine Hängeregistratur oder Themenkisten eingelegt werden. Die Erfahrung zeigt, daß keineswegs nur Kinder der sogenannten Mittel- und Oberschicht entsprechendes Material mitzubringen in der Lage sind. Die gemeinsame Planungsphase der Einheit gewinnt durch das „Ausschütten“ der Sammlung konkrete Ausgangspunkte und Impulse; Themenausdifferenzierung und Artikulation von Interessen haben günstigere Voraussetzungen als beispielsweise bei einem Gesprächseinstieg.

Beispiel: In einem vierten Schuljahr wird anläßlich des Jahrs des Kindes eine fächerübergreifende Einheit zum Thema „Wie leben Kinder bei uns und in anderen Ländern?“ geplant. Schon einige Wochen vor Beginn ist in die Klassenbibliothek ein *thematischer Handapparat* eingestellt worden, der folgende Titel enthält:

- Becker, A./Niggemeyer, E.: Jede Familie ist anders – 6 verschiedene Familien zeigen, wie sie leben. Fotomappe. Otto Maier Verlag.
- Codd, C.: Chooki und das Schneehuhn. Carlsen Verlag; – Luna tanzt. Carlsen Verlag.
- Feustel, G.: Ein Indio darf den Tag nicht verschlafen. Weismann Verlag; – Kinderschreck in Santa Nicola. Weismann Verlag.
- Härtling, P.: Oma. Beltz und Gelberg Verlag.
- Hellner, K.: Janna ist wütend. Carlsen Verlag.
- Körner, W.: Der ausgedachte Vater. dtv junior.
- Kirchberg, U.: Selim und Susanne. Ellermann Verlag.
- Meine Familie – Deine Familie. Ein Fotolesebuch. 12 verschiedene Familien. Otto Maier Verlag.
- Orzechowski, C.: Komm, ich zeig Dir, wo wir leben – Indio-Kinder erzählen aus den bolivianischen Anden. Jugenddienst Verlag.
- Petersen, H.: Jagd auf Janne. Oetinger Verlag.
- Riwkin-Brick, A.: Randi aus Norwegen; – Salima aus Kaschmir; – Lilibet, das Zirkuskind; – Matti aus Finnland.
- Reich, H.: Kinder aus aller Welt. Reich Verlag Luzern.
- Ravensburger Taschenbücher: Deniz: Bei uns in der Türkei; – Gordana: Bei uns in Jugoslawien; – Irini: Bei uns in Griechenland.
- So leben wir in Griechenland, Jugoslawien, Spanien, Tunesien und der Türkei. Fotomappe. Otto Maier Verlag.
- Siebert, R.: Alltag unter Palmen. Jugenddienst Verlag.
- Thorvall, K./Schultz, M.: Sonja. Carlsen Verlag.
- Thorvall, K.: Anstelle eines Vaters. Oetinger Verlag.

Die hier alphabetisch nach den Verfassern aufgeführten Bücher werden in der Infothek nach Unterthemen gruppiert, etwa: Kinder in unserer Nachbarschaft – Kinder in europäischen Nachbarländern – Kinder in Gastarbeiterfamilien – Kinder in der dritten Welt. Die Schüler lesen, schmökern, fragen, diskutieren, ehe die Einheit beginnt. Sie beteiligen sich an der Materialsammlung.

Eine *Themenkiste,* die im Regal steht, füllt sich langsam mit
- Bildmaterial: Fotos, Posters, Dias,
- Zeitungsausschnitten,
- Spielzeug,
- Schallplatten (Kinderlieder, -tänze),
- Arrangements für Orffsches Instrumentarium,
- Rollenspielanregungen,
- Erzählungen, Gedichten, Märchen,
- Rätseln,
- Kochrezepten,
- Ausschnitten aus dem Fernsehprogramm „Kinder rund um die Welt",
- Ideen-Karten.

Eine Hängemappe in der *Lehreraktei* wird bestückt:
- Liste mit AV-Medien,
- Unterrichtseinheiten aus der Literatur zum Thema,
- Broschüren von Institutionen (zum Beispiel UNICEF, Misereor),
- Statistiken und Sachinformationen verschiedenster Art.

Durch zusätzliche schriftliche Hilfen (Arbeitskarten, Spielanregungen, Lesehilfen), durch Beratung und Gruppengespräche soll auf diesem Medienhintergrund den Schülern im Verlauf der Einheit ein weitgehend selbstgesteuertes Lernen ermöglicht werden (Infotheksmodell[13]).

[13] Vgl. K.H. Flechsig u.a.: Erstfassung eines Katalogs didaktischer Modelle, Göttingen 1978, S.109-122.

Ideen-Bank: Die gesamte Lernumgebung des Klassenzimmers und der Schule sollte vielfältige Lernanstöße geben, sollte Ideenlieferant sein. Deshalb kann eine lokalisierte Ideen-Bank nur ein kleines Teilelement

1

- Schau Dir das Foto ganz ruhig an.
- Das Foto war in einer Zeitung abgedruckt. Kannst Du Dir ausdenken, welcher Text dazu gehörte?
- Schreibe einen kurzen Zeitungsartikel zu diesem Bild.
- Suche in der Infothek einen Text, der zu dem Bild paßt.

IDEEN - KARTE Erkunden 3

1979

Internationales Jahr des Kindes

- Sammle Bilder, Berichte, Prospekte, Broschüren zum Jahr des Kindes.
- Schreib auf, was Dir zum Jahr des Kindes wichtig ist:
  + Was ich mir denke und wünsche...
  + Was Erwachsene sich denken und wünschen...
  Du könntest Interviews durchführen.
- Lies auf der Rückseite die Erklärung der Rechte des Kindes. Diskutiert darüber in der Gruppe und mit Eurem Lehrer.
- Es gibt verschiedene Organisationen, die Kindern in Not helfen, zum Beispiel: Unicef, Terre des Hommes, Kindernothilfe, Brot für die Welt, Misereor und viele andere. Informiere Dich genauer über eine von ihnen. Hilfen findest Du im Info-Regal.
- Gestalte ein Plakat zum Jahr des Kindes.

2

So viele Mädchen auf unserer Welt!
Wenn jedes zwei an den Händen hält,
tanzen sie rund ums Meer einen Reigen.

So viele Buben auf unserer Erde!
Wenn sie alle Seeleute werden,
sind die Boote ein Weg übers Meer.

So viele Menschen auf unserer Welt!
Wir können einander die Hände geben
und können Reigen tanzen und leben.

Paul Fort

- Male oder klebe aus Fotos ein Bild zu diesem Gedicht.
- Bildet eine Gruppe aus Mädchen und Jungen.
  Sprecht die drei Strophen laut:
  1. Strophe : Mädchen
  2. Strophe : Jungen
  3. Strophe : Mädchen und Jungen
- Du findest im Info-Regal Kassetten mit Tänzen und Reigenliedern aus anderen Ländern.
  Höre Dir Tanzlieder an.
  Stelle die Musik leise und sprich dazu den Text des Gedichts.
- Erfinde Tanzbewegungen zur Musik.

innerhalb eines größeren Ganzen sein. Vor allem für Phasen der Freien Arbeit, für informelle und außerunterrichtliche sowie außerschulische Situationen sollten die Schüler Anregungen zu weitgehend selbständigen Explorationen, Versuchen, Erkundungen und Gestaltungen erhalten. Die angestoßenen Lernrichtungen können sich vertiefend oder ausweitend an das schulische Curriculum anlehnen, sie können es auch ergänzen oder kontrastieren. Wie beispielsweise Ideen-Karten im Rahmen freier Arbeitsstunden eingesetzt werden können, geht aus dem Erfahrungsbericht von Gabriele Rauser (Beitrag: Freie Arbeitsstunden in anregungsreicher Lernumgebung, S. 71) hervor. Ebenso könnte ein Entdeckungs- oder Ausstellungstisch mit konkreten Objekten sowie ein schriftliches oder bildhaftes Angebot an der Pinwand (auch von Kindern für Kinder) Neugier, Interesse, kreative Aktivitäten auslösen[14].

Soweit dies möglich ist, sollte die Ideen-Bank mit anderen Elementen der Klassenmediothek verzahnt sein, indem beispielsweise auf Ideen-Karten vermerkt ist, wo Informationen, Materialien oder weitere Hilfsmittel zur Aufgaben- bzw. Problemlösung gefunden werden können, wie zum Beispiel auf der auf der vorhergehenden Seite abgebildeten Ideen-Karte 2 (Rückseite) zum Thema „Wie leben Kinder bei uns und in fremden Ländern?“.

Spiele und Spielrequisiten: Spielen und Umgang mit Spielmaterial ist trotz aller Einmütigkeit von Pädagogen hinsichtlich der Bedeutung des Spiels immer noch eine Rarität in der Grundschule; allenfalls ist es zugelassen für die Realisierung von Unterrichtszielen, als material- und regelgebundenes Lernspiel oder, in zunehmendem Maß, als Rollenspiel unter sozialer Zielsetzung[15]. Die Ausstattung mit Spielen, die spezifische Spielauswahl und die Spielpraxis in unseren Grundschulklassen sind wichtige Indikatoren dafür, wie ernst wir es mit der Forderung nehmen, die Schule nicht nur zu einer Unterrichtsstätte, sondern zu einer Lebensstätte für Kinder, zu einem Ort der umfassenden Selbsterfahrung und des sozialen Lernens zu machen. Jean-Jacques Rousseaus alte Forderung, Zeit zu verlieren, sollte die Hüter von Stunden- und Stoffplänen nachdenklich machen.

Das Arrangement des Spielmaterials im Klassenzimmer ist so zu treffen, daß die Kinder in Freiphasen selbständig zugreifen können, daß es für sie die Möglichkeit gibt, sich für die Materialien verantwort-

14 Vgl. die Rubrik „Ideen-Kiste“der „Praxis Grundschule“, Beihefte zur Zeitschrift Die Grundschule, Hrsg.: E. Schwartz, Braunschweig 1978 f.

15 Vgl. H. Retter: Spiel und Spielmittel in der Grundschule. In: Halbfas/Maurer/Popp (Hrsg.): Neuorientierung des Primarbereichs, Bd.5, Stuttgart 1976, S.115–132; Deutscher Bildungsrat: Die Eingangsstufe des Primarbereichs, Bd. 2/1: Spielen und Gestalten, Stuttgart 1975.

lich zu fühlen. Requisiten für Rollenspiele sind leicht in Kisten oder Truhen zu sammeln, Gesellschafts- und Lernspiele lassen sich in Regalen übersichtlich einordnen, Spielmaterialien verschiedenster Art (Bauklötze, Naturmaterialien) finden am besten in beschrifteten Kartons einen geeigneten Aufbewahrungsort.

Technische Geräte und Medien: Die Bedeutung technischer Medien für den Grundschulunterricht ist seit den Ausführungen der Kultusministerkonferenz in den „Empfehlungen zur Arbeit in der Grundschule" (1970) in Lehrplänen und Richtlinien verstärkt hervorgehoben worden: „Technische Medien sind zwar für den Unterricht der Grundschule gegenwärtig noch nicht stilbildend, doch deuten viele Anzeichen darauf hin, daß sie auch hier stärkere Bedeutung erhalten werden ... Die Verwendung technischer Medien ermöglicht verschiedene Formen der Differenzierung, besonders den Unterricht in Lerngruppen wechselnder Größe"[16]. In der Praxis steht der Einsatz technischer Medien im Unterricht der Primarstufe heute noch weit hinter den gegenwärtigen Möglichkeiten und Notwendigkeiten zurück. Grundschulklassenzimmer ohne Projektionswand und Verdunkelungsmöglichkeit, ohne ausreichende Elektroanschlüsse, mit um-ständli-

16 Ständige Konferenz der Kultusminister der Länder: Empfehlungen zur Arbeit in der Grundschule vom 2.7.1970, S.36f.

chen Voraussetzungen für die Verfügbarkeit von Geräten (Tageslicht-, Dia- und Filmprojektoren, Kassettenrecordern, Rundfunk- und Fernsehgeräten) sind eher die Regel als die Ausnahme. Der Einsatz von technischen Medien steht deshalb nach wie vor unter dem Vorzeichen des Außergewöhnlichen.

Einen der faszinierendsten Fallberichte über den Umgang von Grundschülern mit audio-visuellen Medien gibt R. Mabey:

„Bei einem meiner ersten Schulbesuche führten mich zwei aufgeweckte achtjährige Schüler durch eine moderne Grundschule. Ich wollte bei meinem Besuch die großzügige Ausstattung der Schule besichtigen. Aber letztlich beeindruckte mich am meisten, mit welch sicherer Nonchalance die Kinder auftraten. Sie führten ihren Auftrag vorzüglich aus: Sie spielten mir eine ihrer selbstgefertigten Tonbandaufnahmen vor, zeigten, wie ein Film in ein 16-mm-Tonfilmgerät eingelegt wird und erklärten mir die Systematik der Film- und Tonband-Kartei in der Bibliothek. Es fehlte bei ihnen völlig das Kindern nachgesagte Staunen über die Errungenschaften des elektronischen Zeitalters ... Die Medien – ich nenne sie nicht Massenmedien, da es in Schulen um ihre Hilfsfunktion für individuelles Lernen geht – sind völlig in das schulische Leben der Grundschüler integriert ...“ [17]

Hier wird ein Nachholbedarf unserer Grundschulen sichtbar, der von der Lehrerbildung über eine grundschulspezifische Mediendidaktik bis zur Bereitschaft zu entsprechenden Investitionen reicht [18]. Möglichkeiten eines individualisierenden Unterrichts über AV-Medien werden an anderer Stelle dieses Bandes aufgezeigt (Beitrag von Hildegard Kasper / Ingrid Maier: Lernstudios zur Einzelförderung, S. 179). Über die Zielsetzung der Veranschaulichung und individuellen Übung hinaus geht es um Möglichkeiten der selbständigen Informationserschließung, der kritischen Medienerziehung und der Selbstproduktion von Medien.

Werkzeuge und Werkmaterialien: Die Zuordnung zur Klassenmediothek ist in diesem Medienfeld nur teilweise realisierbar und sinnvoll. Scheren, Pinsel, Klebstoff, Papier, Kartons und ähnliches gehören sicher genauso wie diverse Rohmaterialien (Korken, Flaschendeckel, Stoffreste, Schnüre) in jede Klasse. Doch bereits bei holz- oder gar metallbearbeitenden Werkzeugen taucht die Frage der gemeinsamen Nutzung durch mehrere Grundschulklassen oder das weiterreichende Problem der Einrichtung eines Fachraums der Schule auf. Die Argumente, die für die Aufnahme wenigstens eines Teils der Werkzeuge (Hämmer, Zangen, Raspeln, Schraubenzieher, Bohrer, Sägen) in die kleine Klassenmediothek bzw. für die Einrichtung einer entsprechen-

17 Siehe R. Mabey: Children in Primary School – The Learning Experience, Harmondsworth 1972, S. 13. Übersetzung: H. Kasper.

18 Vgl. D. Haarmann (Hrsg.): Unterrichtsmittel für Grundschüler – Ein Medienhandbuch der Primastufe, Frankfurt 1974.

den werkorientierten Raumzone (zumindest die Möglichkeit zur raschen Zurichtung von Werktischflächen) sprechen, leiten sich von der Wichtigkeit handwerklich-gestalterischer Aktivitäten für Grundschüler ab. Beispielsweise kann Lernen an einer Werkbank mit Schraubstock in bestimmten Projektphasen konkrete Materialerfahrung vermitteln, motorisches und sensorisches Lernen unterstützen und ein bedeutsames Gegengewicht zur Kopflastigkeit vieler Lernprozesse herstellen.

IDEEN - KARTE Holz

- Schaue Dir verschiedene Holzmuster genau an: z.B. an Möbeln und Gegenständen im Klassenzimmer und an der Holz-Sammlung.
  Versuche herauszufinden, um welche Holzart es sich handelt.
- Male das Holzmuster, das Dir am besten gefällt.
- Welche Gebrauchsgegenstände in Eurer Küche zu Hause oder hier im Klassenzimmer sind aus Holz?
  Lege eine Liste an:

Gegenstände aus Holz	Holzart	Farbe	Muster

- Untersuche verschiedene Holzarten:
  - Drücke einen Reißnagel hinein.
  - Schlage einen Nagel ein und ziehe ihn mit der Beißzange wieder heraus.
  - Säge eine Kerbe hinein.

  Was stellst Du dabei alles fest?
- Baue aus Holzabfällen etwas, was Dir Spaß macht, z.B.
  - einen ganz hohen Turm
  - eine Brücke über einen breiten Fluß
  - ein Phantasietier

  Du hast sicher auch noch andere gute Ideen!

Werkzeugwagen
Ausführung:
Arbeitsplatte in Buche 40 mm
Schrank: Kiefer furnierte Spanplatte 19 mm
4 Werkzeugschubladen

(Fertigung: P. Kunzelmann, 7407 Rottenburg 21)

In den meisten Fällen wird es aufgrund der Raumsituation nicht möglich sein, innerhalb des Klassenzimmers eine spezielle Werkzone einzurichten. Zwischen der festen Installation im Klassenzimmer und der völligen Auslagerung in Neben- oder Fachräume steht die *mobile* Lösung, die der Grundschulsituation wahrscheinlich am besten entspricht. Fahrbare Werkzeug- und Materialtransporter mit aufgesetzten oder aufsetzbaren Arbeitsplatten können bei Bedarf für Werk- und Gestaltungsprojekte in die Klassenzimmer oder in vorgelagerte Flurzonen transportiert werden. Solche Rollwagentransporter stellen bereits Elemente der Stufenmediothek dar.

Übergänge zur Stufenmediothek: Die Übergänge von der Klassen- zur Stufenmediothek sind fließend. Nicht zuletzt sind das Volumen des Schuletats und eine ökonomische Etatverwaltung dafür maßgebend. Die Stufenmediothek sollte Medien und Geräte aufnehmen, die nicht ständig in jeder Klasse gebraucht, sondern nur in bestimmten Phasen des Unterrichts oder im Rahmen eingeengter Themen und Aufgabenstellungen einzelner Fächer eingesetzt werden. Über die schon genannten Werkzeuge hinaus gehören dazu insbesondere: Lesematerialien für den Deutschunterricht, bestimmte Medien für den Sachunterricht oder für angewandte Mathematik sowie Musikinstrumente und Geräte für Sport, Rhythmik und Bewegung. Für einige dieser Medien bietet sich neben der festen räumlichen Unterbringung (zum Beispiel in einem Kleinraum des entsprechenden Gebäudetrakts oder in einem zentralen Fachraum) ein mobiles Regalrollwagensystem an. Eine fahrbare „Leseklinik" für erste und zweite Schuljahre ließe sich bestücken mit Spielen zur visuellen Wahrnehmungsschulung („Schau genau", „Differix", „Simile", „Contact", „Linjo" und ähnlichen), mit Spielen zur Differenzierung des Hörens und Sprechens („Wörter sprechen – Laute hören", „Sprich genau – hör genau", „Was reimt sich hier?" und ähnlichen), mit Leselottos, Wort-Bild-Karten, Stempelkästen, verschiedenen Lesetexten, Kassettenrecordern und Kassettenprogrammen (zum Beispiel „Intensivtraining in der Lesetechnik"). Für den Sachunterricht könnten zu entsprechenden Lehrplanthemen einer Klasse oder Stufe Themenkisten, Experimentiermaterialien, Listen mit AV-Medien, Arbeits- und Ideenkarten, Bilder, Matrizen, Folien und ähnliches bereitgestellt werden. Für angewandte Mathematik (messen, wiegen, berechnen) bietet sich ebenfalls die Stufenlösung an bzw. die Einrichtung eines Meß- und Wiegetisches mit verschiedenen Meßinstrumenten: Meßrad, Schieblehre, Neigungsmesser, Meßgitter, Meßstreifen, Meßlatten, Meßbehälter, Hohlmaße, Maße für Volumenvergleiche, verschiedene Waagen und Gewichtssätze.

Auf der Suche nach geeigneten Aufbewahrungsorten fragt man sich, warum unsere Schulkorridore zu den didaktisch noch völlig unberührten Bereichen einer Schule gehören. Sind Angst vor Entwendung und Zerstörung, Verwahrlosung und Verschmutzung, vor der

Unachtsamkeit von Schülern in der „Natur der Sache“ liegende Gründe, die gegen eine Auslagerung vor die Klassenzimmertür sprechen? Könnten nicht solche Ausgangsrealitäten modifiziert werden: Durch eine schrittweise Relativierung der starren Trennung von Unterrichts- und Pausenzeit, von Unterrichts- und Pausenzonen, durch eine Relativierung auch der Grenzziehung zwischen den Hoheitsgebieten und Verantwortlichkeiten einzelner Klassen. Beispielsweise könnte eine mit Schülern und Elterninitiative aufgebaute „Geschäftsstraße“ Ausgangspunkt gemeinsamer Verantwortung für die Ausstattung der Schule und deren Erhaltung sowie für eine sich anbahnende Identifikation aller am Schul„leben“ Beteiligten sein.

Ausblick

Erfahrungen aus der Schulpraxis zeigen immer wieder, daß allein durch Bereitstellung von Medien und Geräten sich nur wenig an der Gestaltung des Unterrichts ändert. Die hier skizzierten Überlegungen zur Medienproblematik bezogen sich schwerpunktmäßig auf die ökologisch-räumlich-organisatorische Ebene. Der mediendidaktische Zusammenhang und die im Hintergrund stehende pädagogische Konzeption des Förderns konnten nur angedeutet werden. Indem aber das unmittelbare Handlungsfeld von Lehrern und Schülern, ihre Alltagsszene zum Bezugspunkt gemacht wurde, könnten die Vorschläge – bei einer stufenweisen Realisierung – eine veränderte Praxis im Schulalltag anstoßen, zumindest aber jenen Lehrern bei der Formulierung ihrer Medienpolitik Hilfe bieten, die den entscheidenden Zusammenhang zwischen Medienangebot, Lernumgebung und vielseitig fördernden Lernsituationen in der Grundschule erkannt haben. Auf keinen Fall darf die Medienausstattung der Grundschule noch länger Stiefkind der Grundschulreform bleiben.

Autoren

Jörg Haug, Dr. phil.
Rektor an der Grund- und Hauptschule 7432 Urach; zuvor Rektor und Projektleiter am Grundschulmodell Gutenbergschule in 7410 Reutlingen, Orschel-Hagen; Seminarleiter und Lehrgangsleiter in der zweiten und dritten Phase der Lehrerbildung; Veröffentlichungen u.a. zum Sachunterricht in der Grundschule.

Hildegard Kasper, Dr. phil.
Professor für Schulpädagogik an der Pädagogischen Hochschule 7410 Reutlingen; Arbeitsschwerpunkt: Grundschule; Veröffentlichungen u.a. zur Vergleichenden Erziehungswissenschaft, Unterrichtstheorie, Unterrichtsmethodik, Differenzierung des Unterrichts.

Gisela Lorber
Lehrerin an der Grund- und Hauptschule 7403 Ammerbuch-Altingen; Ausbildungslehrerin der Pädagogischen Hochschule Reutlingen; Mitarbeit im Projekt „Vom Klassenzimmer zur Lernumgebung" (Leitung: Professor Dr. H. Kasper und Professor Dr. M. Rauch).

Ingrid Maier, Dipl.-Päd.
Konrektorin an der Römerschanz-Schule in 7410 Reutlingen; Mitarbeit im Projekt „Vom Klassenzimmer zur Lernumgebung"; Tätigkeit in der Lehrerweiterbildung.

Martin Rauch, Dr. rer. soc.
Professor für Schulpädagogik und Leiter des Audio-Visuellen-Zentrums an der Pädagogischen Hochschule 7410 Reutlingen; Arbeitsschwerpunkte: Hochschuldidaktik, Mediendidaktik, Unterrichtstechnologie; Veröffentlichungen u.a. zu diesen Schwerpunkten.

Gabriele Rauser
Studierende für das Lehramt an Grund- und Hauptschulen; Mitarbeit im Projekt „Vom Klassenzimmer zur Lernumgebung".

Jutta Sommer
Lehrerin an der Schillerschule in 6909 Walldorf.

Kurt Weiblen
Lehrer an der Grund- und Hauptschule 7432 Urach; Schwerpunkt: Technik / Werken; Berufliche Erfahrung als Mechanikermeister.